高等职业教育
新形态一体化教材

U0733122

安徽省首批"十四五"高等职业教育规划教材

沟通礼仪与审美

主编

周艳波　　王维娜　　王文君

副主编

张志　胡成科　夏必琴　杨红　唐小晶

中国教育出版传媒集团

高等教育出版社·北京

内容提要

本教材是安徽省首批"十四五"职业教育规划教材、高等职业教育新形态一体化教材。本教材遵循关于深化职业教育体系建设改革的意见，优化职业教育类型定位，通过沟通、礼仪、审美三篇，构建了会沟通、讲礼仪、懂审美三大模块的全新内容框架，使学生成长为善沟通、口才好、懂礼仪、人格美的高素质技能人才，以良好的内、外形象走入职场、奉献社会。全书体例新颖、内容精要、注重实用，突出职业性、实践性、自主性，以提升综合素质与职业素养为导向，对接社会发展和岗位需求。教材每节由"情境导入"开始，"知识园地"便于学生对理论知识的领悟，"案例探究""实战演练"加深学生对理论知识的理解和应用，具有很强的操作性、体验性和参与性；"沟通小站""礼仪小站""审美小站"，既作为对知识与技能的拓展和补充，又具有很强的可读性、趣味性，"思考练习""学习体悟"由学生自主安排、自我总结。

本教材随书二维码链接了自测题、案例及微课相关资源，另有配套在线开放课程资源供学习者学习，教师如需获取本书授课用电子课件等配套资源，请登录"高等教育出版社产品信息检索系统"（https://xuanshu.hep.com.cn/）免费下载。

本书既可作为高职院校各专业素质教育公共必修课教材，管理、服务类专业的基础课教材，也可作为社会培训机构和相关从业人员素质提升的辅助读本。

图书在版编目（CIP）数据

沟通礼仪与审美 / 周艳波，王维娜，王文君主编 .
北京：高等教育出版社，2024.9. --ISBN 978-7-04
-062522-6
Ⅰ. C912.11；B83-0
中国国家版本馆 CIP 数据核字第 202405TB03 号

沟通礼仪与审美
GOUTONG LIYI YU SHENMEI

| 策划编辑 李沁濛 | 责任编辑 李沁濛 王蓓爽 | 封面设计 姜 磊 | 版式设计 徐艳妮 |
| 责任绘图 于 博 | 责任校对 张 然 | 责任印制 刘思涵 | |

出版发行	高等教育出版社	网 址	http://www.hep.edu.cn
社 址	北京市西城区德外大街 4 号		http://www.hep.com.cn
邮政编码	100120	网上订购	http://www.hepmall.com.cn
印 刷	三河市华骏印务包装有限公司		http://www.hepmall.com
开 本	787 mm×1092 mm 1/16		http://www.hepmall.cn
印 张	18.25		
字 数	410 千字	版 次	2024 年 9 月第 1 版
购书热线	010-58581118	印 次	2024 年 12 月第 2 次印刷
咨询电话	400-810-0598	定 价	39.80元

　　党的二十大报告强调要"全面贯彻党的教育方针，落实立德树人根本任务，培养德智体美劳全面发展的社会主义建设者和接班人。坚持以人民为中心发展教育，加快建设高质量教育体系，发展素质教育，促进教育公平。"新时代经济社会发展和产业转型升级对高素质技术技能人才提出了新的更高要求。切实发挥公共基础课在人才培养过程中的基础性作用，是当前高职院校落实立德树人根本任务，创新教育教学育人模式，深化产教融合，是提高人才培养质量的前提和基础。在中华民族伟大复兴战略全局和世界百年未有之大变局的时代背景下，新科技革命加速带动产业转型升级，经济社会发展对劳动力市场中的人的知识、技能、素养提出了更高要求。新时代人才不仅需要具备专业的技术技能，还应具备良好的综合素质、职业素养、职业精神等核心素养和软实力。但有些高职院校更多关注职业技能和"简单就业""一时就业"，弱化了对学生综合素质、职业素养和职业精神的培养。学生毕业离校、初涉职场后，沟通能力、礼仪涵养、意志品质、敬业精神、责任意识、组织协调能力、团队合作精神等方面的缺失，会严重影响其职业生涯和长远发展。

　　公共基础课是培养学生文化素质和综合素质，服务于人的全面发展的重要课程，是实现高等职业教育培养目标不可或缺的重要组成部分。只有在高等职业教育中充分重视公共基础课程、人文课程的教育，职业院校的毕业生才能成为适应社会发展要求、精准服务我国战略发展需要的具有高素质、高技能和高度社会责任感的时代新人。

　　本教材在"十二五"职业教育国家规划教材《形象塑造与自我展示》、"十一五"安徽省规划教材《沟通与演讲实用教程》的基础上修订而成。"形象塑造与自我展示"于2010年被安徽省教育厅确定为"综合素质与职业素养"核心课程、省级重点委托项目，于2014年获批建设省级精品视频公开课。2016年，"形象塑造与自我展示"获批建设省级MOOC示范项目，课程团队精心录制的60多节配套微课于2018年11月在智慧职教MOOC学院上线。2022年，MOOC课程接入国家职业教育智慧教育平台。开放共享的线上课程，具备课程资源丰富、系统全面、生动有趣、吸引力强的特点，拓宽了教育渠道。2023年起，负责人在此基础上编写本教材并获批立项建设安徽省首批"十四五"职业教育规划教材。

为贯彻落实党的二十大精神，加快建设高质量教育体系，满足线上线下混合式教学模式的需求，确保教材充分具有思想性、科学性、时代性，我们对本教材进行了如下设计。

一、定位与目标

本教材是高职院校综合素质与职业素养核心课程的配套教材，分为"沟通篇""礼仪篇""审美篇"三大模块，可以作为职业院校公共基础课以及管理、服务类专业基础课的配套教材，也可以作为学生自我学习、自我教育、自我评价的辅导用书。学生通过学习提升道德修养和职业素养，可以逐渐成为"善沟通、口才好、懂礼仪、人格美"的全面发展的人，有助于拥有更精彩的人生。

学生通过学习本教材，（1）在知识层面上，可以掌握文明礼仪及沟通表达技巧，学会倾听、赞美、批评、解决冲突的方法。（2）在能力层面上，可以具备良好的文明修养、沟通表达能力、审美能力，能建立良好的人际关系、促进团队和谐。（3）在素质层面上，树立正确的世界观、人生观、价值观，更加具备自尊心、自信心和批判性思维；树立终身学习理念，自由全面发展；成长成为践行社会主义核心价值观、弘扬中国精神的时代新人，立志技能报国。

二、结构与特色

本教材在内容编排上适合高职学生学习、操作，在语言表述上，既有一定的学术性，又不难以理解，贴近学生心理，贴近现代生活。主要有以下特色：

1.凸显任务驱动，开展模块化教学

坚持岗课赛证融通，立足"沟通篇""礼仪篇""审美篇"三大模块，围绕礼仪、演讲口才等职业证书的培训体系重构教学内容，构建了三十多个任务。

2.凸显职教特色，促进学生全面发展

内容涵盖社交礼仪、沟通学、公共关系学、语言学、演讲学、应用写作等学科的知识，对接旅游餐饮、金融服务、护理和康复治疗、社区服务与管理、物业管理、物流配送等岗位需求，贴近学生、贴近时代、贴近岗位。

3.凸显课程思政性，落实立德树人根本任务

"沟通篇"体现人际沟通促进经济社会发展，构建和谐美好社会，通过剖析典型案例，展示演讲名篇的艺术魅力和感召力。"礼仪篇"融入中华优秀传统文化、文明礼仪，有助于学生树立文化自信。"审美篇"以榜样人物实例辅助塑造美好心灵，提升人生境界。教材加入科技创新、文化自信、理想信念、中国精神等元素，从自然美、艺术美、科技美，到文化美、社会美、人格美，层层递进，用审美感官的愉悦来涵养学生心灵，用革命者、建设者、科学家精神、工匠精

神、劳动精神感召时代青年，有助于学生塑造优良品格，坚定理想信念，提高人生境界。

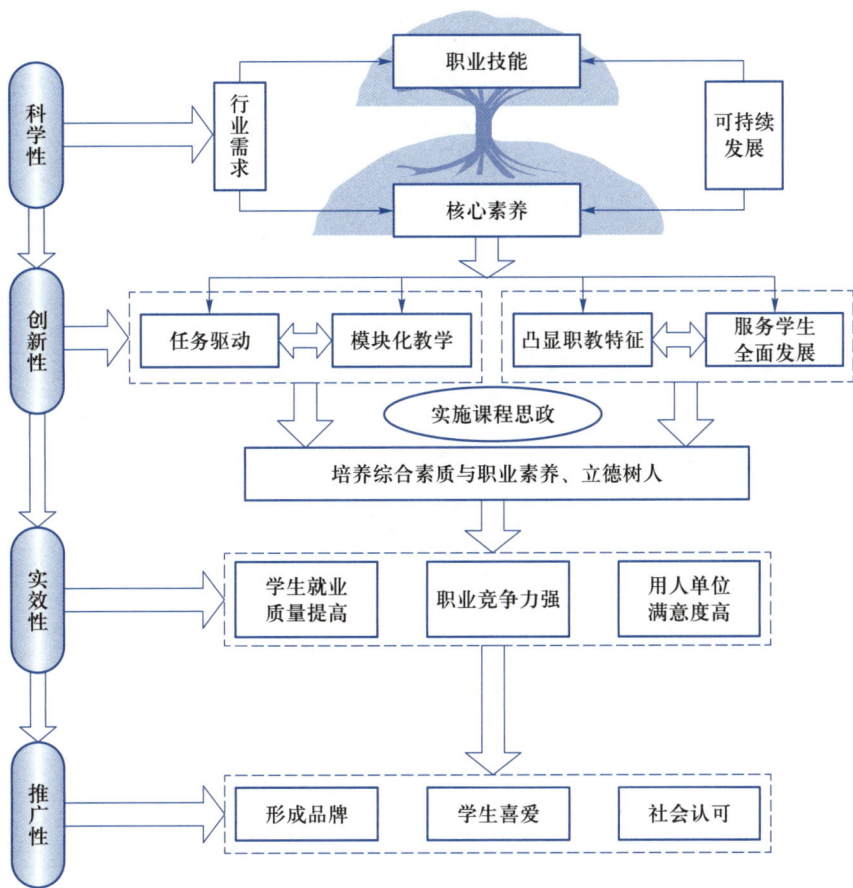

本教材由周艳波、王维娜、王文君担任主编，张志、胡成科、夏必琴、杨红、唐小晶担任副主编。第一章"沟通篇"由张晓晗、马俊俊、刘晓芳、袁林生、刘艺、唐小晶、刘华撰写，张志统稿。第二章"礼仪篇"由王维娜、夏必琴、王亚、路晓晴、张福珍、李汇燕撰写；王文君、张其成统稿。第三章"审美篇"由秦翠红、吕婧、许楠、卢唯琪、刘雨晴撰写，胡成科统稿。王维娜、周艳波负责全书统稿、审定工作。此外，参与本教材配套在线课程建设的老师还有汪思曼、王云、叶楠、丁蓉、刘睿、李若晓、石雨薇、方文倩、卢言言、曹梦珂等。

以上老师来自安徽水利水电职业技术学院、安徽交通职业技术学院、安徽汽车职业技术学院、安徽工业经济职业技术学院、安徽职业技术学院、安徽城市管理职业学院、桐城师范高等专科学校等学校，在此一并表示感谢。

本教材由陈彪、赵向军教授担任主审，两位专家对教材提出了许多宝贵的修改意见，为本教材最后定稿提供了帮助，在此对他们的付出表示衷心感谢！

由于编者水平有限，书中难免存有不足、疏漏之处，诚望各位专家、学者、师生批评指正，恳请广大读者提出宝贵意见及建议。

编　者

2024 年 7 月

目 录

审　美　篇

沟 通 篇

第一章 沟通概述

"夫人不言，言必有中。"

——《论语·先进》

学习目标

知识目标：1. 理解沟通的概念、基本要素和原则。

2. 了解人的情感需求和沟通中容易出现的障碍。

3. 懂得沟通方式、沟通载体和沟通场景对沟通的影响。

能力目标：1. 把握沟通的原则，辅助建立良好的人际关系。

2. 运用有效的方法，克服自身在沟通中存在的障碍。

3. 合理运用沟通的载体，提高人际沟通能力。

素养目标：1. 提高人际交往和沟通能力。

2. 消除心理障碍，培养主动沟通的意识。

3. 坚持自尊自信，提高个人综合素质。

本章关键词

（1）沟通、有效沟通、沟通原则（平等沟通、求同存异、互助互利、诚实守信）、情感需求。

（2）沟通障碍、心理障碍。

（3）沟通方式（语言沟通、非语言沟通；直接沟通、间接沟通；正式沟通、非正式沟通；有意沟通、无意沟通；上行沟通、下行沟通、平行沟通）；沟通载体（口语、书面语、态势语）、沟通场景。

第一节　把握沟通原则

情境导入

　　小李是某职业院校艺术设计专业的学生，大三在一家广告公司实习。一次，在小李和客户探讨广告的设计方案时，客户对小李的方案提出质疑。没等客户把修改意见说完，小李就迫不及待地说："我在学校里参加相关专业技能比赛拿过一等奖的，你要相信我的专业水平和审美能力。"客户一气之下取消了与该公司的合约。

　　你觉得小李这样表达合适吗？如果是你，你会如何与客户沟通？

知识园地

一、沟通和有效沟通

　　"沟通"是指人与人之间、人与群体之间传递和反馈思想、感情的过程，以求达成思想一致和感情通畅。

　　从沟通活动的层次上可分为：自我沟通、人际沟通、组织沟通等。

　　（1）"自我沟通"是指与自己进行内在的对话和交流，让我们更加深入地了解自己的想法、感受和需求，管理好自我情绪，进行正向的自我激励，保持积极心态和动力。《论语·学而》中的"吾日三省吾身"就是用自我沟通的方式，通过"自省"不断提升自己的认知和修养。

　　（2）"人际沟通"是人与人之间通过语言、非语言等方式进行信息交流来促进相互理解的过程。良好的人际沟通能力对于个人职业发展和身心健康都具有重要意义。

　　（3）"组织沟通"是组织机构围绕既定的目标，通过各种信号、媒介和途径，进行有目的地交流信息、意见和情感的信息传递行为。

　　在职场和生活中，沟通与交往都是不可或缺的。人们每天都在接收信息，也都在发送信息。沟通是人们建立和谐人际关系的重要手段，已经成为人们社会生活中一个重要的组成部分。

　　普林斯顿大学对1万份人事档案进行分析，发现智慧、专业技术、经验三者只占决定成功因素的25%，其余75%取决于良好的人际沟通。哈佛大学某调查结果显示，在500名被解雇的员工中，因人际沟通不畅而失去工作者占82%。

　　人际沟通，就像是人生路上的箭头，时时刻刻指引着人们用各种不同的生活方式和待人接物的方法，去开拓属于他们自己的生存空间。正确有效地进行沟通，能更好地达成目标，不断地提升人格魅力。

实现有效的沟通，就要实现双向信息交流的闭环，即必须使沟通中的信息符号在双方之间接收、反馈并不断进行良性循环（如图 1-1 所示）。"反馈"是信息由接收者返回到信息发出者的过程，即信息接收者对信息发出者的反应。有效、及时的反馈是极为重要的。例如，两个人聊天，其中一个人滔滔不绝，但对方一点反应都没有，那么，这个人可能会选择中止谈话，交谈就会中断。所以，我们在交流时，要针对对方的情况及时做出反应，并把对方的反馈加以归纳、整理，再及时地反馈回去。这有助于发送者了解接受者对信息的理解情况，从而调整沟通方式和内容。因此，沟通的基本要素包括表达、倾听与反馈（如图 1-2 所示）。

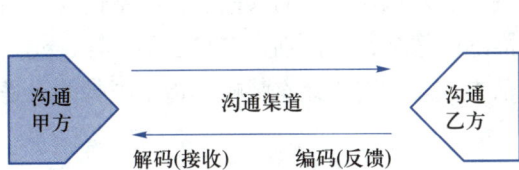

图 1-1　沟通的良性循环　　　　图 1-2　沟通的基本要素

二、沟通原则

人际沟通，仅靠"一厢情愿"是不行的。因为这样是很难使人际沟通持续、深入地发展下去的。怎样才能使沟通双方都有发展彼此关系的愿望呢？这就需要遵循一些最基本的沟通原则。

（一）平等沟通

平等沟通是人与人建立情感的基础，是一种基于平等、尊重和公平理念而形成的交流方式，是人际沟通最基本的原则。这意味着沟通双方相互尊重，不存在地位高低之分，可以包容不同观点和意见，每个人的声音都能被平等对待。双方有开放、诚实的心态，认真倾听对方的观点，不打断或轻视对方，并且真诚地表达自己的想法和感受。

人们的年龄、性别、职业、社会地位等各不相同，但与人沟通时，不盛气凌人，不高人一等，以平等的姿态出现，给别人以充分的尊重，这就是平等沟通的基本要求。平等沟通可以让双方都有机会参与讨论和决策，有助于建立对彼此的信任，促进构建良好的人际关系。

要贯彻平等沟通的原则，一要正确认识和看待自己，既不能自负，以为自己很了不起，也不能自卑，以为自己事事不如人；二要不卑不亢地对待他人，既表现出对对方应有的尊敬，又不卑躬屈膝。

（二）求同存异

所谓"求同"，就是在基本方面求得大体一致或相似，特别是态度上的相同或相似，这对人际沟通是十分重要的。两人交往，同声相应，同气相求，才会使彼此的关系维持和发展下去。如果两人毫无共同语言，是无法发展长期的人际关系的。

所谓"存异"，就是在非原则问题上，保持各自的特点、差异，不苛求他人，不要求他人与自己完全一致。人们在生活中是各不相同的，每个人都有每个人的特点，要求每个人都一样，既不可能，也没必要。因此，要允许别人和自己不一样。苛求他人，只能引起他人的反感，不利于人际沟通的有效开展。

正所谓"君子和而不同，小人同而不和"，君子可以与他周围的人保持和谐融洽的氛围，但他对待任何事情都持有自己的独立见解，不人云亦云、盲目附和；小人则没有自己独立的见解，虽然表现出与他人保持一致，但实际上并不是真正的与人和谐。

贯彻求同存异的原则，一要善于观察、发现与别人的共同点，在不违反原则的情况下，建立共同点；二要有宽容豁达的精神，允许别人与自己不一样，允许别人有自己的观点、认识、看法和生活方式。对别人穿衣戴帽都指手画脚的人是不会受人欢迎的。

（三）互助互利

互助互利，就是沟通双方相互帮助且都能得到有益之处。这种益处可以是物质上的，也可以是精神上的，如安慰、鼓励、支持等；可以是脑力的，也可以是体力的。一般说来，互助互利有利于人际沟通的维持和发展。如果只对一方有利或者对双方都没有益处，那么这种沟通就难以维持和发展下去。

贯彻互助互利的沟通原则，一是要破除极端个人主义，不能时时处处"各人自扫门前雪，不管他人瓦上霜"；二是要有奉献精神，助人为乐、与人为善，特别是在他人遇到困难、需要帮助时，更应该力所能及地提供帮助。

（四）诚实守信

诚信是做人之本。《孟子·离娄章句上》："是故诚者，天之道也。思诚者，人之道也。"追求诚信是做人的根本原则。"实"指坦诚、正直，讲真话，讲实话。在生活中，只有真心实意地待人，才会赢得别人的好感，即"以诚感人者，人亦以诚而应"。那些虚情假意的做法，历来是让人反感的。

所谓守信，就是指与人沟通交往要讲信用，言必信、行必果。我国历来强调与人交往要守信用。《论语·学而》："曾子曰：'吾日三省吾身：为人谋而不忠乎？与朋友交而不信乎？传不习乎？'"可见，与朋友交往是否诚信，是君子认为非常重要的一件事。

贯彻诚实守信的原则，一是为人处事要言行一致，表里如一，不可当面一套、背后一套。二是要做到一诺千金，不轻易许诺，但一旦许下诺言，就要努力兑现。诚信作为社会主义核心价值观的重要内容，是立人之本、交友之基，是为政之道、经商之魂，是心灵良药。

三、满足情感需求

在日常生活中，我们都知道要尊重、关心、理解、帮助、同情、激励、赞美他人，这实际上就是人的情感需求。满足人的情感需求，有助于促进人际沟通。

（一）每个人都需要尊重

人人都有自尊心，都希望得到他人的尊重。教育家别林斯基曾说过："自尊心是一个人灵魂中的伟大杠杆。"当人的自尊心得到了满足时，他就会心情愉快地去做一切事情；反之，就是不情愿地在做事情。"敬人者，人恒敬之。"受人尊重是人的一种心理需求，被人尊重是一种权利，尊重他人是一种美德。

（二）每个人都需要关心

关心他人会使自己的存在更有价值，会使自己的生命更有意义。关心他人是美好心灵的体现，是伟大的爱的升华，正如罗曼·罗兰所说："只要还有能力帮助别人，就没有权利袖手旁观。"关心他人并不需要轰轰烈烈的举动，我们要做的也许仅仅是一个微笑、一声赞许、一个轻轻的拥抱、一个依靠的肩膀。不要低估了这些微小的动作，它们都会给别人带来温暖，带来希望。

（三）每个人都需要理解

人们寻求他人的理解，就像花儿渴望阳光那样迫切。无论是找人办事还是与人交往沟通，理解别人是很重要的。特别是在和他人愉快的交往中，如果能理解别人并向他们传达你的理解，将有巨大意义。

（四）每个人都需要帮助

"助人为乐乃快乐之本"，每个人都需要帮助支持，帮助别人能让自己感受到"快慰"。对强者的帮助往往如锦上添花，对弱者的帮助则往往如雪中送炭，可以使受帮助者感受到无尽的温暖。其实我们每个人在成长的过程中都或多或少地需要或获得过别人的帮助，同时我们也在帮助别人。

（五）每个人都需要同情

同情心一般是指在别人遇到的麻烦、烦恼、不快或意外时给予真诚的关心，而不是视而不见、麻木不仁、冷漠处之甚至幸灾乐祸。同情心是一种爱，是一种友谊与理解，是平等的而非居高临下的施予。有人曾说："同情，是所有人类最渴望的东西。孩子会急着展示伤口给你看，来赢得你的同情，其实成人也一样。"所以，要化解纠纷，赢得友谊，就要适当地对他人展现同情。

其实，每个人在生存中都会有种种原因，需要获取他人的同情，大多是精神、情感上的，因为物质更多涉及有或无的问题，不牵扯同情问题。

（六）每个人都需要激励

激励是向别人提供积极性或以积极性影响别人。积极性是促使一个人做事或以某种方式行事的内心的动力、冲劲或意欲。潜能激励大师安东尼·罗宾提出，要想成功，必须学会调动别人内心深处的积极性，让他们发挥潜能，必须"给他们的油箱加油"。如果你不能调动别人的积极性，你就不能领导他们。如果你领导不了别人，那么你想做的一切事情都要由自己独立完成。

（七）每个人都需要赞美

赞美可以激励别人发挥他们的潜能，实现他们的理想，可以建立他们的信心，并使他们成长。心理学家、教育专家都强调赞美对于教育的作用。我们要学会赏识、赞美他人，努力去挖掘他人的闪光点，而不是只会用挑剔、指责的眼光看待别人。

懂得赏识他人、喜欢夸赞他人的人，往往处事积极乐观，受人尊敬，不易生病；而常指责、抱怨他人的人往往没有朋友，孤单落寞，身心脆弱。

案例探究

福特汽车公司刚起步时，福特辛苦绘制了一幅新型发动机的草图。当时人们都认为，电气车辆才是未来车辆的发展潮流，所以纷纷嘲笑福特改良汽车发动机的行为。得不到理解和支持的福特为此烦恼不已，几欲放弃。一天福特去参加晚宴。在餐桌上福特向距离他最近的一位先生苦口婆心地讲解自己的发动机设想。福特注意到，距离几把椅子以外的爱迪生也在侧耳倾听，并不断挪动椅子向福特这边靠近，最后，这位大发明家索性直接走到福特身边，请他画出发动机的草图。此时的福特既紧张又兴奋，匆匆几笔就画出了简略的草图。爱迪生全神贯注地研究着这张草图，突然将拳头在餐桌上重重一击，显得非常兴奋："就是它了，你已经得到它了！"多年以后，福特回忆说："击在餐桌上的那重重一拳，对我而言，它的价值等同整个世界。"

案例启发：每个人都希望得到肯定、赞赏和激励。所以不要吝惜，真诚地赞美别人吧，你也将收获同等的尊重。

实战演练

以班级为单位到街道或社区开展一次社会实践活动，了解社会治安综合治理和百姓矛盾纠纷调解工作的开展情况。

训练目的

（1）活动过程中尝试着与其他同学进行分工合作、调研，与各类人群进行沟通。

（2）向他人请求并获得帮助，向他人提供力所能及的帮助，主动承担应当承担的责任，因诚实守信获得认可和赞赏……通过积极与他人沟通，将人际沟通的主动权掌握在自己手里。

实战启发

通过实践，体会"平等沟通""求同存异""互助互利""诚实守信"等基本沟通原则，体会什么是"有效的沟通"，培养主动沟通的习惯，提高人际交往和沟通的能力。

沟通小站

实现有效沟通的基本步骤

（1）事先准备。在沟通前要做好充分的准备，其中最重要的是要有一个目标，如果双方有共同的目标，在沟通中将更有针对性和方向性，沟通才更易成功。

（2）确认需求。通过倾听确定对方的需求，以便更好地理解对方的立场和关注点。

（3）阐述观点。不要直接表达观点，要先说明利害关系，再引出观点。

（4）处理异议。若遇到异议，可利用对方观点中对自己有利的部分说服对方。

（5）达成协议。沟通双方最终达成一致，这是沟通成功的标志，也是沟通的最终目标。

思考练习

1. 有效沟通的关键环节是什么？
2. 人际沟通应遵循哪些基本原则，你认为其中最重要的是什么？
3. 说一说你在人际沟通中遵守诚实守信原则的事例。

学习体悟

第二节　跨越沟通障碍

 **情境导入**

新学期伊始，大一新生们面临着新的人生起点。然而，在这个充满新鲜和挑战的阶段，有的学生却充满了困惑和焦虑。

小冰在与班级团支书聊天时表达了自己的担忧："我中学时成绩不错，但是性格比较内向，平时不太爱说话。我现在虽然考上大学了，但是对学的专业也不太感兴趣，上课经常听不懂，下课后也不好意思向老师和同学请教，担心大家看不起我。寝室里的同学也各自忙各自的事情，我跟他们沟通交流很少，想聊天却不知道该说些什么。渐渐地，我成了'边缘人'，连个好朋友都没有。平凡普通的我，真不知道毕业之后能否找到好工作。"

听了小冰的话，你若作为班干部，你会如何与他沟通？

知识园地

查看案例

一、沟通障碍

沟通障碍指的是在信息交流过程中出现的各种阻碍因素，使得信息的传递、理解和反馈受到影响，无法顺利进行有效沟通，导致信息在传递过程中出现失真、错误或者丢失等情况。这种沟通效率下降的现象被称为"沟通漏斗"（如图 1-3 所示）。

在沟通中容易出现的障碍主要有：文化背景障碍、语言障碍、心理障碍、地位障碍、组织结构障碍等。

（一）文化背景障碍

不同的文化背景，如不同的种族、民族、不同的生活方式及不同的受教育程度等，都会促使不同的文化传统和价值观念产生，这些常常会造成人际交往中的障碍。比如，在中国，人们非常注重家庭、社会、人伦关系，而在西方国

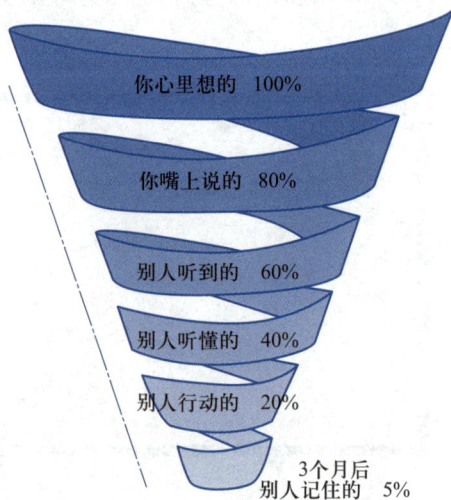

图 1-3　沟通漏斗理论

家则更注重个人主义和自由。这种文化差异会影响到人们的行为和习惯，如果不了解、接纳这种差异性，就容易造成误会，造成沟通障碍。

面对文化差异，我们要多学习和了解不同的文化，尊重和接纳不同的文化差异。尤其是跨文化交往中，学习和了解不同的文化传统和价值观念，可以避免对对方的文化产生歧视或偏见，帮助我们更好地理解对方，以免产生误解和矛盾，并建立良好的人际关系。

（二）语言障碍

人们由于语言习惯和修养上的差异，即使对于同一语句，也会产生不同的理解，这种情况会造成人际交往中的障碍。例如，有些人比较含蓄，不喜欢明确表达自己的观点，如果对方不了解这种语言表达习惯，就很容易误解对方的意思。此外，表达不清、词不达意等，也会使人与人之间更容易发生误会、摩擦。

（三）心理障碍

心理障碍是造成人际沟通障碍的一个重要方面。心理障碍包括的范围十分广泛，如人们在需要、动机、爱好、兴趣、态度、能力和人格等方面的差异，都属于可能会造成人际沟通不畅的心理障碍。例如，一个人的自我中心意识很强、优越感很强，较少主动与他人沟通交流，人际交往能力往往会很难得到深入发展。

（四）地位障碍

在现实生活中，人们的社会地位如政治地位、经济地位、职业地位等均有所差异，这些差异会使人们在交往中持有不同的态度和动机，从而造成沟通上的障碍。

（五）组织结构障碍

组织结构也会造成沟通中的障碍。如组织机构过于庞大、臃肿，层次重叠，就会使沟通信息经过层层传递而出现失真、损耗和歪曲的现象。

二、克服心理障碍

生活中，有时人与人之间并没有发生冲突，但人际关系并不和谐。这是为什么呢？原因很多，但交往中的心理障碍是其中的重要原因。例如，我们想与某人交朋友，却又不好意思开口；想主动开口说话，又怕对方不理睬，把自己"晾"在那里。因此，要改善人际关系状况，重要的是要克服沟通交往中的心理障碍，锻炼与人沟通交往的能力，灵活应用人际沟通的原则，避免陷入沟通的误区。

（一）克服嫉妒心理

嫉妒是面对他人某方面的优越而产生的不悦情绪，表现为不服气、恼怒、贬低、讽刺和幸灾乐祸等形式。生活中有些人的人际关系不好，往往是由嫉妒造成的。因此，要改善人际关系，必须从克服嫉妒心理入手。

克服嫉妒心理，首先要能正确认识、评价自己和他人，平衡自己的心态。要知道尺有所短，寸有所长，每个人都有自己的长处，每个人也都有自己的缺点。

在某些方面比别人差一点，但是在其他方面，可能比别人好一点。要把弥补差距化为动力，努力提高自己的修养、能力；不要盲目地攀比，从而产生嫉妒心理，损害人际关系，这样才能提升我们的幸福感。如果已经产生了嫉妒心理，要通过沟通与表达来宣泄心中的不平衡，寻求家人和朋友的理解，并且在和他们沟通与交流的过程当中，获得意见和建议，及时修正心态。

（二）消除羞怯心理

在社交场合，常常可以看到这样的情况：有的人很想与人交谈，却又难以启齿；有的人语无伦次，焦虑不安；也有的人甚至于和陌生人眼神偶尔相对都会脸红心跳，不知所措。这些现象都可能出于同一个原因——羞怯心理，不敢、不能或不愿真实地表达自己的思想情感。其实，羞怯是人人都会产生的一种正常的情绪反应，只不过每个人羞怯反应的强弱程度不同，引起羞怯反应的事物不同，羞怯的体验也不同罢了。

生活中的羞怯心理会给人际关系的建立和发展造成障碍。羞怯，可能使记忆发生故障，思维出现差错，反应迟缓，词不达意，举止失当。更有甚者，有的人一见到陌生人就心惊肉跳，浑身战栗，表现出"社交恐惧症"，这又怎么能使双方的人际关系自然和谐地发展呢？

显然，要改善人际关系，应该而且必须消除羞怯心理。为此，一是要有充分的自信，坚定信心，别人能做的事情，自己也一定能做到；二是对别人的反应不要过于敏感，不要总考虑"别人会怎样看我"这样的问题，对意外的反应不必太介意；三是要稳定自己的情绪，不要过于紧张；四是要有意识地多参加各类活动，多和陌生人接触，经验积累多了，羞怯心理自然也就逐渐克服了。

（三）战胜自卑和自傲心理

自卑与自傲心理都是缘于不能正确认识和评价自己。把自己看得太高，总以为人不如己，孤芳自赏、过分清高，就形成了自傲心理；相反，把自己看得太低，总认为己不如人，自惭形秽、自轻自贱，就形成了自卑心理。这两种心理都会给人际沟通造成巨大障碍，影响人与人之间的正常交往。

比如有一些同学在进入大学后，看到别的同学家庭条件优越，或者多才多艺、能歌善舞，相比之下就产生了自卑心理，认为自己一无是处、低人一等。因此，这些同学对学校举办的任何活动都缺乏积极性，以至于渐渐形成孤僻性格，脱离集体，无法融入集体生活。有自卑心理的学生总是用别人的长处来与自己对比，过度低估自己，这种消极的心理作用如果恶化下去，很容易迁移影响到其他方面。

要改善人际关系，就要战胜自卑和自傲心理。为此，一是要正确地认识和评价自己。如《老子》中所讲，"知人者智，自知者明。"二是要正确地认识和评价他人。我们的自我意识往往来自他人的认识、评价和比较，如果对这些不能正确地认识，就会产生盲目的自卑或自傲心理。

（四）破除猜疑心理

猜疑使人疑心重重，无事生非，常常导致人际关系恶化。有人曾说"猜疑心犹如蝙蝠，它总是在黄昏中起飞。这种心情是迷惑人的，又是乱人心智的，它能使你陷入迷惘，混淆敌友，从而破坏人的事业。"

从前有个人丢了一把斧子，他以为是邻居家的儿子偷去了，于是，他处处注意邻居家儿子的一言一行、一举一动，觉得他走路的样子，像是偷斧子的；他的脸色、表情，也像是偷斧子的；他的言谈话语，更像是偷斧子的。后来有一天他无意间找到了斧子，原来是前几天他上山砍柴时一时疏忽遗落在山谷里。他找到斧子以后，就觉得邻居家的儿子走路的样子不像是偷斧子的，脸色、表情也不像是偷斧子的，言谈话语更不像是偷斧子的了。

这个"亡斧疑邻"的故事告诉我们，当我们带着主观偏见去观察和理解事物时，很容易产生错误的判断和结论。我们要以事实为依据，摆正心态，避免仅凭个人主观臆断和偏见，妄下结论、胡乱猜忌。

要防止人际关系恶化，改善人际关系，就必须破除猜疑心理。生活中不可能事事称心如意，对不合心意的事情要能够合理忍让，不能以狭隘的心胸去猜忌他人。要信任他人，"长相知，才能不相疑，不相疑，才能长相知"，不信任他人就很难有真正的朋友。

（五）防止自私心理

所谓自私，就是只顾及自己的利益，不管他人、集体、社会的利益。持有这种心理的人在为人处事上，往往先考虑对自己有什么利益和好处。因此，建立和发展人际关系，他们也只是从自己的利益来考虑：对己有利者，他们会拉拢靠近；对己无用者，他们会敬而远之。

因此，要改善人际关系，就要防止自私心理作祟。要树立正确的人生观和价值观，知足常乐、讲求奉献。如《论语》中所言"君子喻于义，小人喻于利"，不能一切以利益为出发点，否则我们只能拥有苍白的人生。

案例探究

春秋战国时期，有一位著名的医生，名叫扁鹊。有一次，扁鹊谒见蔡桓公，站了一会儿后，他看看蔡桓公的脸色说："国君，你的皮肤有病，不治的话就要加重了。"蔡桓公笑着说："我没有病。"扁鹊离开以后，蔡桓公对他的臣下说："医生就喜欢给没病的人治病，以便夸耀自己有本事。"过了十几天，扁鹊又前往拜见蔡桓公，他仔细看看蔡桓公的脸色说："国君，你的病已到了皮肉之间，不治会加重的。"蔡桓公没有理他。扁鹊走后，蔡桓公又不高兴。再过十几天，蔡桓公出巡，扁鹊远远地望见蔡桓公，转身就离开了。蔡桓公特意派人去问扁鹊为什么不肯再来进见，扁鹊说："皮肤上的病，用药物敷贴可以治好；在皮肉之间的病，用针灸可以治好；在肠胃之间，服用汤药可以治好；如果病入骨髓，那生命就掌握在司命之神的手里了，医生是无计可施的了。如今国君的病已深入骨髓，所以我不能再去谒见了。"蔡桓公还是不相信。五天之后，蔡桓公浑身疼痛，连忙派人去找扁鹊，然而扁鹊已经逃往秦国躲起来了。不久，蔡桓公便病死了。

案例启发：蔡桓公贵为国君，又有名医扁鹊在侧，却因为小病不治酿成大病而送掉了性命，原因就在于双方并没有实现"有效的沟通"，两人的沟通存在障碍。扁鹊在与蔡桓公面谈时提供的信息不够清晰、准确、完整，没有选择恰当的沟通用语，没有营造良好的沟通氛围，因此他发送的信息符号并未在两人之间形成接收和反馈的良性循环。同时蔡桓公对名医扁鹊缺乏信任，对于疾病存在认知和心理上的障碍，因此最终导致多次贻误了病情。

实战演练

撕 纸 游 戏

（1）时间：15分钟。

（2）材料：参加人数两倍数量的A4纸。

（3）操作步骤：首先给每位同学发一张纸，然后教师发出指令。

① 要求参加人员闭上眼睛，全程不许进行提问。

② 把纸对折，再对折，再对折。

③ 把纸的右上角撕下来，转180°，把左上角也撕下来。

④ 睁开眼睛，将纸打开。

⑤ 每位同学重新发一张纸，重复以上步骤。教师可以请一位学生上来重复上述的指令。唯一不同的是，这次学生之间可以相互交流。

（4）师生讨论：完成第一次撕纸，为什么每个人所得结果大不相同；第二次撕纸后，所得结果基本相同？

训练目的

通过撕纸游戏，相互比较，认清沟通障碍的客观存在，分析存在障碍的原因并找到解决障碍的方法。

实战启发

第一次撕纸的过程是单向沟通，只有信息的发出、接收，没有信息的反馈，因此产生了沟通的障碍，导致大家撕的结果五花八门。这就是听到同一个指令，结果却不一样的原因。

第二次撕纸的过程把单向沟通变成了双向沟通，沟通的障碍减少了，结果相同的情况自然变多了。但是仍有小部分同学的结果与他人不同，这就是个人聆听专注度、理解力和执行力的差异了。

这个案例可以帮助大家加深对"沟通障碍"的理解。

沟通小站

聊得来　信得过　靠得住

"你觉得人和人之间最舒服的关系是什么？"一个很多人认同的答案是：聊得来，信得过，靠得住。

（1）聊得来。和一个聊得来的人相处，就像和一个多年不见的老朋友见面一样，一见如故、轻松自在。你不必刻意迎合对方，他也不会觉得你无趣。这样的朋友往往有着相同的兴趣爱好，有着相似的三观。

（2）信得过。《论语》有云："人而无信，不知其可也。"人与人之间若失去了信任，就意味着失去各种可能。维系情意和信任的，是双方之间的真诚付出。只有披肝沥胆、互利互惠，信任才能更稳更浓，并激发出更多可能。

（3）靠得住。能力的强弱、财富的多少、智力的高低等因素都不是衡量一个人是否可以交往的重要标准。不论是生活上，还是工作中，和靠谱的人交往，才能求得安心。真正的好朋友可以患难与共、生死与共，是人世间不可多得的财富。

思考练习

1. 你与人打交道时，出现过哪方面的沟通障碍？你是如何解决的？
2. 人际沟通中的心理障碍有哪些？
3. 举例说明在人际沟通中如何消除羞怯心理。

学习体悟

第三节　巧借沟通载体

情境导入

大一刚开学，辅导员召开主题班会，鼓励大家注重自身综合素质的培养，积极参加班干部竞选，为班级做贡献，在实践锻炼中提升能力。她让同学们先递交自荐信，然后组织了一场竞选演讲。

小雨非常想锻炼自己，便花了三天工夫，认真地写了一封自荐信。她自己很满意，并将自荐信递交给了辅导员。但是，在竞选演讲时，小雨的声音、动作、表情过于拘谨，透露出紧张和不自信，最终还没有演讲完，就离开了讲台。

演讲也是沟通的一种方式。这种一对多的沟通方式，更加需要借助适当的沟通载体来跨越沟通的障碍。

知识园地

一、沟通方式

人际沟通的方式可以分为以下五种：① 语言沟通和非语言沟通。② 直接沟通和间接沟通。③ 正式沟通与非正式沟通。④ 有意沟通和无意沟通。⑤ 上行沟通、下行沟通和平行沟通。

（一）语言沟通与非语言沟通

语言沟通是指用语言符号（书写的文字和口头的言语）系统进行的信息交流，是我们日常沟通中最常用的方式之一。

非语言沟通是指不以语言符号为载体进行信息交流，而是以人的动作、神情、仪表、服饰等非语言信息作为沟通媒介进行的信息交流与传递。在人际沟通与交往中，非语言沟通具有非常重要的地位，它能表达很多难以用语言表达的情感、情绪及感觉。心理学家阿尔伯特·梅拉宾提出，在人类的社交活动中，信息传递/接收的效果 =7% 的文字 +38% 的语气语调 +55% 身体语言。比如，你有急事要出门，而同事找你闲聊迟迟不离去，你不时看时间的动作就体现出你在下"逐客令"。

（二）直接沟通与间接沟通

根据沟通是否需要第三者传递，可以将沟通分为直接沟通和间接沟通。

直接沟通是指不通过第三者传递进行的沟通，如面对面谈话、上课、演讲等，其优点是直观真实、简单明了、速度快、效率高。面对面谈话可以"察言观色"，做到信息传达基本无障碍，但如果存在语言表达不合适、不顺畅，或表情、情绪没有把控好等问题，也容易引起沟通障碍。

间接沟通是指通过第三方或媒介进行信息传递的沟通方式，而不是直接面对面的交流，如书信往来、发电子邮件、打电话、阅读书籍等，或者通过其他人或组织进行信息传递，而不是直接在同一时间和地点与对方进行交流。这种沟通方式的优点是有更加充分的思考和准备时间，可以更加系统全面、冷静理智、委婉地表达。但是，间接沟通也有一些缺点，如存在时间和空间上的延迟，信息传递可能存在失真、误解或滞后等情况，沟通双方难以获得实时反馈，从而影响沟通效果。由于不能直接观察和感知对方的非语言信号，间接沟通就需要更高的表达能力和理解能力。

间接沟通在现代社会中非常普遍，随着互联网和通信技术的高速发展，手机、社交媒体、电子邮件等成了人们最常用的间接沟通工具。但很多人把间接沟通作为唯一的沟通方式，甚至"畏惧"直接沟通、面对面沟通，这其实是不利的。间接沟通在跨越时空和距离上有其便利性，但在某些情况下不如直接面对面的交流来得真实和高效，也不如直接沟通更有亲和力，更能促进人际关系的深化。因此，我们要根据实际情况，选择最合适的沟通方式来满足沟通的需求。

（三）正式沟通与非正式沟通

正式沟通是指信息传递依据组织机构明文规定的原则进行的信息传递与交流。例如，在职场里，各部门人员之间的工作往来、下级向上级汇报工作、上级向下级传达精神、教师授课等都属于正式沟通。

正式沟通的特点是沟通渠道固定，信息准确、规范，但沟通速度较慢。在正式沟通过程中，沟通双方对于语言性的、非语言性的信息都会高度注意，因此沟通双方在语言用词上会更准确，并会注意语法的规范性，对于沟通时的衣着、姿势、目光接触等方面也会十分注意。人们希望通过这些方面为自己塑造一个好的形象。在正式沟通过程中，常常存在典型的"面具"效应，即人们试图掩盖自己的不足，行为举止会变得更为符合社会规范。

非正式沟通是指正式渠道以外的沟通，如私人聚会、小群体闲谈、议论某人某事、传播小道消息等。非正式沟通的特点是形式灵活，传递速度快，但信息不一定可靠。人们的一些思想、动机、态度、情感、需要和目的在正式沟通中往往不便表达，但在非正式沟通中则易于表达出来，行为举止也更接近本来面目，沟通者对于语言和非语言信息的使用都比正式沟通随意。因此，在非正式沟通的情况下尤其要注意个人品行、修养，如《礼记》中的"君子慎独"，大家在网络上发言尤其要注意这一点。

（四）有意沟通与无意沟通

在大多数情况下，沟通都是有一定目的的，这种沟通就叫有意沟通。通常的谈话、聊天、打电话、写信、讲课，都是有意沟通。

但是，有时我们在与别人进行信息交流时，并没有意识到沟通的发生，这就是无意沟通。事实上，出现在我们感觉范围中的任何一个人，都会与我们产生某种信息交流。如护士巡视病房，发现病人睡着了，护士会不自觉地放轻脚步，压低说话声音；又如当我们在实验室里练习操作，如有别人在场，不管认识与否，我们都会不自觉地比独自一人练习时更认真。显然，这就是人与人彼此间相互影响，并存在信息沟通。由此可见，无意沟通不仅是经常发生的，而且是广泛存在的。

（五）上行沟通、下行沟通、平行沟通

上行沟通是指自下而上的沟通，指下级向上级反映情况的沟通。

下行沟通是指自上而下的沟通，即上级把政策、目标、制度、规则等向下级传达的沟通。

平行沟通是指组织或群体中的同级机构和成员之间的横向沟通。

二、沟通载体

沟通载体，是指在沟通过程中传递信息的媒介或工具。沟通载体形式多样，其特点和作用是各不相同的。

（一）口语

口语即"说的语言和听的语言"，是人类重要的沟通工具。根据沟通需要，口语在使用中逐渐演化为三种形式：一是亲朋之间使用的家常口语，一般具有通俗易懂、诙谐风趣的特点；二是交际场合使用的正式口语，既要通俗活泼，又要严谨、准确；三是特别隆重的场合，为了特别的目的使用的典雅口语，这种口语基本接近于书面语言。

口语的特点主要有简洁明快、通俗活泼、灵活机动等。但也存在不足，比如受时空限制，有些情况下不便使用。如果口语表达不够精练，且常常夹杂些口头禅、生僻的方言土语，甚至是粗俗的话，就会不同程度地影响沟通的效果，我们在沟通中需要尽量避免。

（二）书面语

书面语是"写的语言和看的语言"，具有准确精练、庄重典雅、言辞华美等特点，它同口语一样，也是人类重要的沟通工具。

应用文是人类在长期的社会实践活动中形成的处理公私事务时经常使用的实用性文体，是国家机关、政党、社会团体、企事业单位在日常工作中的惯用文体。有的应用文还被用作凭证和依据。

应用文根据性质可分为一般性应用文和公务文书。根据《国家行政机关公文处理办法》，公文包括命令（令）、决定、公告、通告、意见、通知、通报、议案、报告、请示、批复、意见、函、会议纪要等。

例如，"决定"是适用于对重要事项或重大行动做出决策和部署、奖惩有关单位及人员、变更或者撤销下级机关不适当的决定事项。书写时用词要求准确、规范、专业，避免使用俚语或俗语。

（三）态势语

态势语，亦称体态语言，是人们进行交际时通过面部表情、仪表服饰、动作体态、神情风度等表达思想感情、传递信息的沟通交际工具。态势语言同口头语言、书面语言一样是人类重要的交际工具，它有着口语、书面语不可替代的作用。

在社会交际中，有时碍于特定的场景、交际目的，人们不便于采用其他手段，往往通过一个眼神、一种动作，即可表情达意。

有时目光的交流比语言更富有内涵。不管是坦荡的直视，还是躲闪的目光，我们都能从中发现更多的信息。在谈话中，如果彼此眼神接触太少，会让人觉得心神不宁、缺乏诚意。相反，若是眼神接触过多，又会让对方本能地感觉你是粗鲁的、傲慢的甚至是怀有恶意的。在社交礼仪中，我们或多或少地会与别人发生目光上的接触。如果你希望给对方留下较深刻的印象，可以试试凝视他的目光稍微久一些，展示自信。

"鸿门宴"里的范增，力主杀掉刘邦，但又不宜直说，于是"数目项王"，用眼神表达了"杀"的劝导。项伯见项庄拔剑起舞，意在沛公，也拔剑起舞，用身体保护沛公。具体见西汉·司马迁《史记·项羽本纪》。

"项庄舞剑，意在沛公"。在这个典故中，一个"舞剑"，一个"翼蔽"，都表述了在特殊情况下不便说出的意图。这种态势语言简洁却有效地传递了信息。

人们在交际中，一般都是综合运用有声语言和态势语言，很难做到只有声音的传播而无表情、语气的显露。比如，向别人致谢就有多种不同程度的表达方式——平淡地说"谢谢"，表示一般的感激；配以点头、微笑地说"谢谢"，情感就加重了一些；紧握对方双手，满脸堆笑，语气诚恳地说"谢谢"，意义和情感就更重了。所以说，态势语言在交际中辅助表意、强化感情的作用十分明显。有了态势语言的参与，交际语言才会生动活泼，声情并茂。设想一下，一个人在与人交际中，表情麻木、神情呆滞（其实这也是一种态势语言）、说话支支吾吾、声音低，会取得良好的交际效果吗？

在人际交往中，第一印象往往对后面的交际产生很大影响。比如，一个人衣着整洁、举止大方、语气恳切，让人感到可亲可信，对交际会产生积极作用。如军人、警察、医生、护士的制服或职业着装，直接就可以给人专业、权威的感觉。

相反，"君子不重则不威"，衣着、言行随便的人，不够庄重，在交际中就不易取得对方的尊重、信任。因此，态势语言虽不像有声语言那样能够明确表意，但在人们交际之初就已参与其中、先入为主，并且能发挥重大作用。

三、沟通场景

任何沟通都是在一定的场景中进行的。沟通的效果会受到各种因素的影响。

（一）时间因素

沟通的时间往往很有限，因此，话语就要简短扼要；如果沟通时间充裕，话语节奏可以舒缓一些。如果不顾及沟通交际的时间限制，一味地进行语言交流活动，将会影响沟通的效果，甚至会起到反作用。比如，对方正忙于事务或正在集中精力思考问题，就要在对方结束公事或思考后再进行沟通。

（二）地点因素

沟通交流的主题要与环境相适宜，沟通地点不适宜会影响沟通效果。一般来说，在办公室、会议室、会场里的话题要围绕政务、公事展开，话语要庄重、简洁。如果选在休闲的场合谈公事，就不太适宜。

（三）情景气氛

沟通的内容和形式只有与一定的情景气氛相契合，才易实现和谐的交流。

《论语·季氏》："言未及之而言，谓之躁。言及之而不言，谓之隐。未见颜色而言，谓之瞽。"意思是，没有轮到他发言而发言，叫作急躁；到该说话时却不说话，叫作隐瞒；不看脸色而贸然说话，叫作不会察言观色。

孔子认为说话要考虑说话的对象，该说的话要说，不该说的不要说。对方让你说，你不能默不作声；不让你说，你也不能抢着说。说话时要考虑到对方的情绪，如对方正在烦恼痛苦时，就不要去讲开心的事。

比如，在生日宴、婚宴上说些不吉利的话，或是在悲伤的场合中嬉笑打闹、讲玩笑话，这些行为都会引发别人的反感，要注意避免。

（四）社会因素

人类的语言活动不仅会受到具体情景的影响，还会受到社会因素的制约，包括社会制度、社会群体、社会舆论、风俗习惯等。不同的社会环境，就要运用不同的表达形式，否则会让人觉得别扭、难懂。

进入移动互联网时代，沟通的渠道更多、范围更大、速度更快。从日常对话到文艺节目，越来越多的网络流行用语被创造出来。青年学生要注意，在正式场合、书面语中或者与长辈、领导交流过程中不可过多地使用网络用语，以免产生代沟或其他负面影响。

总之，沟通场景对语言活动的影响是客观存在的。在生活中，人们既要遵守交际场景的约束，也要利用交际场景的有利因素，根据场景的变化，灵活组织话语，从而实现畅通有效的语言沟通。当然还要善于把话语放在特定的交际场景中去理解，如弦外音、话外意、双关语、反语等，都离不开特定的交际场景。

🍃 案例探究

关于表彰 2023 年度先进集体和个人的决定

机关总部、各分公司：

为表彰先进，进一步激发员工的工作积极性，经总部领导研究决定对 2023

年度成绩显著、表现突出的集体和个人进行表彰，并通报其所在单位。

希望受表彰的集体和个人珍惜荣誉，在今后的工作中发挥先锋模范作用，再接再厉，再创佳绩！同时，各单位其他员工要以他们为榜样，立足本职、奋发有为，为公司做出新的贡献！

附件：2023 年度先进集体和个人名单

××市××××有限责任公司

2023 年 12 月 20 日

案例启发： 这是一则表彰决定，文章开头交代行文缘由背景，主要内容为对表彰者提出希望。全文结构完整，充分体现书面语特点。

实战演练

假设你是一名社区工作者，遇到满脸愁容的张阿姨走进社区服务站，该如何展开交流？

训练目的

用好沟通载体，多种沟通方式并用。

实战启发

在工作场合与服务对象进行交谈时，我们首先要注意礼貌并学会倾听。

张阿姨进门后，社工应起身相迎，面带微笑请阿姨入座并准备茶水。以"怎么了""为什么""是什么"等开放式问句，耐心倾听，让对方尽情倾诉心中苦闷，专注于她的表达，表现出有兴趣、想多了解，从而鼓励服务对象将自己的状况与情绪说清楚。不要贸然打断对方的诉说或直接给出判断，否则容易造成谈话中断。沟通时可以用一些关心、关怀的肢体语言，拉近与服务对象的距离，从而提高沟通效果（图 1-4）。

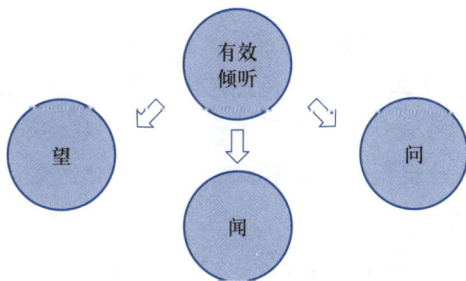

图 1-4 有效倾听

沟通小站

这些沟通的技巧，你知道吗

1. 运用礼貌语言

礼貌是对他人的尊重态度的外露，是谈话双方心心相印的"导线"。人们对礼貌的感知十分敏锐，有利于形成和谐友好的气氛。

2. 不要脱离谈话主题

谈话不要"跑题"。在谈话时要明确谈话主题，如，谈话主题是要了解对方的想法意见、向对方请教某个问题，还是要劝告对方改正某种缺点、要求对方完成某项任务等，都需要在谈话时确定。

3. 耐心地倾听谈话

谈话时，要耐心倾听，应在谈话中善于运用自己的姿态、表情、插语和感叹词向对方传递自己在耐心倾听的状态。如，微微地一笑，赞同地点头等，都会使谈话氛围更加融洽。谈话时切忌左顾右盼、心不在焉，或不时地看手表、伸懒腰等厌烦的肢体表现，这些都会影响沟通的效果。

4. 表现感同身受

如果谈话的对方为某事特别忧愁、烦恼时，就应该首先以体谅的心情说："我理解你的心情，要是我，我也会这样。"这样，就会使对方感到你对他是理解的，有助于形成一种同情和信任的气氛，从而形成良性沟通。

5. 善用肢体语言

人类具有相信"自己人"的倾向，一个有经验的谈话者，总能使自己的声调、音量、节奏与对方相称，就连坐的姿势也尽力让对方在心理上有相容之感。比如，并排坐着比相对而坐在心理上更具有共同感。直挺着腰坐着，要比斜着身子坐着更显得对别人尊重。

6. 观察对方的气质和性格

在沟通时，要善于总结对方的气质和性格，从而决定采取何种谈话方式。如与"胆汁质"类型（外向性、行动性、直觉性）的人交谈，会发现对方情绪强烈，内心活动显之于外，因此谈话方式可简单直接；与"黏液质"类型（安静、沉稳）的人谈话，会发现对方持重寡言、情感深沉，因此谈话方式应严谨、谨慎、细腻。

7. 观察对方的眼睛

谈话时，如果对方用眼睛注视着你，一般来说是表示对你的重视、关注；如果对方看都不看你一眼，则表示一种忽视或轻蔑的态度；如果斜视，则表示一种敌对和不友好的态度；如果怒目而视则表示一种仇视心理；如果对方说了谎话，往往会避开你的目光。

8. 力戒先入为主

沟通时要避免先入为主。有的人会把自己本来的面目掩饰起来，以形成良好的初次印象。为此，在谈话中应始终秉持客观、批判的态度，而不仅单凭第一印象出发进行沟通。

9. 要善于选择谈话机会

一个人在自己熟悉的环境中比在陌生的环境中谈话更放得开。为此，可以选择在对方熟悉的环境，或者对方戒备较低的心理状态下沟通，哪怕是仅有只言片语，也可能获得意想不到的收获。

思考练习

1. 尝试展示不同的肢体语言，请身边的同学猜一猜其含义，并讨论不同文化背景下肢体语言不同的表意功能。

2. 收集生活中不正确的非语言表达，以情境展示的方式进行讨论。

3. 分组观看一档国内谈话类节目，研究讨论主持人的说话技巧，分析其中一些著名主持人的沟通特点。

学习体悟

自测题

第二章　沟通技巧

"子绝四：毋意、毋必、毋固、毋我。"

——《论语·子罕》

学习目标

知识目标：学会理解倾听与问答、赞美与批评、说服与拒绝的方式。

能力目标：掌握倾听与问答、赞美与批评、说服与拒绝的艺术。

素养目标：具备会倾听、善问答的职业素养，养成多赞美、少批评的沟通习惯，有拒绝和说服别人的能力。

本章关键词

（1）倾听、对话（问话、回答、打破冷场、终止谈话）。

（2）赞美、批评、三明治批评法。

（3）说服、排除阻抗、拒绝。

第一节　倾听与对话技巧

🌿 情境导入

小水是某高职院校的应届毕业生，她向一家自己心仪的企业投递了简历。参加面试前，她认真了解了企业的历史。参加面试时，该企业总经理（创始人）也在面试官行列中。小水说："我非常希望能在贵企业工作，如果有幸被录用，将是我极大的荣幸。我知道您在28年前创办这家企业的时候，只有一个职员、一张桌子、一部电话，经过您的努力奋斗，终于有了今日这样的成就，您的精神令我钦佩。"

几乎所有成功，都要依靠智慧、勤奋、抓紧机遇及坚韧不拔的毅力才能取得。而成功的创造者们大都喜欢忆苦思甜、回忆当年奋斗的历程。小水的话一下就引发了总经理的兴趣。总经理打开了话匣子，滔滔不绝地讲述他最初创业时的困顿、创业过程中的艰辛以及今日的成功。小水始终在一旁认真聆听，瞪圆了双眼并不时点头认可。最后小水成功入职。

你从小水的面试经历中学到了什么？

🍃 知识园地

一、倾听的技巧

"倾听"是指在交谈过程中，一方接收对方的语言和非语言信息，明确含义并做出反应的过程。全情投入地倾听应该是耳到、眼到、心到、口到。从现在部分人对"聽"字的会意角度分析来看，繁体的"聽"字，由耳、王、十、目、一、心构成。

"耳"代表耳朵，耳朵是听的"工具"；"王"表示对方至上，给予足够重视，当成"王者"对待；"十"代表正，头要正；"目"代表眼睛，沟通时要看着对方；"一""心"表示一心一意，专心专注地听。

图 2-1　听的繁体

查看案例

倾听必须是一个主动参与的过程。倾听时，不仅要用耳朵去听，而且要用眼睛去"听"、用心去"听"（如图 2-1 所示）；倾听不仅是对声音的吸收，更是对意义的理解。所以，倾听必须全神贯注、专心静听，要完全理解对方话语的意思，并作出必要的反馈。

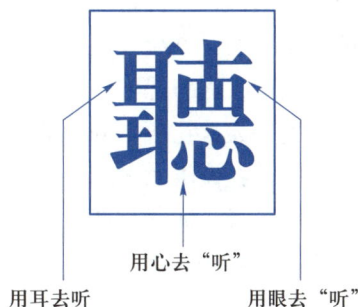

真正的倾听是暂时忘却自己的思想、期待、成见和愿望。倾听是理解，是尊重，是接纳，是分担痛苦，是分享快乐，它不只是给对方一个表达自己想法的机会，它也是放下姿态，用温暖的笑容去面对说话者，从而加强彼此的沟通，获得对方的尊重和信任的过程。

最低级层次的倾听是"听而不闻"或"假装聆听"，就是形式上在听，但是并没有听到心里去，这样往往会引发对方的反感；另一种倾听是"选择性地聆听"，即只听自己感兴趣的内容；最高级的倾听是"设身处地地聆听""共情地听"，用心和脑来倾听并做出反应，真正理解对方。

倾听＝用心聆听＋理智分析＋耐心倾听＋积极参与

之所以要用心聆听，是因为言语行为有显性和隐性之分。显性言语行为，就是直言不讳，言明意显，一听就懂，一看就明，用不着揣摩意会。而隐性言语行为，即是言语的本意不从词面上直接表露出来，而是隐含在言辞深处，话中有话，意在言外。听者要靠经验和背景知识去用心揣摩、推测，边听、边想、边筛选，做去粗取精的归纳提炼，积极思考对方讲话的意图和要点，这样，既有助于准确理解对方的意思，又可以发现问题、有的放矢地提问，使双方的交谈深入。

就日常生活中的交谈而言，并非所有的话语中都包含着重要的信息，并且我们的思维速度是说话速度的四到五倍，因此，如果不能在谈话中保持足够的耐心，我们的思维就会开小差，出现心不在焉的动作和神情，或出现"答非所问"的反应，从而影响对方的沟通意愿。

谈话过程中要注意及时反馈，即对对方的讲话做出积极的回应。比如当对方讲到要点时要点头表示赞同、肯定，也可以伴以"嗯""对"等词语来附和。还可以适当插话，比如听到对方讲的内容与你不谋而合时，你可以及时表示赞同，说："我也是这么想的。"当对方讲的内容你没有理解时，你可以说："对不起，我没听明白，你是指……？"这些行为既是倾听艺术，也能给对方创造一种愉快的气氛，使对方继续认真地讲下去。

当有人因为悲伤、痛苦找你倾诉的时候，我们首先要调整好自己的心态，尽力帮助别人。在一个安静的环境里，我们要抚慰好对方的不良情绪，使倾诉者平静下来。在倾听的过程中，要始终保持心无旁骛地倾听，不要做其他的事情干扰对方的诉说，如接电话、发微信、整理打扫或忙别的工作等会影响对方的倾诉的行为。只有始终用心聆听才会有助于对方说出自己的问题。其实，很多时候，即使你帮不上忙，仅认真、共情地聆听，就已经给了对方很大的支持。你如果要劝解对方，那么要站在对方的立场思考，和缓地说出你的想法和建议，不要激起对方的抵触情绪，用最佳方案解决问题、化解心结。

二、对话的技巧

微课：交谈技巧

说话得当，是明理和智慧的表现。说话是一门大学问，言多必失，祸从口出，一时不慎就会伤人、伤己。"好好说话"是人与人之间进行沟通的最好桥梁，也是彼此理解、尊重、交流的过程，可以为最后达成共识和形成良好的人际关系奠定基础。人与人的交往中，有些话不能说，有些话不必说，有些话不多说。所以，会说话，是一门必须掌握的艺术。

（一）问话的技巧

深夜，某公司的员工们在集体加班赶方案。一个员工问上司："我做方案的时候可以吃夜宵吗？"这遭到了上司的白眼。之后又有一位员工问上司："我吃夜宵的时候可以做方案吗？"上司莞尔一笑，称赞了他。

这个故事表明，问话需要技巧。问话问得巧可以占据优势。以下是一些问话的技巧。

（1）清晰明了：确保问题简洁、明确，避免模棱两可或语言含糊。

（2）具体明确：问题要具体，避免过于笼统，这样可以获得更针对性的信息。

（3）尊重他人：提问时，问的问题要尊重对方，避免使用攻击性或冒犯性的语言。

（4）开放式提问：用"为什么""怎么做"等问句来提问，可以获得更详细和广泛的信息，比如问"你是如何做到的？"比如问"你是……做的吗？"可以获得更多的信息。

（5）封闭式提问：仅适用于需要快速获取答案的情况。

（6）导入式提问：在启发思考时提出问题，引导对方进入思考的状态。

（7）拓展式提问：引导思考和发散思维，如"你认为这个观点的进一步含义是什么？"

（8）探究式提问：提出具有挑战性的问题，如"你能找到一个实际应用的例子吗？"

（9）自主式提问：鼓励学生提出自己的问题，如"你对这个话题有什么疑问？"

（10）追问：在回答者提供信息后，可以通过追问获取更多细节。

（11）因人设问：每个人的个性、年龄、教育背景、认知基础等等千差万别，因此不可"千人一问"。

一位心理学家曾说过，要使对方乐于答话，可以问他擅长的事情。比如，一个人羽毛球打得好，就可以问："听说你打羽毛球很厉害，能分享下经验吗？"你以对方的特长发问，就像特意发了个使对方容易接到的球，对方当然乐于接球。

（12）提问不要唐突。假如在大庭广众之下问对方："晚了三天还交不出方案，你有什么理由可说？""你迟到一个小时，怎么解释？"如此唐突的问法，会令人难以下台。

（13）提问不要戴高帽子。在会议上我们经常听到主持者这样发问："不知各位对此有何高见？"虽然从表面上看，这种问话很尊重别人，但效果不好。因为，谁敢肯定自己的见解就高人一等呢？就算是高见，谁又好意思先开口呢？所以，不如问："不知各位对此有什么想法？"

各种发问方式都有其优点和局限性，在交际过程中，要从交际需要出发灵活恰当地选择发问方式，求得最佳效果。

（二）回答的技巧

1. 鹦鹉式"回话"技巧

当对方说完话以后，你出于种种原因，一时间不知该如何回话。那么就可以像鹦鹉一样重复对方的话。当然，不是完全重复，而是挑选重点，带上积极的情绪，比如肯定或关怀。

比如当对方说："哎，最近实在是太忙了。"你可以回答："是呀，最近你的确是太忙了，要注意身体。"当对方说："这个茶好喝，我还是头一次喝到"。你可以回答："是啊，确实好喝，我也是头一次喝。"像这样的鹦鹉式回话，不仅能有效避免无话可回的尴尬，还能表达出你对对方的尊重和认可。

2. 反夸式"回话"技巧

人际沟通中，赞美或者夸人是一种很常用的技巧，当别人夸你、赞美你的时候，你该如何回话呢？如果你只会简单地回"哪里、哪里""没有、没有"，或者硬生生地接受了，又或者沟通时显得手足无措，那就会显得情商比较低。

这个时候，真正高情商的回话技巧，是反夸回去，借对方夸你的话，转移重心，反夸对方。比如，一位女性对你说："这么长时间不见，你越来越好看了。"你可以回答："我这是被资深美女夸奖了呀，谢了谢了。"再比如，领导夸你："这个文案做得很不错，有进步。"你可以回答："谢谢领导，这都是在您英明的指导和鼓励下完成的。"像这样，借对方夸你的话反夸对方，让彼此都开心。

3. 认可式"回话"技巧

这种技巧重在共情，站到对方的角度去考虑问题、去回话，让对方感受到自己被认可。人际沟通中，为什么有些人聊着聊着，就聊不下去了，别人也不愿意再与他聊下去呢？一个很重要的原因，就是因为缺乏共情能力，没有给予对方足够的认同感。

比如，朋友对你说："哎，最近天天加班，实在太累了，好久都没出去逛逛了。"如果你回答："这不正常嘛，现在谁不忙，谁不加班呀？"那朋友可能一下子就不想和你聊了。想要聊得好，就要学会认可对方的情绪。你可以这样回答："你最近加班确实多，很辛苦。等忙完这段时间，咱们找个地方好好玩一玩，你想去哪玩？咱们到时候一起组团去。"

4. 5W法"回话"技巧

这个回话技巧，就是细分对方的问题，把一个话题分解为多个话题，Who/What/Where/When/Why，也就是何人、何事、何地、何时、为何。

比如，朋友说他最近在打篮球健身，你可以回：这是个好习惯，那你是在哪打篮球，都和谁打，都是什么时间打，我也很想打可一直没时间等这些细分的问题。注意不能一下子连珠炮式地问出来，要在对方回答一个后，再聊另一个，用这个技巧回话，基本上普通话题都可以聊比较久，不愁没话聊。

（三）打破冷场的技巧

冷场，无论是对于交谈、聚会，还是议事、谈判，都是令人窘迫的局面。在人际沟通中，它无疑是一个"冰块"。打破冷场的技巧，就是及时融化"冰块"，消除交际障碍。

会谈出现冷场，双方都会感到尴尬。所以，我们对可能出现的冷场，要有一定的预见，并采取措施加以防范。比如，举行座谈会，可精心地挑选出席对象，既要考虑与会者的代表性，也要考虑与会者的可能发言率，以免坐而不谈。有时还可预先排定座次，尽量不要让最可能出现冷场的几个人坐在一起，使说话少一点拘束。同时，还要将健谈者和寡言者适当搭配，这样就可借助组织手段，减少冷场出现的机会。

冷场的出现，往往也与"话题"有关。曲高和寡，会导致冷场；淡而无味，同样也会引起冷场。不希望出现冷场的交谈者，应当事先做些准备，使自己有一点"库存话题"，以备不时之需。

比方说老年人喜欢回忆过去，同老年人交谈时，可以聊聊他们年轻时的岁月、国家的发展、城乡的变化。同青年人交谈时，多以青年人的兴趣、爱好为话题，如音乐、影视、旅游、服饰、电子科技等。总之，打破冷场的话题，应是共同关心、能引起注意、双方均可表达意见的话题。此外，关心、体谅、坦率、热情是打破冷场最有力的"武器"。只要以这样的态度努力化解，则"坚冰"可以融化，僵局不难打破。

（四）终止谈话的技巧

当一段谈话到了可以结束的时刻，可以运用一些技巧巧妙地结束谈话，而不是简单、粗暴地结束谈话。

1. 非语言信号

在结束谈话之前，你可以通过非语言信号向对方传达你的意图。例如，你可以逐渐减慢说话的速度，以示即将结束对话的意愿。此外，还可以微笑、点头或者改变身体姿势来表达你已经准备结束谈话的意愿。

《红楼梦》里，刘姥姥带着板儿初进贾府见王熙凤，以求接济。刘姥姥唠唠叨叨说个不休。一个是低声下气委曲求全的乡下老婆子，一位是珠光宝气雍容华贵的贵妇人，两者之间哪有什么共同语言呢？凤姐只希望早些结束对话。凤姐赏了刘姥姥二十两银子外加一串钱后就想打发她走，于是她说："改日没事，只管来逛逛，才是亲戚们的意思。天也晚了，就不留你们了。到家后，该问好的都问个好儿吧。"一面说，一面就站起来了。

凤姐的表达技巧十分高超，用足了语言和非语言的信息。一方面，用语言信息强调着亲戚的关系，说有空只管来；还表达了应有的关心体贴，回去晚了不方便。

另一方面，用态势语（一面说，一面就站起来了）的非语言信息宣告谈话已结束。

2. 感谢对方

用表达感谢的方式结束谈话。你可以说一句"非常开心能跟你聊天"，以表示谈话即将结束的意思，顺带表达了你对对方的欣赏和感激。

3. 总结讨论的重点

在结束谈话之前，你可以用几句简洁的话来总结讨论的重点。这可以帮助你和对方回顾对话的重点，并确保你们都对讨论的内容有清晰的理解。

4. 提出下一步建议

如果你认为有必要，你可以在结束谈话时提出一些建议或行动计划，以便谈话结束后可以继续思考和行动。

在交际场合中，能随机终止谈话是必要的一项技能。只要本着礼貌为上的原则，掌握随机应变的方法，那么你一定能在交际场合得心应手地应对一切。

案例探究

纪晓岚是清朝乾隆时期的进士，也是历史上有名的大才子，曾任《四库全书》的总纂官，并著有流传后世的笔记小说《阅微草堂笔记》。纪晓岚聪明睿智、才思敏捷，给后世留下了许多有趣的故事。

纪晓岚当了侍读学士后，整天陪伴着乾隆皇帝。有一次，纪晓岚随乾隆出巡江南，在途中，乾隆指着一个竹篮子，问纪晓岚："这是何物？"纪晓岚回答："竹篮子。"乾隆又问："竹篮有何用？"纪晓岚说："装东西。"乾隆又问："竹篮为什么不能装南北？"纪晓岚回答："按照五行方位来说，东方是甲乙木，西方是庚辛金。这金和木都能装入竹篮中，所以叫装东西。而南方是丙丁火，北方是壬癸水，如果用竹篮装火，则会被烧毁，如果用竹篮装水，则水就会漏完，因此，竹篮不能装南北。"乾隆听了纪晓岚的解释，开心地笑了，对纪晓岚敏捷的才思大为赞赏。

案例启发：说话风趣幽默又能让人醍醐灌顶是一种至高境界，这背后少不了敏捷才思的支撑。会说话的背后要有广博的知识、严密的逻辑思维及流利的口语表达做支撑。因此，想要拥有良好的沟通能力，一定要在这些方面不断积累、多加练习，熟悉并掌握各类表达技巧，为日后职场、人生的顺利开展打下扎实的基础。

沟通小站

沟通能力测试

沟通能力是个人素质的重要体现，它关系着一个人的知识、能力和品德。沟通能力指与他人有效地进行沟通信息的能力，包括表达能力、倾听能力和设计能力。

沟通能力看起来是外在的表现，实际上它包罗了一个人从穿衣打扮到言谈举止等一切行为的能力。一个具有良好沟通能力的人能够将所拥有的专业知识及专业能力进行充分的发挥，并能给对方留下深刻印象。

沟通能力是沟通者思想和知识的体现，一部分属于技能技巧，是后天个人学习和实践得来的，一部分是人格特征，受遗传、家庭环境和成长经历的影响。通常在企业人才测评中，沟通能力都是考察重点之一。一个具有良好沟通能力的人能够清晰、准确地传达自己的意图，同时能够有效地接收和理解他人的信息，使对方更容易理解和接受。

沟通在人际关系中非常重要，所有缺乏沟通的关系，只是单方面的自我表达。沟通是连接心灵的桥梁，它能消除障碍，解除误解；沟通是治愈的良方，它能化解冲突，舒缓创伤。

通过以下沟通能力小测试（表 2-1）来了解自己是否是一个良好的倾听者、沟通者，找到差距。

表 2-1 沟通能力小测试

序号	问题	总是这样（5分）	常常这样（4分）	偶尔这样（3分）	很少这样（2分）	从不这样（1分）
1	你喜欢听别人说话吗					
2	你会鼓励别人说话吗					
3	在你不喜欢的人说话时，你也能注意听					
4	不论说话人性别、长幼，你都注意听吗					
5	与陌生人说话时，你能注意听吗					
6	你是否很少会目中无人或心不在焉					
7	谈话中你是否注视听话者					
8	谈话时有没有被足以让你分心的事物干扰					
9	你是否微笑、点头及使用不同的方法鼓励他人说话					
10	你是否深入考虑说话者所说的话					
11	你是否试着指出说话者所说的意思					
12	你是否试着指出说话者为何说那些话					
13	你是否让说话者说完他（她）的话					
14	当说话者在犹豫时，你是否鼓励他继续下去					
15	你是否重述他的话，弄清楚后再问					
16	在说话者讲完前，你是否避免批评他					
17	无论说话者的态度与用词如何，你都注意听吗					
18	若你预先知道说话者要说什么，你也注意听吗					

续表

序号	问题	总是这样（5分）	常常这样（4分）	偶尔这样（3分）	很少这样（2分）	从不这样（1分）
19	你是否询问说话者有关他所用词语的意思					
20	你是否请说话者更完整地解释他的意见					

分数：

评分标准及结果分析：

90～100分：你是一个优秀的倾听者，请继续保持。

80～89分：你是一个很好的倾听者，尚有进步空间。

65～79分：你是一个比较良好的倾听者，尚有进步空间。

50～64分：在有效倾听方面，你可能需要多做一些训练，尚有进步空间。

50分以下：你不注意倾听，亟须改变。

思考练习

1. 你是善于倾听、善于表达的人吗？通过学习，你了解到自己的哪些方面需要加强？

2. 通过本节课的学习，你是否掌握了倾听、对话等各类表达技巧？请选取以下一题进行沟通能力的训练。

（1）当你在公司和同事一起讨论工作问题时，你和同事的意见不一致，你如何沟通并最终解决问题。

（2）当你和邻居因为生活习惯不同产生摩擦和纠纷时，你如何运用本课学习的技巧和邻居沟通，并最终解决不愉快的摩擦。

（3）当你和家人因为想去的旅行目的地不一致而发生不愉快时，你如何利用倾听和对话技巧和家人沟通，并最终确定一个大家都满意的解决方案。

学习体悟

第二节　赞美与批评艺术

情境导入

　　小美是某高职院校的学生，最近发生的一件事让她很苦恼，于是她向辅导员寻求帮助。她问道："我真的是费尽心力想对每一个人都好，可是我那么努力，为什么别人还是不喜欢我？"当时辅导员问她："费尽心力？能告诉我你做了些什么样的努力吗？可以说得具体一些。"小美回答说："我在书上看到一个说法，说要学会赞美别人。我觉得非常有道理，就照着他说的去做，每天都去赞美别人，可是好像没有什么效果。"辅导员回应："我听到你说每天都去赞美别人，感觉你确实很努力地想要与别人和睦相处，能不能举一个例子，和我说说你是如何赞美别人的吧？"小美不假思索地说："就拿今天早上的事情来举例吧，我的同桌换了一个新书包，我发现了，就赞美她说'你的书包好漂亮啊！'可是她只淡淡地回了我一句'是吗？'，我觉得自己好没面子啊。"辅导员说："哦，今天早上你看到了同桌的新书包，觉得很漂亮，于是就夸赞了她的书包，可是却有种被对方拒绝的感觉，是吗？"辅导员尝试着复述她所描述的事件。小美说："其实也不是，我心里觉得她换的新书包也没什么好看的，颜色灰暗，样式也不新。""这么说你并不真的觉得她的书包很漂亮？"辅导员反问。听到这个问题，小美不好意思地笑了。

微课：真诚地赞美

　　通过上面的情境导入，大家可以思考一下：为了赞美对方而不能说真心话，你认为这是正确的人际交往吗？

知识园地

一、赞美的艺术

　　赞美，是指用积极的言语、行为或其他方式，对他人的优点、成就、品质或行为表示肯定、称赞和欣赏。古语说："良言一句三冬暖，恶言伤人六月寒。"赞美可以激发他人的积极性，促进人际关系的和谐与发展。恰如其分的赞美能增进信任和友谊。以下是赞美他人的要点。

1. 真诚

　　每一个人都应该在人际交往中善于发现别人的优点，然后真诚地给别人以赞美。赞美只有发自内心，才能够让别人感到舒适和被重视。如果只是为了讨好对方而说违心的话，结果会适得其反。

2. 具体化

以事实为依据进行赞美，更具说服力。针对具体的事情或成就进行赞美，比如对方的勤奋、努力、坚持不懈，获得的具体进步、改变。

3. 细节化

赞美对方的细节，如仪容仪表舒适、文笔好、观察仔细等方面，可以显示出你在真正关注对方的优点。

4. 适度化

赞美应该既不过于夸张也不吝啬，要根据实际情况给予恰如其分的赞美。如果一位女士长相一般，而你却夸她："你长得真漂亮，像明星一样靓丽。"对方不一定会认可，反而会认为你在反讽她。

5. 自然化

赞美应自然流露，避免过于刻意，可以通过日常交流自然地表达。

6. 赞美对方关心和得意的事

赞美时，可以赞美对方关心和得意的事，这样更能够引起共鸣、赢得好感。

7. 间接赞美

通过第三方的评价来间接表达赞美，可以增加赞美的可信度和影响力。

8. 在背后给予赞美

这种赞美更有可能被认为是由衷的，并且能够加强人际关系的信任。

9. 赞美独特的品质或成就

特别是对方本人或他人未曾察觉到的优点或成就。

10. 赞美要分场合、抓住时机

在合适的场合和时机给予赞美，效果会更好。比如在对方完成某个项目或达到某个目标时，在工作场合和众人面前给予对方正式的赞美就比在私人场合的赞美更能给对方带来喜悦和感动。

11. 用非语言方式赞美

可以充分发挥非语言的力量，如关注的眼神、欣赏的笑脸、肯定的点头、握手表示祝贺等，均能增强赞美效果。

二、批评的艺术

几乎人人都喜欢玫瑰，但不喜欢玫瑰的刺。批评有时就像根刺，稍不小心就会把人刺伤，还会引发对方的不良情绪和抵触心理，甚至会伤害一个人的自尊。所以，试着体会别人的心情，采用更恰当的批评方式，会更容易让人接受。批评也是一门艺术，因此，你需要学会恰当地表达。

从社会心理学角度看，无论什么人基本都不喜欢被批评和指责，也不喜欢批评和指责自己的人。所以，批评最容易导致人际关系紧张。但是，不敢批评，不善于批评，也不是一个良好的沟通者。事实证明，只要讲究批评的艺术和技巧，就能达到通过批评来纠正对方错误的目的，也不会造成人际关系紧张，还能在某种程度上增进彼此的感情和友谊。因此，我们更需要学会批评的艺术。良药未必苦口，忠言未必逆耳，但可能更利于行。使用适当的话语和表达方式，可能会得到意想不到的正面结果。批评的总原则可以总结为严中有爱、严中有情。

1. 善意地批评

"人非圣贤，孰能无过？"批评是以让对方变得更好为出发点。因此，要让对方明白你的一番好意，批评时态度一定要谦和诚恳。每个人都有自己的短处和不足。批评时，不能伤害对方的自尊心，更不能借题发挥，揭人隐私；不要否定他人的过去，更不要否定其未来。轻率地"盖棺定论"，只能使被批评者破罐子破摔，甚至产生对抗情绪和敌意。批评指责都应该给对方一个台阶下，以使被批评者鼓起改进的希望和勇气。

2. 含蓄地批评

批评时的语言表达不能太激烈，不可疏忽大意、随便草率。当面指责他人，只会造成对方顽强的反抗，而巧妙地暗示对方注意自己的错误，则会受到尊重。

有一次，一位著名的企业家来到他公司下属的一家工厂。当时正值中午，他看到几位工人正在抽烟，而在他们的头上，正好有一块"禁止吸烟"的牌子。企业家笑着走向他们，递给他们每人一根香烟，说："师傅们，如果你们可以到外边去吸这根香烟，我将感激不尽。"工人们立刻意识到自己违反了公司的规定，同时，也更加尊重他们的老板了。

3. 批评要选择适当的场合和时机

心理学研究表明，谁都不愿意把自己的错误或隐私在公众面前曝光。因此，在交际中，应尽量避免对方当众出丑，应该在没有第三人在场的情况下提出批评和忠告。

4. 批评要把握"度"

批评的话不在多，而在于精妙，要做到语言精练、一语中的。言语啰唆，拖泥带水，东拉西扯，不仅冲淡了主题，使人不得要领，不知所云，甚至还会让对方产生急躁情绪，达不到批评目的。要想改变一个人而又不伤害双方的感情，甚至让对方感激你或者更喜欢你，最有效的方式是选择适当的批评方式，间接暗示对方，提醒其所犯的错误，而不是直接严厉地指责。

5. 幽默的批评

在批评过程中使用含有哲理的故事、双关语、形象的比喻等，可以缓解受批评者的紧张情绪，启发被批评者的思考，使批评能有一个轻松愉快的气氛。比如学生会干部检查晚自习的纪律，当他走到其中一个班级时，发现班级内秩序很乱，有的学生在交头接耳，有的学生在玩手机，有的学生则趴着睡觉。看到这种情况后，他说，如果正在讲话的同学能像玩手机的同学那么安静，那么正沉浸在梦乡的同学一定会睡得更加香甜。此言一出，引起了全班同学哄堂大笑，"犯错误"的同学们也知道自己错了，继续进行晚自习。

案例探究

战国时齐国有个大臣叫邹忌，邹忌身高八尺有余，而且外貌俊朗。有一天他穿戴整齐，问他的妻子："我与城北的徐公相比，谁更英俊呢？"他的妻子说："您最英俊，徐公怎么能比得上您呢？"城北的徐公被誉为齐国最英俊的男子。邹忌不相信妻子的话，于是又问他的妾室说："我和徐公相比，谁更英俊？"妾室说："徐公不如您。"第二天，有客人来拜访，邹忌问客人道："我和徐公相比，谁更英俊？"客人说："徐公不如您啊。"又过了一天，徐公前来拜访，邹忌仔细地端详他，觉得自己与徐公相差甚远。傍晚，他躺在床上想这件事，认为："我的妻子夸赞我，是偏爱我；我的妾室夸赞我，是惧怕我；客人赞美我，是有求于我。"

于是，邹忌上朝拜见齐威王，说："我确实知道自己不如徐公英俊。可是我的妻子偏爱我，我的妾室害怕我，我的客人有事想要求助于我，所以他们都认为我比徐公英俊。如今齐国有方圆千里的疆土，一百余座城池。宫中的姬妾及您身边的近臣，没有一个不偏爱大王的，朝中的大臣没有一个不惧怕大王的，国内的百姓，没有不对大王有所求的。由此看来，大王您受到的蒙蔽太严重了！"齐威王说："说得好。"于是下了一道命令："所有的大臣、官吏、百姓，能够当面批评我的过错的，可得上等奖赏；能够上书劝谏我的，得中等奖赏；能够在众人集聚的公共场所指责议论我的过失，并能传到我耳朵里的，得下等奖赏。"政令刚一下达，许多大臣都来进谏献言；几个月以后，还不时有人进谏；一年以后，即使想进言，也没有什么可说的了。

案例启发：能够真诚地接受别人的批评或劝告，是多么心胸宽广啊。所以，我们每个人都应该像齐威王那样勇于接受他人的批评和建议，改正自己的错误，这样才能使个人和国家更好地进步和发展。

实战演练

你会赞美他人吗？请你夸一夸你的每一位室友，思考并发掘他们每个人身上的优点，并且诚挚地告诉他们。

训练目的

通过这个训练发现别人身上的优点，掌握赞美的技巧，养成欣赏他人并真诚赞美他人的习惯。

实战启发

赞美是一种表达感激和肯定的方式，可以帮助人们建立互相信任和尊重的关系。对于身边最亲近的室友同学，我们也许并没有给予充分的了解和尊重。建立良好的同学感情，就从真诚的赞美开始吧。每一个人身上都有优点，我们要真诚地赞美同学，表达出对被赞美者的感激和肯定。我们可以选择对方的某一个富含正能量的兴趣爱好、获得的技能或成就进行夸赞，但不必夸大其词。我们要赞美具体事例和细节，让对方通过收获赞美感到自信和愉悦，并且能为之持续努力。

🌿 沟通小站

三明治批评法

"三明治批评法"是一种在批评他人时采用的技巧，它将批评包裹在两个肯定或积极的陈述之间。其优点是保护对方的自尊心，减少对方抵触情绪，更容易被对方接受。

具体做法是：

（1）肯定优点或成绩：批评之前应首先指出对方的优点、成就或做得好的方面。

（2）提出批评：中间环节，明确指出存在的问题或需要改进的地方。

（3）给予鼓励和期望：以积极的方式结束，表达对对方的信心和期望。

例如："我非常欣赏你在某些方面的表现，但是在某些方面，我觉得你还有一些可以改进的地方。我相信你有能力做出改进，期待看到你更好的成果。"

使用"三明治批评法"时，需要注意以下几点：

（1）批评要具体、客观，避免过于笼统或模糊。

（2）肯定和鼓励要真诚，避免敷衍。

（3）批评要注意语气和态度，保持平和、友善。

这种方法适用于工作、学习、家庭等各种场合。

🌼 思考练习

1. 与人交往过程中你善于赞美他人吗？具体是怎么做的？

2. 如何才能找到一种正确的批评方法，使忠言不逆耳呢？

学习体悟

第三节　拒绝与说服策略

情境导入

小水是一名刚刚入学的大学生，她思维敏捷，口才很好，憧憬着在学校里能交到很多知心朋友。但最近她很苦恼，因为她发现同宿舍的同学不太愿意和她交往，于是她找到了同乡学长小利倾诉。经过一番了解，小利发现小水喜欢和同学辩论，遇到意见不统一的情况，小水总会辩驳到对方哑口无言，久而久之，同学们就选择了对她"敬而远之"。

如果你是小利，你想对小水说些什么？

知识园地

一、说服

说服，是指用理由充分的语言开导对方，让对方心悦诚服地接受自己的观点。

真正的说服，不是你用高超的话语和精妙的道理"碾压"对方，也不是让对方屈从，而是通过有效沟通，让对方对你心悦诚服，不管从理性还是从感性层面对你都表示赞同；并且在跟你沟通完之后，就像被你点化了一样，思想认知得到提升，做出了更好的选择。这才是高级的说服。

在工作和生活中需要说服的对象有很多，可能是你的亲人、朋友、同事、上司等。说服力强的人总能获得更多的资源，赢得更多的尊重。

比如，在职场中，你作为下属想说服老板增加对你团队项目的资金支持。从下属的角度来讲，你肯定希望这个项目做得更好，但是老板的立场就不一样了，他可能会想我这笔投资值不值、回报率高不高。如果下属一直摆事实讲道理，老板可能根本就听不进去，反而会觉得下属不断说服他是在否定他，是在挑战他的权威。下属如果不注意说服的方式，最终可能导致老板生气，从而使下属工作积极性严重受挫。

说服不是一件容易的事，它是创造性地运用各种策略的一门艺术，如果没运用好，无论你怎么和对方讲道理，对方就是不听、不理，甚至可能演变成一场争执，闹得双方很不愉快，那就得不偿失了。

（一）说服的策略

由于被说服对象本身经历、经验、价值取向等方面的不同，"说服"的难度也不同。我们可以参考以下公式：说服 = 充分准备 + 排除阻抗 + 铺设缓坡 + 清除障碍。

1. 充分准备

要花时间和精力了解说服对象，例如了解对方的认知基础、性格脾气等方面，要站在对方的角度思考事件的起因和经过及对方做出此种选择的原因。思考用哪些理由和方式说服对方，更利于对方接受。

2. 排除阻抗

"阻抗"是一个心理学名词，简单来说，就是对他人影响力的抵抗。我们要在理解、接纳的基础上，用真诚消除对方的抵触心理，建立信任感；在肯定和捍卫对方价值的基础上寻找共同点，进而增进理解。

很多时候别人不愿意听我们的，不是因为我们没道理，原因恰恰相反，是因为我们觉得自己太有道理了，充满自信地去说服别人，以至于我们在沟通过程中，不断地给对方传递一个信息："你错了，我才是对的。"每个人都会不自觉地会捍卫自己的立场和价值，如果对方觉得你想对他进行说服，想突破他所建立的"防火墙"，他就会下意识地产生防卫和抵抗。所以，要想成功地说服他人，我们首先要做的，就是绕过他大脑中的"防火墙"，肯定对方一定会捍卫的价值，只有这样，对方才会卸下防御，而你才有可能成功"侵入"他的"系统"、慢慢施展你的影响力。如表 2-2 所示，不同说服对象，对方捍卫的价值也不同，也对应了不同的排除阻抗的方法。

表 2-2　针对不同说服对象的应对方法

说服对象	对方捍卫的价值	排除阻抗，你可以这么说
老人	价值感	咱们这个家庭特别需要您
孩子	自主感	你自己的意愿是最重要的
伴侣	亲密感	对我来说，你的感受是最重要的
领导、父母	掌控感	这件事需要您把关和判断
下属	权威感	这件事我特别难办，只有请您帮我出出主意了
跨部门同事	边界感	这件事是我的责任，我为它负全责

比如本节开篇提到的案例，你希望得到老板的资金支持。在你想去说服他之前，你得先想明白他捍卫的价值是什么？是他作为老板的权威感、掌控感。那么，要排除领导的阻抗，你就要首先实现他对权威感、掌控感的需要。

你可以这么说："老板，这个项目您布置我来负责，我们团队一直很努力，但是目前遇到的三个难题，以我们现在的资历实在无法解决，特别需要您以多年的经验给我们指导一下。"老板就会认为是下属遇到问题来请教他，他的"防火墙"就被你绕过去了。卸下防御，老板才能把你的建议、方案听进去。如果你匆匆忙忙地闯进老板办公室，一进门就"要钱"，会让老板立刻反感，说服工作就无从展开了。

3. 清除障碍

清除障碍即要掌握对方真正的需要，把话说到对方心里，有理有据，才能达到说服别人的目的。清除障碍的具体阐述可从以下几个方面进行：

为什么——说明背景和意义；

做什么——确定意义后的行动方向；

怎么做——阐明具体如何操作。

4. 铺设缓坡

铺设缓坡即说服对方要循序渐进，心理学家把这种逐步接近目标的说服方法叫作"登门槛术"。在对方接受一个较小的要求或观点后，再说服他接受一个更大的要求或观点，这样做更有可能性和操作性。

比如你想说服同寝室的同学戒除熬夜玩游戏的不良习惯，就可以先用身体健康，再用学业第一，最后过渡到父母期待等理由，说服他逐步减少游戏的时间，最终彻底戒除熬夜玩游戏的坏习惯。你可以这么说："你这段时间每天玩游戏到凌晨两点，第二天上课就犯困睡觉，长时间下去，不仅把身体熬坏了，而且在校时间你能收获什么呢？我觉得，我们要给自己树立一个目标，让每天过得更充实一些，上课好好听讲，下课多看些书、多运动健身、多与同学交流、多参与校园活动。我知道，一下子戒掉游戏很难，你看能不能把时间压缩一点，晚上完成作业、洗漱结束后玩 1 个小时，保证 11 点前睡觉。过一段时间再把打游戏的时间逐渐压缩到半小时以内。"

（二）说服的语言艺术

我们在和人交谈中，巧妙地运用语言造成某种特定的情感环境，也有助于说服他人。

1. 语言表达通俗易懂

用通俗易懂的语言表达你的观点，让人易于领会你的意思，有利于谈话的展开和说服的达成。

2. 尽量少用或不用术语

从表面上看，使用术语可以表明你的专业性，但是，术语太多反而会令人费解，降低说服的效果。

3. 使用类比或比喻

很多人在演讲、做简报时，所说的题材会比较专业，如果想要更清楚地说服别人，类比或比喻是一种很好的表达方式。

4. 讲一个动人的故事

想要说服对方，与其长篇大论，不如讲一个动人的故事。

5. 善用正面积极的话

人人都爱听夸赞的话，与消极的话语相比，正面而积极的语言在说服力方面会更强一些。学会说话，说让人开心的话，将为你打开人生的另一扇门。

6. 让语言表达得更有感情一些

古人云："感人心者，莫先乎情。"真正的说服，不仅是言语的胜利，还是情感上的胜利，只有在情感上征服别人，才算真正的说服。因此，我们要会运用情感技巧，动之以情，以情感人，打动人心，进而说服别人。

二、拒绝

拒绝即"不为"，是对他人意愿、行为的一种直接或间接的否定。在日常的学习、工作和生活中，每一个人或多或少都会遇上一些自己不想做不愿做的事情。但是直接拒绝别人，很多人难以说出口，因此，拒绝是一门重要的社交艺术。拒绝是一种主动的选择，是一种智慧的表现。哪些事情应该拒绝呢？比如当自身的合法权益受到侵害时；当别人的请求超越自己权限和能力，或自己有能力但在时间、地点上无法配合时；遇到违背道义的事情等情况时都应该勇敢地拒绝。

（一）拒绝的策略

虽说拒绝是每个人的权利，但是如果没有遵循基本原则，拒绝的时候不注意方法，人际关系会受到影响。拒绝有以下原则：

1. 宽容有雅量

只要不带来重大压力或不便，自己力所能及，可以积极践行诚信、友善、互帮互助的原则，对自己也是一个学习、成长的机会。

2. 耐心倾听

当别人提出请求时，要耐心地听完对方的话，并用心了解对方的理由和要求。即使拒绝，也不要在他人刚开口时就断然拒绝，要让对方了解你拒绝他并不是草率决定的，而是在认真考虑之后才决定的。

3. 态度诚恳

认真聆听、诚恳拒绝、陈述理由，要始终保持诚恳的态度，不要流露出不满、不快的神色，不蔑视对方，不说激烈、难听的话。

4. 明确理由

明确拒绝理由，做到既不含糊，又不让对方误解，还不伤害对方。如果可能，要积极地替他出谋划策，帮助他选择或寻求更好的途径和办法，这样更能表明诚意，也更易得到他人的谅解。

（二）拒绝的语言艺术

在社交场合中，表达拒绝的意思，可以有不同的说法。从语言技巧上说，拒绝有直接拒绝、婉言拒绝、幽默拒绝、回避拒绝等方法。

直接拒绝是将拒绝之意当场明讲。比如以下语句都是直接拒绝："你的要求让我感到非常尴尬，我对此深表歉意，但我必须拒绝。""很抱歉，我已经有其他项目在忙了，这次可能无法帮你。""非常抱歉，我之前已经有了一个承诺，无法更改，因此，不能接受你的邀请。""我很感谢你对我的信任，但很抱歉，这次我无法与你合作，希望下次有机会可以合作。"采取此法时，尽量避免语气生硬，可以把拒绝的理由讲明白。

婉言拒绝是运用委婉的语言暗示对方自己无法完成对方的请求。如"非常感谢你的信任，但我必须拒绝你的提议，因为我的专业能力和工作重心并不符合你的需求。""我很抱歉，但我不能接受你的邀请。我有些个人事情需要处理，可能无法参加你安排的活动。真的很遗憾不能和你一起，但我相信你会理解的。"这些语句都是婉言拒绝。

幽默拒绝是用幽默的语言来表达拒绝的意思。如"我真的很抱歉，我不能接受你如此贵重的礼物，我只想保持我们之间纯真且珍贵的友谊，不想给这份友谊增加过重的负担。"

回避拒绝是避实就虚。该种拒绝是搁置此事，转而议论其他事情。

此外还有诱导拒绝、摆明利害拒绝、附加条件拒绝、让步拒绝等拒绝方法。总而言之，拒绝对方时应当尽量婉转一些，不要硬生生地拒绝别人。这样既能够让对方明白自己的态度，又可以避免伤害到别人的自尊，让你和对方都不至于陷入尴尬或剑拔弩张的境地。根据不同的情景运用不同的方法，拒绝行为不仅不会把你的朋友、上司等推向你的对立面，反而会使你赢得更多的尊重。

以下是拒绝别人又不伤人的话，请大家读一读体会一下。

（1）谢谢你的建议，但我觉得还是不适合我。

（2）对不起，我已经答应了别人的请求，实在没法帮你了。

（3）非常抱歉，我在此事上没有经验，不能帮到你。

（4）谢谢你的关心，但我已经决定不参与此次活动了。

（5）对不起，我还有其他事情要处理，无法参加此次活动，感谢您的邀请。

（6）很抱歉，我目前的状况不太适合参与这个计划，感谢您的信任。

（7）非常感谢你的邀请，但我有其他安排，期待下次有机会合作。

（8）对不起，我对此事没有足够的知识和技能。

（9）谢谢你邀请我，但我有一些私人事情需要处理，很遗憾无法参加。请代我向其他人致以最诚挚的问候。

案例探究

苏秦是战国时期著名的纵横家，他为了实现联合六国共同抵抗秦国的战略目标，开始了一次长达数年的游说之旅。

首先，他前往燕国，成功地说服了燕文公，使其与近在百里的赵国联合，以共同防御远在千里之外的秦国。随后，他相继前往赵、韩、魏、齐、楚等国，利用他的聪明才智和出色的游说技巧，一一说服这些国家的国君，使他们认识到只有联合起来，才能对抗日益强大的秦国。在这个过程中，苏秦不仅深入分析了秦国的威胁和六国各自的优势，而且提出了"合纵"的战略构想，即六国联合抗秦，共同维护自身的利益。他凭借自己的口才和智慧，成功地打破了各国之间的隔阂和矛盾，使六国达成了共识。最终，在苏秦的努力下，六国成功联盟，并维护了本国的安全和利益。

案例启发：苏秦合纵抗秦的故事展现了古人灵活运用演讲、谈判等技巧的智慧和策略。苏秦通过深入分析形势、明确立场、提出互利共赢的方案等方式，深入浅出地分析了形势和策略，成功地说服了各国，达成了目标。这些技巧在古代被广泛运用，也为现代人在各种场合中的沟通和交流提供了宝贵的启示和借鉴意义。

实战演练

（1）作为班干部，你想让辅导员支持你组织同学清明节去烈士陵园祭奠先烈的方案，但是学校距离陵园较远，需要包车，存在安全、费用、纪律等方面的问题。班级从未有过包车集体出游的经历，辅导员很为难，一直没有答应。你准备去辅导员办公室说服她，你准备怎么说？

（2）同事想在五一小长假跟他的女朋友外出旅游，手头上的工作方案想让你帮他完成。而你打算回老家看望父母，不想帮他完成，这个情况下你会如何拒绝他？

训练目的

通过训练，进一步掌握说服和拒绝的艺术和策略。

实战启发

（1）你在拿着方案给辅导员去做说服工作之前，首先要了解辅导员的立场和原则。作为辅导员，他的职责、他的担忧、他的阻抗……

你可以这样开场："老师，我们班想组织一个……活动，活动的目的是……，我做了一个初步方案，您对班级情况最了解，组织活动的经验比较丰富，还请您把关。"

（2）态度要诚恳，拒绝要温和而坚定。"这个项目一直是你在跟进，我没有接触过，情况完全不了解，对于实质性内容无法做出精准判定，容易导致产生新的问题。如果让我半途接手的话，我无法保证该方案会不会二次返工，而且，我长期在外地生活，一年只能回家两次跟父母团聚，前阵子我父亲恰巧生病住院半个多月，我都没回去。所以这一个假期，我要回家和父母团聚，很抱歉不能帮你。"

沟通小站

你了解 PDP 职业性格测试吗？对照一下看看你是哪一种性格类型。不同性格类型的说服对象排除阻抗的方式是不同的。同样，不同气质和性格的人建立信任感的方式也不尽相同。

PDP，被称为"行为特质动态衡量系统"（Professional Dyna-Metric Programs），它是一个用来衡量个人的行为特质、活力、动能、压力、精力及能量变动情况的系统。根据人的天生特质，PDP 将人群分为五种类型，包括"支配型""外向型""耐心型""精确型""整合型"，为了将这五种类型的个性特质形象化，根据其各自的特点，这五类人群又分别被称为"老虎型""孔雀型""考拉型""猫头鹰型""变色龙型"。PDP 是一个进行人才管理的专业系统，能够帮助人们认识与管理自己，帮助组织做到"人尽其才"。

（1）老虎型（支配型）：勇敢、自信、果断，竞争性、目标性强，喜欢冒险、挑战和掌控，有对抗性，喜欢抓大方向、注重效率。在职场中是天生的领导者，可以迅速做出决策，带领团队冲锋陷阵。

（2）孔雀型（外向型）：个性乐观、热情开朗、积极向上、口才流畅、善于表达、乐于沟通、重视形象、好交朋友、诚恳热心、表现欲强，擅长营造良好的氛围。是职场中的明星，总能用自己的魅力感染周围的人。

（3）考拉型（耐心型）：温和、敦厚、务实、细心、体贴、有耐力，行事稳健，关注细节，喜欢做长远的规划，不喜欢冲突和意外。是团队中的稳定器，擅长倾听和理解。

（4）猫头鹰型（精确型）：理性、严谨，拘谨、含蓄，注重细节、数据、结构和逻辑，讲求精准性，条理分明、责任感强、判断能力强、分析力强。是职场的"智者"。

（5）变色龙型（整合型）：善良、包容、有耐心、韧性强，协调性好、配合度高，综合了其他四种特质，个性不突出但擅长整合内外资源。是团队的"润滑剂"，和谐的使者。

针对以上几种类型的说服对象有不同的沟通方式，见下表 2-3。

表 2-3　四种说服对象的沟通方式

说服对象	对方捍卫的价值	清除障碍、排除阻抗，你可以这么说
老虎型	掌控感	肯定对方，给对方几个方案做选择，如："这件事我拿不准，特别需要您的判断……""这里有几个方案，请您帮我们定夺，选一个最佳方案。"
孔雀型	认同感	赞美对方，如："你的……特别好，给我带来了很大启发，在这件事情上，……"
考拉型	稳定性	给对方营造安全感、可控感，如："最重要的，是让这件事平稳进行……"
猫头鹰型	逻辑性	提供多种数据、理由、事实论据，如："我们先不下判断，先讨论逻辑 / 数据是最重要的……"

注：因变色龙型综合了其他四种类型的优势，其弱项、缺点不明显或被隐藏，因此在沟通交往中不存在明显的障碍和阻抗。

🌼 思考练习

1. 如何说服不愿参加班级活动的同学参加班级活动？

2. 假如你是一名互联网运营经理，要向公司争取开发资源费用，你如何和公司领导汇报工作？

3. 小秦在单位是出了名的"老好人"，只要大家找他帮忙，他都会毫不犹豫地答应下来。一次，财务部的同事找到小秦，想让他帮忙给整个公司的员工制表、按绩效发年终奖。面对这样的"请求"，小秦却犯了难，财务方面的事很专业，虽然学过会计的基础知识，但是毕业多年再也没有从事过相关工作，一旦错误，影响重大，况且临近年底，自己的销售业绩还有很多任务没完成，压力很大。如果你是小秦，你会怎么拒绝财务部同事的请求呢？

📋 学习体悟

第四节　即兴表达智慧

情境导入

小水今年刚刚考入某所高职院校，在新学期的第一次班会上，辅导员为了让同学们互相熟悉，提议大家主动介绍一下自己。有些非常活跃的同学立刻站起身来向同学们进行自我介绍。有了这些同学打头阵，树立榜样，气氛活络之后大家也纷纷上台进行自我介绍。

小水平时与朋友们之间相处也是比较活跃、善于交流的。但这次在课堂上临时让她做自我介绍，她就紧张得大脑一片空白，说不出话来。最后，小水选择了当听众。但是回到寝室后又觉得自己没有存在感，后悔没有鼓起勇气上台表达。

你是否也遇到过类似的情况，需要即兴表达的时候却说不出话来？

知识园地

即兴表达是指在没有事先准备或只有极短时间准备的情况下，根据当前的情境、话题或问题，迅速组织语言进行的表达。即兴表达常见于许多场合，如需要与人交流、建立关系的社交场合，在会议、讨论等工作场所，在日常生活中各种突发的场景。

但是，有的人做即兴表达，逻辑不清，吞吞吐吐、语无伦次，舌头像打了结；有的人即兴表达虽然滔滔不绝，却毫无重点；也有人的即兴表达索然无味，让人没法投以关注。所以，在任何场合游刃有余地表达，对于学生和职场人而言都是非常必要的。

随着现在组织机构越来越扁平化，跨部门、跨层级的交流机会变得越来越多。比如，在课堂上被老师随机叫起来发言，在餐厅/电梯里跟导师、领导偶遇后对一个问题进行探讨，都是即兴表达的机会。每一个即兴而短暂的交流，都是一个表达自我的机会、一个输出观点的机会。这样的机会如果流失掉了，你就失去了对这一时刻的"领导力"。如果这个交流机会抓住了，你就展示了自己的才华。因此，培养即兴表达能力有助于我们更好地应对各种交流情境，提高沟通效果和增进人际关系。

一、即兴表达的特点

（1）即时性：当场做出回应，没有过多时间进行深思熟虑。

（2）灵活性：根据实际情况灵活调整表达的内容和方式。

（3）真实性：真实体现表达者的想法和情感。

（4）创造性：需要创造性地组织语言和思路。

（5）应变性：能够应对各种突发情况和意外问题。

二、即兴表达的技巧

（1）快速构思：在短时间内确定表达的核心要点。

（2）保持冷静：镇定自若，避免紧张影响表达。

（3）清晰表达：语言简洁明了，避免模糊不清地表达。

（4）运用实例：通过具体例子来支持观点，使表达更具说服力。

（5）注意逻辑：保证表达的逻辑性和连贯性。

（6）与听众互动：通过互动增加交流感，吸引听众注意力。

（7）展现自信：通过肢体语言和语气传递自信。

（8）观察环境：根据现场环境和听众调整表达方式。

（9）积累知识：注意平时的知识积累，丰富内涵，以便更好地即兴发挥。

（10）发散思维：在平时，培养快速联想和发散思维的能力，以便可以在临时更完美地即兴表达。

（11）控制时间：在尽量短的时间内（三分钟左右）完成表达，避免冗长。

（12）积极心态：以积极的心态面对即兴表达的机会，不要胆怯、不追求完美。

三、即兴表达的具体做法

即兴表达对比一般的表达形式来说更复杂，也更难掌握，对初学者来说，确实有一定的难度。因此，要提高即兴表达能力，一方面需要反复训练，另一方面需要掌握一些即兴表达的具体做法，以便于临场发挥。

（一）借助媒介，引出话题

即兴表达具有临时性和灵活性的特点，往往没有充足的事前准备时间，这时我们可以就地取材，抓住现场中的某一媒介，在短时间内迅速组合材料、构思内容。

1. 以听众为媒介

选择与听众息息相关和最能为听众所接受的话题，或者先从听众入手，引出自己所要讲的观点，这样可以引起听众的兴趣，也可使听众与自己产生情感上的共鸣。

2. 以事例为媒介

在表达的过程中，随时可能出现意料之外的事情，如果对表达自己的观点有益处，我们就可以把这件事作为表达的出发点，深入浅出地阐述自己的观点。

3. 以实物为媒介

我们在表达过程中如果善于使用实物道具，不仅能使讲话变得更加生动形象，而且还能使表达更富有哲理，从而深化主题，强化表达效果。

4. 以现场主旨为媒介

即兴表达中最容易涉及的话题是从现场主旨中取其一点，形成话题推动即兴表达。

5. 以现场环境或氛围为媒介

利用现场的环境或氛围寻找话题，由此引申开进行即兴表达。

（二）展开联想，即兴发挥

即兴表达的关键是借题发挥，这就要迅速抓住某一材料作为引发感想的触动点，由此展开联想，驰骋想象，筛选自己"知识库"里的相关材料来充实内容。联想可以帮助讲话者拓宽思路，发现事物间的内在联系，从而与主题相呼应，丰富演讲内容。

（三）援引事例，展开演讲

开始即兴表达时，可以先列举事例，这种具体化的表达方式会立刻吸引听众的注意力。

微课：即
兴演讲

一位教师在周末班会上的演讲中这样讲道：今天我上街的时候，发现商店招牌上的错别字明显减少了。也许有人会认为这是件小事，但我认为这是一件令人高兴的大好事。因为它说明社会用字的规范化问题已经引起了政府有关部门的重视，并得到了人民群众的理解和支持。同学们，你们是未来的人民教师，不仅平时要写规范字，而且还要尽一切可能承担起规范用字的社会责任。

（选自胡伟、胡军、张琳杰《沟通交流与口才》，清华大学出版社

2013 年版）

讲话者列举商店招牌错别字减少的案例，很快就赢得了学生的关注。带着对教师职业的敏感，演讲者抓住用字规范这一现象，向学生表达了自己对规范汉字的见解和希望，使学生深受教育和启发。

（四）妙用修辞，感染听众

修辞是语言的艺术之花，即兴表达的最高水平是要吸引、感染和说服听众，灵活运用修辞就是一个有效的途径。

王蒙曾代表中国作家赴美国参加国际文学研讨会，席间，一个美国作家高傲地对王蒙说："我们美国先后有七位作家获得了诺贝尔文学奖，个个名声享誉世界文坛，不知中国作家中什么时候能出这样的一个人？"王蒙报以微微一笑，心平气和地说："如果说文学是座宏伟建筑，诺贝尔文学奖就像这个建筑上漂亮的图饰，它不是文学本身。一个人如果因为他的获奖而使这个奖变得更光荣，那他

便为这个奖添了彩，这是一件值得骄傲的事。相反，如果一个人靠某个奖项而得到荣耀，那他是在透支这个奖项，这是文学的悲哀。广告界有句流行语：广告做得再好不如产品质量好，我套用这句话就可以说，诺贝尔文学奖好，不如文学本身好。"那个美国作家顿时哑口无言。

（选自《演讲与口才》2010 年第 4 期，有删改）

王蒙机智地用"建筑"与"装饰"作形象比喻，开门见山地说明了文学和奖项之间的主从属性；"添彩"与"透支"的正反对比，精辟生动地阐述了作家和奖项之间的相互关系。句句在理，一语道破了问题的实质：广告做得再好不如产品质量好。这个引用得体自如，幽默风趣。寥寥数语，既有力地回击了美国作家的故意刁难，又深刻表达了自己的文学创作理念。

（五）注意情绪，调动听众

在一些争论场合中，我们应该时刻注意周围听众的情绪，可以通过调动听众来支持自己的观点，巧妙地使出"因势利导"的招数，寻找一个突破口，借助听众的力量，表达自己的想法。

英国大文豪萧伯纳的剧本《武器与人》首次公演即获得巨大成功，观众们要求萧伯纳上台接受大家的祝贺。当萧伯纳走上舞台，准备向观众致意时，突然有人对他大声喊叫："萧伯纳，你的剧本糟透了，谁要看？收回去，停演吧！"观众们大都以为萧伯纳肯定会气得发抖。萧伯纳非但不生气，还笑容满面地向那个人深深地鞠了一躬，很有礼貌地说："我的朋友，你说得很好，我完全同意你的意见。"说着，他转向台下的观众说："遗憾的是，你我两人反对这么多观众，能起到什么作用呢？你我能禁止这个剧本演出吗？"萧伯纳话音刚落，全场就响起了一阵笑声，紧接着是观众对萧伯纳报以暴风骤雨般的掌声。那个挑衅者只好灰溜溜地逃出了剧场。

（选自史迪文《世界上最会说话的人》，北京邮电大学出版社
2005 年版）

面对挑衅者的污蔑，萧伯纳如果只是妥协退让，未免有失面子；若与之争辩，非但无济于事，还会在观众心中留下孤芳自赏、自命不凡的坏印象。而萧伯纳此时充分展示了其应变才能，巧用因势利导的招数，凭借观众对他的信任与支持，给予他的掌声和喝彩，把挑衅者推向群众的对立面，使其孤立无援，狼狈而逃。

案例探究

2010 年 2 月 5 日，中国原外交部副部长杨洁篪在慕尼黑安全政策会议上发表了《变化中的中国与世界》的演讲。

记者特意刁难地问道："关于温室效应中国是否应承担更多责任？"杨洁篪

回答说:"我有点出汗,不是因为紧张,而是因为这里的暖气实在太足了。在中国的长江以南地区,冬天供暖还是个难题。而欧洲许多地区从地理上看,相当于中国的南方地区。所以如果讨论气候变化问题,请先关掉暖气,这样我们大家才平等。要讨论气候变化问题,各国之间要有更多的理解。"

（选自《演讲与口才》2010年第7期）

案例启发:杨洁篪答问时思维之敏捷,表达之巧妙,让人叹为观止。面对记者的咄咄逼人,他并没有直接作答,而是就现场"暖气太足出汗"的事实,生发出我国南方的供暖难题,软中带硬地指出一些国家不检点自己而要求别人多承担责任的荒唐。最后一句"请关掉暖气"更是绵里藏针地表达中方立场,只有双方平等,才能解决问题。

实战演练

请同学们从下列命题中抽取一题,迅速构思演讲主题,并结合现场情景,发表三分钟即兴演讲。要求主题鲜明、内容新颖、语言清楚、态势得体、感情真诚。

（1）演讲其实并不难	（11）人生处处是考场
（2）人生没有彩排	（12）平凡是永恒
（3）生存没有绝境	（13）站在烦恼里仰望幸福
（4）每一个生命都需要表白	（14）生活在自然中
（5）何时出发都不晚	（15）人生需要自信
（6）如何维护班级荣誉	（16）保护环境是每个人的责任
（7）世界需要热心肠	（17）书中那段话,我至今还在咀嚼
（8）我的母亲	（18）尊重是孩子成长的基石
（9）如何培养好奇心	（19）恶语伤人六月寒
（10）童年趣事	（20）珍惜现在

训练目的
运用即兴表达技巧,提升即兴表达能力。

实战启发
即兴表达的训练对于提高个人的表达能力和应变能力具有重要意义。通过科学有效的训练方法,并结合技巧进行持续练习和反思,我们可以不断提升自己的即兴演讲能力,为未来的职业生涯和个人发展奠定坚实基础。

沟通小站

你具备即兴表达的能力吗

1. 一定的知识广度

只有学识丰富，有一定的知识广度，才能在短时间内从脑海中找到生动的例证，用有条理的逻辑和恰当的词汇完整地表达出来。这就要求我们除了专业知识之外，还要关注社会生活、政策导向、风土人情，具备基本的文史知识、地理知识，等等。

2. 一定的思想深度

这是指对事物纵向的分析认识能力。我们对内容应能宏观地把握，通过事物表层深入到事物本质上去思考，形成一条有深度的主线，围绕着它丰富资料，连贯成文，以免事例繁杂、游离主题。

3. 较强的综合材料的能力

即兴表达要求我们在很短的时间里把符合主题的材料组合、凝练在一起，这就使我们应具备较强的综合能力，有效地发挥出其知识的广度和思想的深度。

4. 较高的现场表达技巧

即兴表达时临场发挥是特别重要的。我们在对表达内容的构思初具轮廓之后，应注意观察场所和听众，提取那些与演讲主题有关的人物或景物，因地设喻、即景生情。

5. 较强的应变能力

即兴表达在临场时容易出现意外，如怯场、忘词等现象。遇到这种情况，只有沉着冷静，巧妙应变，才能扭转被动局面。

思考练习

1. 日常生活中你善于表达吗？即兴表达对你而言有难度吗？

2. 怎样说话才能让对方认真倾听？

3. 你认为即兴表达时怯场的心理原因是什么？

自测题

学习体悟

第三章 职场沟通

"君子之事上也，必忠以敬，其接下也，必谦以和。"

——《格言联璧》

学习目标

知识目标：1. 了解书面沟通的方法和要求。

2. 了解与上级、下级、平级、客户沟通的原则。

3. 了解职场沟通的原则与禁忌。

4. 懂得谈判与推销的策略。

能力目标：1. 掌握与上级、下级、同级相处的技巧。

2. 具备书面沟通的能力。

3. 具备解决冲突的方法，加强团队合作能力。

素养目标：1. 养成职业沟通能力、提高职业素养。

2. 熟练运用书面沟通技巧、谈判技巧、推销技巧拓宽职场发展空间。

3. 增强与人的交往能力，促进团队和谐。

本章关键词

（1）书面沟通、7C 准则、SCRAP 格式。

（2）与上级沟通、与同事沟通、与下级沟通、与客户沟通、刺猬法则。

（3）团队和谐、化解冲突。

（4）谈判（听、问、答、叙、辩、说服）、推销（接近顾客、介绍商品、处理异议、达成交易）。

第一节　书面沟通技巧

情境导入

　　小李是某高职院校的大三学生，他连续三年利用寒暑假和节假日在手机卖场做兼职销售员。元旦假期他接到老客户刘经理的电话，说需要购进 100 部 A 型号手机，小李兴奋的满口答应下来，保证一周后交货。

　　可是 A 型号手机刚上市不久，库存不足，在各市场调货均无法满足刘经理的需求量。为了表示歉意，也为了说服刘经理购买其他型号的手机，以达成自己的销量目标，小李决定写一封电子邮件给刘经理。

刘经理：

　　您好！

　　我很遗憾地告诉您，A 型手机目前缺货，在整个西南地区都脱销了，您要 100 部手机的要求我们不能满足您。本地一位客户提前一个月预定了 500 部，才勉强满足了他的要求。

　　您是我们的老客户，以前我们合作一直很愉快。现在我向您推荐另外两款 B 型、C 型手机。这两款手机虽然不如当前的 A 型手机时尚，但也不算过时，而且实用性强，质量过硬，并且价格也要比 A 型手机低。我随信给您两份广告宣传单，您可以参考一下。

　　期盼您在本周五下班前发邮件给我，届时，我们再考虑合作事宜。

　　再次感谢您对我们的支持！

×××手机专营连锁店　小李
2024 年 4 月 2 日

　　你认为小李这封致歉信写得如何？格式和内容有需要改进的地方吗？

知识园地

　　书面沟通是一种以文字、图表、图片等书面形式进行信息传递和交流的沟通方式，形式主要包括文件、报告、信件（邮件）、合同和各类职业文书（简历、求职信、辞职信、推荐信、竞聘辞等）等，应用极为广泛。

　　书面沟通的方式一般不受场地的限制，借助于互联网，其沟通十分便捷、高效。职场人使用电子邮件、微信、QQ 聊天的方式进行交流的现象十分普遍。这些方式都是把口语以书面的形式表达出来，我们每天也都在用这些方式与他人进行交流。

与口头沟通相比，书面沟通有其独特的优势。首先，书面沟通有较高的准确性，发送者可以有更多时间进行思考和组织语言，减少信息的错误和遗漏。其次，沟通内容上更具逻辑性，能够更有条理地呈现观点和进行论证。再次，书面沟通不受时间和空间的限制。最后，书面沟通可以作为重要的凭证，如正式场合里使用的公文、合同、协议等，在公务、商务和法律等领域都具有重要意义。

古往今来，书面沟通能力都是考查人才最有效的手段之一。在各级各类公务员考试、企事业单位招聘考试中，都有对考生书面写作能力的考查。进入职场后，思维混沌、条理不清、错字连篇的文字材料是不被接纳的。因此，我们需要有良好的书面语言表达能力，具备基本的遣词造句能力，正确完整表达心中所想，建立良好的职业形象。

一、书面沟通的基本准则（"7C"准则）

（1）完整（Complete）：何人、何时、何地、何事等信息要表达完整。

（2）准确（Correctness）：标点符号、语法、语序到句子结构均应准确无误。

（3）清晰（Clearness）：所用词句应该非常清晰明确地表达真实意图，避免使用模棱两可的表示。

（4）简洁（Conciseness）：用最简洁的文字传达最重要的信息。

（5）具体（Concreteness）：内容要具体明确，特别是需要对方实施的事项。

（6）礼貌（Courtesy）：通篇注意运用礼貌的表达方式，需要回复的及时回复，有不同意见、分歧时要及时沟通化解。

（7）体谅（Consideration）：注意换位思考，这样可以促进双方沟通事半功倍。

二、书面沟通的种类

根据书面沟通的目的大致可以分为以下六类：

（1）介绍型：包括求职信、简历、履历表、产品介绍书、项目介绍书等。

（2）通知型：包括通知、通告、通报、简报以及各类报告等。

（3）说服型：包括项目提案、申请、请示、建议书、商务广告等。

（4）指导建议型：包括规划、方案、安排等。

（5）记录型：包括工作总结、会议记录、个人总结、备忘录等。

（6）协议型：包括合同、协议、合作意向书、条约等。

三、书面沟通的常用格式

"SCRAP格式"适用于一切书面文件，也被称为万能格式，它能够使你的文字简洁明了但又不漏掉任何基本信息。

1. 事态描述

事态（Situation）描述指简述事件发生当前的发展情况，让收信人知道你所说的事件内容是什么，并且让对方了解前因后果，例如你给同事发一封电子邮件，询问他们什么时候有时间来参加会议，那么你只需要将关键字"时间""参加会议"解释清楚即可。

2. 复杂性

复杂性（Complication）指解释出现复杂状况的原因。如本次会议日期推迟，是因为每个人的行程安排都比较紧张，而且会议主持人本月中旬需要外地出差，因此，会议改期。

3. 解决方案

情况较为复杂时就需要给出解决方案（Resolution），你需要在沟通文稿中解释你准备如何解决这个问题，其过程如何进行。例如会议由于每个人时间安排紧张而推迟，你需要询问每个人："请大家将本周自己的空闲时间告诉我，会议时间为两个小时，我会尽快确定会议召开时间并邮件通知大家。"

4. 行动

在沟通文稿中一定不要忘记告诉对方具体的行动（Action），包括你希望他们做什么，以及什么时候做，例如："请在明天（星期四）下班前将工作文件发到我的电子邮箱里。"

5. 礼貌用语

你要保证有礼貌地进行每一次书面沟通，在文稿中可多出现几句"非常感谢""致以最美好的祝愿""不胜感激"等礼貌用语（Politeness），这会比你平淡叙述要友好得多。

下面是一封拒绝别人申请的个人邮件，我们从中来体会职业文书的 SCRAP 格式。

尊敬的李先生：

你昨天跟我申请想要参加下个月在 ×× 举行的 ×× 会议，我非常认真地考虑了你的申请（S 事态描述）。然而，问题是，这次会议的时间与我们的 ×××工作产生了冲突（C 复杂性）。我认为，在这样一个关键时刻无法给你三天时间让你去参会，因此，我不能答应你的请求（R 解决方案）。如果将来还有类似会议召开，请告诉我，如果时间不与工作产生冲突，我会非常乐意让你去参加（A 行动）。非常高兴你有兴趣参加这样的会议，但这次真的非常抱歉（P 礼貌用语）。

祝工作顺利！

×××

SCRAP 五个步骤组成的格式可以用来起草简洁、清楚的商业函件，如信件、传真、备忘录等其他文件。我们还可以试着用这个格式来组织日常工作生活的许多常用的书面文稿，例如请假条等。

四、书面沟通的注意事项

1. 知道受众

在开始书面沟通之前，你需要了解你的读者是谁，了解他（她）的年龄、职业、教育背景、兴趣爱好、价值观等。这将有助于你选择合适的语气、词汇和写作风格。

2. 简明扼要

在写作时，要尽量避免冗长的句子和复杂的词汇，要让你的信息易于被理解和接纳。

3. 重点突出

可以使用一些特殊的格式，如大标题、粗体、斜体或下划线来强调你想要传达的重要信息，让读者更容易注意到你的重点。

4. 避免错别字和语法错误

错别字和语法错误可能会严重影响读者对你专业能力的信任，因此，务必在发送任何书面文本之前进行仔细校对。

5. 格式正确

选择适合你的文档格式，并确保使用正确的排版、标点和格式。这将有助于使你的文档更加专业和易于阅读。

6. 给予积极回应

在接收到他人的书面沟通之后，及时给予积极的反馈和回应。这不仅可以提高你与他人的交流质量，还可以促进你们之间的良好关系。

案例探究

一位员工因为工作和生活上的问题，较长一段时间里精神懈怠、工效降低，上级领导发现后，通过书面沟通的方式进行提醒、给予支持，无疑是一种非常正式且有效的方式。

尊敬的×××：

您好！

首先，我想借此机会对您过去在团队中的贡献表示衷心感谢。您的专业技能和过往的努力对团队目标的实现起到了重要作用。然而，近期我注意到您在工作中似乎遇到了一些挑战，导致工作效率有所下降，以及在某些任务上表现出一定的懈怠情绪。

如果您在工作中遇到任何困难或挑战，请不要犹豫，及时向我或团队其他成员寻求帮助和支持。我期望您与我保持开放和坦诚的沟通渠道，定期向我汇报工作进展和遇到的问题，以便我及时了解您的工作状态，给您提供更多的指导和支持。我相信，通过我们的共同努力，您一定能够重新找回工作的热情和动力，实现个人与团队的共同成长。

期待您在未来工作中有积极表现，取得更大的成绩！欢迎随时与我交流。

祝工作顺利！

×××

2024 年 6 月

案例启发：书面沟通是一种重要的信息传递方式，具有很多独特的优势。案例中，上级通过书面沟通的形式与下级员工进行了一次关于提振精神、提高工效的书面沟通，既对员工做出的贡献给予了肯定，具有激励作用，又表达了对员工的理解、关心和期望，避免了面谈时的尴尬，同时也提供了具体的改进建议、精神鼓励和智力支持。在未来日子里，这封书信会一直伴随着这位员工、给予他奋进的力量，在困难的时刻不断激励自己调整状态、投入工作。

实战演练

按照"7C"准则分析这份个人简历的优缺点（如表 3-1 所示），然后依照此准则写一份自己的个人简历。

表 3-1　个人简历示例

姓名	张××	性别	男
民族	汉族	出生年月	2000 年 5 月
身高	180	现居住地	安徽合肥
学历	大专	专业	计算机应用技术
政治面貌	团员	就读学校	××职业技术学院
籍贯	安徽合肥		
联系方式	电话：××××××	邮箱：××××××@qq.com	
教育背景	20××年9月—20××年6月，安徽××职业技术学院计算机专业 主修课程：网络系统集成、数据结构、数据库原理、软件开发工具、信息系统开发、信息资源管理等		

工作经历	20××年9月—20××年6月，安徽××科技网络公司 职位：产品运营总监 工作职责： 1. 负责技术方向、技术规划与运筹实施，业务发展提供全面技术； 2. 负责研究决策公司技术发展路线，规划公司服务产品技术构架； 3. 负责技术团队的梯队化建设及管理，培养、业绩评估和激励等； 4. 负责领导技术团队并组织实施年度工作计划，完成年度目标等
获奖情况	20××年×月获得国家奖学金 20××年×月获"三好学生"称号 20××年×月获创意营销大赛一等奖 20××年×月获挑战杯创业杯大赛省级铜奖
自我评价	1. 拥有较强的学习能力及表达沟通能力； 2. 能适应各种环境，并融入其中，能在压力环境下完成挑战性工作； 3. 工作态度认真负责，不以自我为中心，具有团队合作精神； 4. 自律，做事情有始有终，从不半途而废； 5. 喜欢与人交流，并虚心向他人学习； 6. 会用全部的热情和精力投入到工作中

训练目的

通过训练提升书面沟通能力。

实战启发

简历中的个人信息要务必完整、准确；在介绍个人经历、获奖情况时，要按照时间线索或者重要程度进行罗列，要注意逻辑清晰、语言简洁而具体。

沟通小站

电子沟通注意事项

（1）重视礼仪。由于电子沟通不能做到双方面对面沟通，因此，在行文时一定特别注意行文礼仪。因为一旦发送邮件成功后就无法撤回，所以我们在写作时需要格外注意。

（2）简洁明了。为了节省双方的时间，在电子沟通过程中尽量用最精简的语言表达清楚你的意图，而不要洋洋洒洒、长篇大论。

（3）及时回复。在电子沟通过程中，如果收到对方来信或回复，请及时回复对方，避免发生已读不回的情景，以体现对对方的尊重。

思考练习

1. 如何表达才能传递出积极的感觉？才能传递出换位思考的原则？
2. 怎样沟通才能表现出礼貌？
3. 电子邮件及时回复有助于树立良好形象吗？

学习体悟

第二节　职场沟通智慧

情境导入

动画：办
公室沟通
的智慧

　　小莉大三时通过校园招聘进入一家化妆品公司做财务。自从上班的第一天起，她就踏踏实实地工作，工作能力持续增强。但几年过去了，她的职位一直停在原地没有得到提拔，而同去的同学业绩没她强却升职了。她觉得原因在于她不善于主动与老板进行沟通，许多事都等着老板主动来问她，所以她在工作竞争中被同事超越了。

　　有一天，小莉接到财务电话，说她花了两个星期争取到的一笔业务出现了问题。如果以前遇到此类问题，她会等老板来找她时再做汇报，但这次她马上就去找老板，将情况向老板做了详细汇报，并提出具体的建议和意见。老板掌握了这些材料后，与客户交谈时顺利地解决了问题。半年后，小莉获得了升职加薪，并在销售和管理方面都做出了新的成绩，她不仅得到老板的认同，而且对公司也更有了归属感。

　　试想在今后的职场生活中，你会乐于、善于跟老板、同事主动沟通吗？

知识园地

沟通是了解一个人思想认识、工作状态的一种有效手段。有效沟通可以消除人与人之间的隔阂，拉近心与心之间的距离，增进相互间的理解和信任。职场沟通可以增进团队成员间的了解，建立和巩固相互信任的基础，避免或消解各种矛盾，避免工作中出现的各种不必要的麻烦。职场沟通主要包括与上级沟通、与同事沟通、与下级沟通、与客户沟通。

一、与上级沟通

每个人不一定都成为领导，但是几乎每个人在职场中都会有做下属的经历。和上级打交道是我们日常生活中常见且重要的环节。

（一）与上级沟通的意义

（1）明确工作方向，更好地理解工作目标和工作要求。

（2）获得支持与资源，有助于下一步工作的开展、取得工作成绩。

（3）提升工作表现，及时得到反馈，改进工作。

（4）建立良好关系，增进彼此的了解和信任。

（5）展示自己的能力，有机会展示自己的才华和成果。

（6）解决问题，快速解决工作中遇到的困难。

（7）了解公司动态，及时了解公司的战略和决策。

（8）提高决策的准确性，可以获得更多的信息和建议。

（9）增强工作满意度，感受到自己的价值并被重视。

（10）拓展职业发展机会，为未来晋升和发展创造有利条件。

（二）与上级沟通的技巧

1. 尊重敬重、维护权威

下属对上级领导的尊重主要基于双方思想上的一致和情感上的共鸣，表现为下属对上级的言行举止、人格魅力、经营管理等方面的认可、敬佩。作为职场新人，尊重领导、维护其权威不仅是礼貌、谦虚的表现，也是心理成熟的表现。

当然，尊重不等于盲目拥护。无论领导指令正确与否都无条件听从，无原则地执行命令，这是一种不健康的心态，传递出来的是下属对领导的迎合与奉承。

2. 踏实勤奋、尽职尽责

无论从事何种工作，踏实做好本职工作是与上级实现良好沟通的基础。只有把自己的发展目标与单位的发展目标相融合，忠于职守、爱岗敬业才是领导喜欢的员工，才是对自身发展和单位发展有实质性益处的员工。有些人喜欢在领导面前夸夸其谈，吹嘘工作成果，如此不分场合地表现自己只能起到反作用，领导很快便会意识到他的"华而不实"，失去对他的信任。

3. 摆正位置、领悟意图

摆正自己的位置，在工作中不过分表现自己、突出自己、宣扬成绩，更不要到处张扬自己帮助上级做了什么。你所做的工作就是你的本职工作和岗位职责。路遥知马力，日久见人心，你对公司的贡献领导同事都会看到的。比如：和上级打交道，贵在能够及时领悟上级的意图，领导有哪些棘手的问题需要解决？你能为他解决什么问题、实现什么价值？如果能成为领导的左膀右臂，和领导实现心有灵犀，那距离你被重用又近了一步。

刘备是三国时期蜀汉的开国皇帝，诸葛亮是蜀汉的首任丞相。刘备在三顾茅庐请出诸葛亮后，就对诸葛亮非常信任和倚重。刘备把诸葛亮视为"水"，把自己比为"鱼"，以此来说明两人的关系。诸葛亮也没有辜负刘备，帮助刘备先后夺取荆州、西川和汉中，建立蜀汉。刘备死前，托孤给诸葛亮。诸葛亮对蜀汉忠心不二，虽然没有实现光复汉室，却做到了鞠躬尽瘁、死而后已。

刘备和诸葛亮的君臣和睦关系，成了千古明君贤臣的楷模。诸葛亮也为我们做了示范，与上级相处时尊重而不顺从，踏实做好本职工作并摆正自己的位置，经过长期合作后便可与上级产生默契，而后你们将互相信任、相辅相成、相互成就。

和自己的上级打交道既体现自己的沟通能力，又会影响到职业发展，因此，学会与上级沟通是我们必备的能力。

二、与平级沟通

同事是我们在工作、生活中不可或缺的存在，有他们的理解、配合、帮助，工作将会获得巨大助力。

（一）与平级沟通的意义

（1）提高效率，避免误解、错误和重复工作。

（2）促进团队合作，共同解决问题，完成任务。

（3）分享经验和知识，互相学习，提升能力。

（4）增强团队凝聚力，建立良好的学习、工作氛围。

（5）缓解压力、释放压力。

（6）拓展人脉资源，为未来的发展积累资源。

（7）提高解决问题的能力，集思广益，找到更好的解决方案。

（8）改善关系，减少冲突和矛盾。

（9）获得支持和帮助，在困难时得到支持。

（10）增加工作乐趣，好的工作氛围能使心情更愉悦，工作更有成效。

（11）及时了解工作动态，保持信息的同步。

（12）树立良好的个人形象，展示自己的专业和友善。

（二）与平级沟通的技巧

1. 以诚相待，平等视人

"精诚所至，金石为开"。真诚是人际交往的根本要求，对方认可了你的真诚，沟通就打下了良好的基础。在集体中无论别人地位如何、能力如何，都应该平等对待，互相学习、互相帮助，建立起和谐的人际关系。轻视、排挤、言语中伤，甚至栽赃陷害都是超越道德底线和挑战法律底线的做法。

2. 学会尊重、理解他人

有效的沟通必须基于尊重与理解。并不是所有的沟通都能使彼此同意对方观点并达成共识，有不同意见和对立观点是十分正常的事，这时就需要彼此尊重与理解，能够换位思考，采取商谈、讨论以及提建议的方式进行沟通，不能以命令的口吻将自己的想法强加于人。

3. 学会赞美、宽以待人

我们的世界因多元化而丰富多彩，要容许形式的多样性、风格的多样性和存在方式的多样性。宽容对待他人即尊重个性、不强求一律，主动适应他人的性格特点，容忍他人有不一样的见解与感受，在心理上接纳和欣赏他人，才会收获更多的欣赏与接纳。他人获得进步时适当关注、真诚赞美，你也将会收获和谐的人际关系。

4. 谦虚好学、厚积薄发

"三人行，必有我师焉"。更何况在公司里，比你先加入的人，都是你的前辈，大都比你有更多的经验。用真诚谦逊的态度、有礼有节的言行，多与前辈同事交流、求教，会更快地获得工作经验、避免错误和弯路。要有终身学习、终身成长的意识，尊敬人生路上给予你帮助的每一位老师，哪怕只是"一字之师"。

三、与下级沟通

如果上级与下级沟通渠道畅通、关系协调、气氛融洽，团队会获得更多正向激励，凝聚力强，业绩突出。

（一）与下级沟通的意义

（1）提高工作效率和质量，有助于快速达成共识，形成统一思想。

（2）有助于化解矛盾，使工作更加协调配合。

（3）有助于正向激励和促进团结，使团队凝聚力强、积极性高。

（二）与下级沟通的技巧

1. 沟通第一、给予尊重

与下级沟通要放下当领导的架子、平等沟通、学会倾听、接纳谏言。拒绝一言堂，提升多数人的参与感，是有效沟通的第一步。

2. 强调效率、指令清晰

发布工作任务时要同时交代标准和要求，这样执行起来才更有方向和效率，不至于浪费时间。

3. 实事求是、就事论事

长话短说、少说大话、实话实说，接地气、能解决问题才是沟通的王道。

4. 少发脾气、少指责

公众场合能控制住自己的情绪也是优秀管理者的必要修养，掌控自己的情绪，不伤和气，不要让情绪掌控你的语言。

5. 肯定成绩、及时公开表扬

领导的及时肯定和表扬，尤其是公众表扬，能让员工保持连续的执行力和工作激情。

6. 注重隐私、维护尊严

有些事情必须要私下沟通，不向无关人员透露，维护下属个人隐私和尊严。

7. 最忌传播负面情绪

职场中管理者的一言一行都会被放大，上司要一直保持正面形象，给下属看到的永远是正能量和榜样的力量，这样才能获得发展的信心。

四、与客户沟通

只有有效地沟通才能发现客户的需求，为客户提供优质高效的服务，更好地推销产品和服务。随着市场竞争越来越激烈，企业想要发展，促成与客户的交易，更需要和客户的有效沟通。

（一）与客户沟通的意义

企业通过与客户沟通，可把企业的产品或服务的信息传递给客户，把企业的宗旨、经营理念介绍给客户，使客户知晓企业的经营意图，还可以把有关的政策向客户传达、宣传，并主动向客户征求对企业产品或服务及其他方面的意见和建议，理解他们的期望，加强与他们的交流。

1. 与客户沟通是实现客户满意的基础

根据某营销协会的研究，客户不满意的原因有 1/3 是因为产品或服务本身有问题，其余 2/3 的问题都出在企业与客户的沟通不良上。可见，客户沟通是使客户满意的一个重要环节，企业只有加强与客户的联系和沟通，才能了解客户的实际需求，才能理解他们的期望，特别是当企业出现失误时，有效的沟通有助于更多地获得客户的谅解，减少或消除客户的不满。一般来说，企业与客户进行售后沟通可减少退货情况的发生。

2. 与客户沟通是维护客户关系的基础

企业经常与客户进行沟通，才能向客户灌输双方长远合作的意义，描绘双方合作的远景，才能加深与客户的感情、稳定客户关系，从而使客户愿意重复购买。同时，及时、主动地与客户保持沟通，建立顺畅的沟通渠道，这样才能维护好客户关系，赢得一大批稳定的老客户。

某汽车公司与客户沟通的做法是向新车主发祝贺信，信中祝贺车主选中了一辆好汽车，并且说明该公司可以提供的售后服务内容。与此同时，通过广告来宣传其他购买者对产品的满意度。每逢节日，该汽车公司还会给客户赠送贺卡，但是在内容中绝对不提公司又开发了什么新的产品（提到新产品有急功近利的嫌疑），这样当客户又准备买车的时候很自然会首先想到该汽车公司。

客户通常关心的是自己切身利益的事。从某种意义上来说，客户购买的不仅仅是产品或者服务，还包括企业对客户的关心以及客户对企业的信任。因此，企业只有站在客户的立场上，把客户放在一个合作伙伴的角色上，才能获得沟通的成功。

（二）与客户沟通的技巧

在现代商业社会中，与客户沟通是非常重要的一项技能。无论你是销售人员、客户服务代表还是公司管理者，与客户沟通都是工作中不可或缺的一部分。如果没有沟通技巧容易导致与客户沟通不当，可能会引发交易失败、客户流失等不良后果。因此，可以掌握以下一些与客户沟通的技巧。

1. 倾听客户需求

只有认真听取客户的意见、需求和痛点，才能为客户提供帮助和解决方案。

2. 保持积极态度

对待客户要保持耐心和积极的态度，尽力帮助客户解决问题，客户就会更愿意与你合作。要始终表现出热忱地欢迎和诚挚的感谢，树立为客户服务的意识。

3. 使用简单易懂的语言

在同客户沟通中，不要使用过于专业的术语或复杂的语言，以减少误解的可能性。

4. 主动解决问题

当客户遇到问题时，主动、尽力帮助客户解决问题，客户会更愿意与你合作，并可能成为你的长期客户。

5. 及时回复客户

如果不能立即回复客户的问题，要提供其一个合理的时间范围并如期给予客户答复。

6. 保持诚实和透明

不要隐瞒客户需要知道的信息，也不要说谎或夸大事实。

7. 关注客户反馈

通过客户反馈，了解客户对产品或服务的评价，及时改进产品或服务。

8. 保持与客户联系

关键是让客户感觉你没有忘记他们，有的时候，一张小小的卡片，一个祝福的电话，一封联络的邮件，一个小礼物，都可以帮助你维系与客户的关系，使客户成为你永续的资源。

案例探究

战国时，赵惠文王病故，赵太后刚刚执政，秦国就趁机大举进攻赵国。赵国危在旦夕，赵太后只能向齐国求援，然而得到的回答是：齐国可以救援，但要把赵太后的小儿子长安君送过去做人质。赵太后不舍得儿子做人质，任凭大臣们怎么劝说都不答应。国难当头，老臣触龙挺身而出，运用一定的说服技巧说服了赵太后。

触龙先是跟赵太后寒暄一番，说他是为 15 岁的小儿子在宫里谋个职位而来的，赵太后一听是这么回事，态度就缓和了一些。触龙以赵太后将女儿出嫁去燕国做王后为心理切入点，认为她应该像疼爱自己女儿一样为自己小儿子做长远打算，通过建功立业为其谋划未来。赵太后一听立刻清醒，她也知道赵王那些没有功勋的子孙会难以立足，长安君去做人质正是建功立业的好机会，于是听从了触龙的建议，同意长安君前往齐国。长安君去齐国做人质后，齐国的援军如约而至，赵国终于转危为安。

案例启发："触龙说赵太后"的案例中，触龙在说服"上级"前做足了准备，他深入了解赵太后的性格，也理解母亲对儿子去做人质的担心，因此，先排除阻抗，待赵太后情绪稳定后投其所好，铺设缓坡，用燕后做引子，在适当的时机引入自己的观点，论述清晰、理性，引导赵太后理解送长安君做人质的意义和必要性，成功说服了赵太后，维护了赵国的利益。

实战演练

职场沟通能力测试（一）

（1）上级交代工作时责无旁贷："我马上来办。"

（2）同事想出来一条绝妙好计，你会说："这主意真不错。"

（3）上级问你业务相关问题，你一时不知如何回答，你会说："让我再认真想一想，15 点之前给你答复好吗？"

（4）面对批评表现冷静："谢谢你告诉我，我会仔细考虑你的建议。"

（5）和上级交谈，选择领导心情愉悦的时候作为最佳交谈时机。

（6）领导说出的意见和自己的相同，你会说："您不愧是领导，我就想不出来。"

（7）向领导汇报工作，会提前准备好详细的资料和数据。

评分标准及结果分析：

上面 7 个情景，如果一贯如此为 3 分，如果是经常如此为 2 分，如果是从不如此为 1 分。

16～21 分：表明能在工作中很好地运用沟通技巧，上司也很欣赏你。

8～15 分：表明你已经掌握了一些沟通技巧，你的上司会认为你是一个有潜力的人，但是你还需要不断努力。

8 分以下：表明你需要学习一些和上级沟通的技巧，适当改善沟通方法才会使你充分地展示自己的工作才能，争取更广阔的发展空间。

职场沟通能力测试（二）

用"是"或"否"回答以下问题：

（1）不管领导说什么，我都会照办。

（2）我喜欢在领导面前表现自己。

（3）不管遇到什么样的领导，我只会坚持自己的相处原则。

（4）我很少去注意领导的好恶。

（5）在工作中，除非必要我很少主动去跟领导请示或汇报。

（6）如果领导的意见是错误的，我会毫不犹豫地指出来。

（7）如果我认为领导的命令不妥，我会拒绝执行。

（8）我从来不会主动想领导的需求是什么，以及他在想什么。

（9）遇到问题我会马上跟领导汇报，不管领导在做什么。

（10）与领导沟通时我喜欢直来直去，从不考虑沟通技巧。

评价标准及结果分析：

如果你有 8 个及以上的问题回答为"是"，说明你与领导的沟通能力有待提高，要加油努力。

如果你有 6—7 个问题的回答为"是"，说明你与领导的沟通能力存在很多问题，需要改善。

如果你有 5 个问题回答为"是"，说明你与领导的沟通能力基本合格，但仍需努力。

如果你只有 4 个及以下问题回答为"是"，说明你注重与领导的沟通，并且很有技巧，请继续保持。

训练目的

通过测试训练提升职场沟通能力，培养相关素养。

实战启发

请通过两个测试内容及结果，检查自己的沟通能力并在以后的职场中时刻提醒自己注意相关问题。

沟通小站

刺猬法则——保持最佳距离

两只困倦的刺猬，由于寒冷挤在一起取暖，可各自身上的刺，却刺的对方怎么也睡不着。它们再次分开后，又冷的受不了，于是又凑到一起。几番折腾，两只刺猬终于找到了一个合适的距离，既能互相获得对方的体温又不至于扎到对方。刺猬法则就是人际交往中的"心理距离效应"——亲密而有间。

刺猬法则强调的是人与人之间在交往过程中需要保持适当的距离。在职场中，保持最佳距离具有以下重要意义：

（1）尊重个人空间：每个人都有自己的私人领域，保持适当距离可以避免侵犯他人的个人空间。

（2）减少冲突：避免因过于亲密而产生摩擦和矛盾。

（3）保持专业形象：有助于维持专业、客观的工作态度。

（4）保护隐私：防止过度涉及他人的私人生活。

（5）提高工作效率：减少不必要的干扰，专注于自己的工作。

（6）维持良好的人际关系：不过分亲近或疏远，保持适度的交流和互动。

（7）避免依赖：防止过度依赖他人，培养独立工作能力。

（8）保持独立性：在团队中保持自己的独特见解和想法。

（9）降低风险：避免因关系过于紧密而引发的潜在的风险。

（10）促进团队和谐：让团队成员之间保持舒适的相处氛围。

思考练习

1. 为什么人们考虑问题的角度不同会导致差异极大的结果？

2. 沟通方式的不同在现实中主要有哪些方面的表现？

3. 你在与人沟通时，遇到过哪些障碍，又是如何解决的？

学习体悟

第三节　团队协作锦囊

情境导入

阿敏毕业后被招录到一家私人的设计公司做平面设计，实习期内她展现出了较强的工作能力。但是阿敏喜欢斤斤计较，经常因为工作中的小事与同事吵嘴。

同时，她又是个快言快语的性格，一有事就到经理办公室反映：甲某某欺负自己是新来的、乙某某说自己的坏话、丙某某盗取自己的设计方案、丁某某……经理都听烦了。与此同时，几乎每天都有不同的员工到经理办公室向经理告阿敏的状。经理本想留住阿敏，但看到整个集体被阿敏搅和得鸡犬不宁，最后还是把阿敏辞退了。

人际冲突是团队和谐的障碍。在日常生活中，人际冲突总是难免，但有些人际冲突特别是那些由鸡毛蒜皮的小事引起的人际冲突，是完全可以避免的。尽量避免、减少人际冲突，是搞好人际关系、促进团队和谐的重要方法。

知识园地

一、团队和谐

团队和谐是指团队成员之间相互尊重、信任、支持、合作。在和谐的团队氛围中，成员间能进行良好的沟通和协作，发挥出每个人最大的潜能，提高工作效率、工作质量，凝心聚力，共同实现团队的目标和成就。而且成员们在一个和谐的团队中工作，也会有较高的满意度和幸福指数。

查看案例

和谐的团队氛围可以存在于各种场景中，如寝室、班级、社团、公司，甚至是旅游团或临时组建的比赛团队中。在职场中，建立和谐的团队关系是促进个人发展和团队成功的关键。建立和谐职场关系，可以从以下几方面着手。

1. 赢得尊重与尊重他人

在职场中，赢得同事和上级对自己的尊重是建立影响力并获得信任的关键。我们需要在工作中展现自己的专业素养，保持高质量的工作表现，为团队作出积极贡献。与他人保持良好的沟通和合作，尊重他人的个人隐私和权益，尊重他人的意见，并积极倾听、给予合理反馈，支持他人的成长和发展，与他人互动时保持礼貌和友善，都能赢得团队的尊重。无论职位、经验和背景如何，每个职场成员都应该被平等尊重。

要注意的是，尊重他人与赢得尊重是相辅相成的，缺一不可。只有我们尊重他人，才能获得他人的尊重。只有我们展现出优秀的工作能力和良好的职业态度，才能得到他人的尊重和认可。

2. 避免不必要的误会或矛盾

在职场中，及时沟通和解决问题也是至关重要的。不要拖延或回避与他人讨论可能的问题或冲突。通过及时的沟通，可以及早解决问题，避免问题扩大化或对工作产生负面影响。主动和他人进行有效沟通，可以帮助我们更好地理解对方的需求和期望，减少误会和矛盾。职场上下信息的流通也应该是透明的，只有这样才能确保上下级没有信息差地了解关键信息，避免双方产生不必要的猜测和误解。

3. 重视情绪管理

工作中的压力和挑战常常会引发情绪的波动，在产生情绪波动时，我们需要学会有效地放松自己、调整心态。以积极乐观的心态来看待问题，可以找到解决方案，减少情绪的负面影响。也可以通过做些缓解压力的活动，如运动、冥想或听音乐来放松自己。同时还可以和亲近的同事、朋友或家人交流，分享自己的感受和困惑，获得一些他人的建议和帮助。

4. 积极参加团队活动

团队建设训练、团队旅行等团队活动可以增强团队成员的凝聚力和合作意识，增强成员之间的互动和交流。开展分工协调和分享经验，可以加深团队成员相互之间的了解与信任。

通过协调和分配适合个人能力和兴趣的任务，可以充分发挥每个人的能力，最大程度提高团队的综合效能。团队成员可以根据自己的专长和兴趣主动承担团队内相应的工作，并与他人合作完成任务。通过分享经验可以推动团队成员之间的学习和成长，推动团队的创新和进步，避免重复犯错，提高整体工作水平。

二、化解冲突

冲突，是指人与人之间互不接纳、互不相容的现象，包括背离、排斥、敌视、侵犯等方面，表现为不满、拒绝、对抗、破坏、暴力、报复等形式。在现实生活中，尽管人们都不希望人际冲突现象的发生，但有些冲突的发生还是在所难免。

根据角色的不同，人与人之间的冲突可以分为家庭成员之间的冲突、组织成员之间的冲突、社会成员之间的冲突。根据冲突产生的原因，可以分为信息冲突、认知冲突、利益冲突、情绪冲突和行为冲突等。根据组织人员的分工、资历的不同，可以分为同级之间的冲突、上下级之间的冲突、新老员工之间的冲突和业务人员与行政职能人员之间的冲突等。

人际冲突是团队和谐的障碍之一，要改善人际关系，促进团队和谐，必须首先化解好人际冲突。

（一）尽量避免不必要的人际冲突

（1）学会礼貌待人，不能粗鲁无礼，与他人发生分歧时，应以礼相待。

（2）宽容大度，不要为点滴琐事斤斤计较，学会"得饶人处且饶人"的处世之道。

（3）为他人着想，从他人的角色去认识和思考问题，就可以减少许多误解和冲突。

（4）学会克制，遇险不惊，临危不乱，逢喜不狂，特别是当对方发出攻击信号和攻击行为时，更要保持冷静、清醒的头脑，控制不良情绪的爆发。

（二）认真解决自己的人际冲突

1. 平息消极情绪

与他人发生冲突时，情绪通常处于消极状态，如愤恨、不满，在这种消极、彼此对立的情绪状态下，人们通常听不进去别人的意见和劝告；有时，随着冲突的加剧，还会产生消极的行为，甚至为解心头之恨而采取恶意的行动。因此，作为冲突参与者，自己应首先保持冷静的头脑，平息自己的消极情绪。其次，要想方设法使对方感受到你的善意、友爱和真诚，从而消除其对立情绪。在面对冲突时不妨采取"冷处理"的方式，在对方处于消极情绪状态时可以暂且回避，等对方气消了再作解释。

2. 要善于解释

生活中和工作上的许多人际冲突都是由于误会、误解引起的，因此，善于解释就显得非常重要了。解释，一是要合情合理，真实地表露自己的心迹，以诚相待，往往会很快赢得对方的谅解和理解；二是要善于把握时机，在对方不想听或不愿意听时，你的解释再好，也等于零。

3. 要有宽容克制的精神

生活中不尽如人意的事情很多，在面对很多人际冲突的时候重在改变自己的认知和心态，保持乐观、和谐的心境自然就不会计较一些冲突和得失了。

4. 要能够以理服人

发生人际冲突后，要心平气和地摆事实、讲道理，以理服人。只有从道理上真正解开了双方心理、情绪上的"疙瘩"，才会使人心悦诚服，真正解决人际冲突。

（三）积极调解他人的人际冲突

当人们发生冲突时，我们不应袖手旁观，而应做一个积极公正的调解人。调解他人之间的矛盾、冲突，并不是一件容易的事情。在调解他人人际冲突时，应做到以下方面。

1. 要迅速制止出格行为

及时制止超出法律规范和社会道德的行为，如打架斗殴等。

2. 面对人际冲突时，要公正、公平、合情、合理

在发生人际冲突时，一般是"当局者迷，旁观者清"，这就要求调解人一定要有公正的态度，公平、合理地解决人与人之间的矛盾和冲突。切忌偏袒一方，一味地斥责另一方，也不能不分青红皂白，各打五十大板。

3. 要善于说合、劝导、斡旋冲突

在调解中要做到晓之以理、动之以情、情理交融，采取以退为进的方法进行说合、劝导、斡旋才会使调解有效。

4. 要借助必要的行政及法律手段

有些时候可以借助于必要的行政、法律手段。如打架致人重伤或重残，仅靠劝导、说合，是不能有效地解决双方矛盾的，一定要使用法律手段解决此事。

案例探究

清朝康熙年间，有一位大臣叫张英，官至文华殿大学士、礼部尚书，他的儿子张廷玉也是历经康熙、雍正、乾隆三朝的重臣，因此，张家在当时名噪一时。

张英的老家在安徽桐城，有一次，老家的亲人与邻居吴家在宅基的问题上发生了争执，因两家宅地都是祖上基业，时间又久远，对于宅界谁也不肯相让。双方将官司打到县衙，县令难以明断，公说公有理，婆说婆有理，成了一笔糊涂账。又因双方都是官位显赫、名门望族，县官也不敢轻易了断。于是张家人就给当时在朝为官的张英写信，希望他利用在京城的威望为家里争得这堵墙的土地，张英知道后，回了一封信，其中有一首诗："千里修书只为墙，让他三尺又何妨？万里长城今犹在，不见当年秦始皇。"

张家人收到书信后，觉得很羞愧，将原有的院墙向后退了三尺，邻居听说这件事后，也将自家的墙向后退了三尺，两家之间就形成了一条宽约六尺的小巷，后人为了纪念两家人互相谦让、和睦共处的佳话，将这条小巷保留至今，并将其命名为"六尺巷"。

案例启发：在调解自家人与外家人的矛盾冲突时，张英选择了以宽容克制、宽容谦让的态度处理此事，主动让出自家的三尺地。这条"六尺巷"不仅见证了张英的宽容和谦让，也展示了我们中华优秀传统文化的深厚底蕴和独特魅力。

实战演练

情景剧《冲突》

每六位同学为一组，以"职场中的人际冲突"为主题，自编、自导、自演一个情景剧，并进行排练和正式表演，再由同学们对各组的表演进行分析和评价。

训练目的

（1）分析冲突产生的原因，掌握解决冲突的技巧。

（2）体会和谐在团队中的重要性，培养促进团队和谐的能力。

实战启发

本次演练需要搜集、编写反映人际冲突的典型事件或案例，让学生在戏剧表演中体会人际冲突的产生和处理过程，领悟团队和谐的重要性。

在剧本的编写、排练和演出过程中，同学们也会出现角色的选择、角色间的配合、语言表达和肢体动作的协调等问题。因此，这次训练对于学生的口语表达、书面写作、沟通能力、组织能力、团队协作能力都是一种很好的锻炼和提升。

沟通小站

戈尔曼"情绪控制12秒"

戈尔曼的"情绪控制12秒"理念指的是在面对情绪冲动时，给自己12秒的时间来冷静和控制情绪。这一概念的意义在于：

（1）避免冲动决策：在情绪激动时，我们可能做出不理智的决定。

（2）防止冲突升级：避免情绪的瞬间爆发导致冲突加剧。

（3）提供冷静时间：让我们有机会调整自己的情绪反应。

（4）促进理性思考：用12秒时间冷静下来，让自己更好地分析和解决问题。

要实现"情绪控制的12秒"，可以尝试以下方法：

（1）觉察情绪：觉察自己的情绪状态。

（2）深呼吸：通过深呼吸放松身体，平静心情。

（3）暂时远离冲突场景：远离冲突场景，可以给自己创造一个相对安静的环境。

（4）心理暗示：如告诉自己要冷静。

（5）转移注意力：将注意力集中到其他事情上，暂时忘掉冲突事件。

通过运用这12秒的时间进行情绪控制，可以更好地应对各种情况，提高处理人际关系和解决问题的能力。

思考练习

1. "大事讲原则，小事讲风格，是减少或避免那些为鸡毛蒜皮小事而引起人际冲突的良方"。结合个人的情况，谈谈解决人际冲突的其他方法。

2. 有人在你面前说某人的坏话时，你应该怎么做？

3. 小文是个追求完美的女生，她对自己和别人的要求都非常高，不能容忍别人一点点的缺点。同时她和别人的矛盾与摩擦，也都一一记在心里，一生气就拿出来说。渐渐地，她发现班里的同学都不愿意接近她，就连几个要好的朋友也渐渐疏远她。她觉得非常孤独。你认为同学们不愿接近小文的原因是什么？她怎样才能摆脱孤独，重新被接纳、获得同学们的友谊？

第四节　谈判推销策略

情境导入

小鹏的父母开了一家便利店，寒暑假他都会帮父母看店、进货。

某天，一位女顾客走进店里，开口便说："给我拿一个最好的搅蛋器！"小鹏拿给她说："这就是我们店里最好的，220元。"她说："啊，怎么这么贵？我听说也就100多块钱。"小鹏说："30多块钱的我们也有，但那不是最好的。""可是，也不至于差这么多钱呀！"女顾客的脸拉了下来，掉头离去了。

顾客认为价格偏高时，反驳极易引起推销人员与顾客的正面冲突，甚至会激怒顾客而使推销失败。如果你是小鹏，你会怎样促成这笔交易呢？

知识园地

一、谈判

"谈"是指双方或多方之间的沟通和交流，"判"则是对一件事情的判断和决策。谈判是指双方或多方为了解决共同关心的问题、争端及满足各自的需要，通过协商和会谈来寻求共识、解决问题或达成协议的过程。因此，必须通过谈判这一有难度的沟通交流过程才能实现双赢、共赢。

谈判是一种在日常生活和工作中经常使用的沟通技巧，其目的是达成协议或解决争议。主要在商业谈判、劳动争议、外交谈判、家庭争议、个人事务中使用。

谈判是谈出来的，靠的是语言，所以，谈判的成败在很大程度上取决于谈判中使用的语言表达技巧。在谈判中必须随时注意听、问、答、叙、辩、说服这六个方面技巧的运用，以便准确地把握对方的行为与意图，取得谈判成功。

（一）谈判中"听"的技巧

"听"是了解和把握对方观点和立场的主要手段与途径。

1. 专心致志地听

谈判时，谈判人员要时刻集中精力倾听对方讲话，避免"开小差"。要用积极的态度去听，主动与讲话者进行目光接触，并做出回应的表情，以鼓励讲话者。比如，可扬一下眉目，或微微一笑，或赞同地点点头，或否定地摇摇头，也可不解地皱皱眉头等。这些谈话中配合的动作，可帮助谈判人员集中精力，起到良好的收听效果。还可以通过记笔记帮助谈判员作充分的分析，以理解对方讲话的确切含义与精神实质。

2. 有鉴别地听

谈判人员应克服先入为主的思维习惯，不要轻视对方，不要因抢话、反驳而放弃倾听，不可因为急于判断问题而耽误倾听。应该在专心倾听的基础上有鉴别地分析对方发言，去粗取精，去伪存真，抓住重点。

春秋时期，宋国有一个人被怀疑和齐国的重要官员私下往来，但他自己却不承认，说自己从来没有去过齐国，又没有证人来证明他的罪行。最后丞相只好亲自来审这个犯人。丞相对犯人说："你已被证明无罪，所以现在放你走了，大王为了表达对你的歉意，决定让我宴请你，为你压惊。"席间犯人酒酣兴起，滔滔不绝地说起自己的学识、阅历等。丞相听完之后，遗憾地说："先生游学四方，令人钦佩，真想和先生多饮几杯，只可惜如此美酒却没有鲈鱼来下酒啊！"犯人一听，点头称是："是啊，是啊，小人曾在即墨（齐地名）吃过一回，鲈鱼下酒的确美味无比。"丞相一听，说："先生不是说游历四方独独没去过齐国吗？那你又是如何在即墨吃到美味鲈鱼的呢？"犯人马上脸色惨白，说不出话来。丞相立即叫人把他押回了大牢。犯人没了退路，只好乖乖地把自己的罪行交代出来。

（选自陈墨《管理者口才与演讲艺术》，延边大学出版社 2011 年版）

如果丞相不会倾听，就不能从犯人的谈论中抓住转瞬即逝的关键信息点，就会错失犯人犯罪的证据。

3. 有预见地听

在谈判中，可能会遇到一些一时回答不上来的问题，这时，切记不可充耳不闻，要有信心和勇气去迎接对方提出的每一个问题及其真实用意，找到解决难题的最佳答案。这就要求我们在谈判之前做好充足的准备，提前预见可能存在的问题，以便在遇到问题时不慌不乱。要知道急中生智、举一反三的能力一定是建立在多思考、多训练的基础之上的。

（二）谈判中"问"的技巧

1. 有备而问

预先准备好问题，最好是提出一些对方不能够脱口而出、当机立断回答的问题。

2. 伺机而问

在对方发言时，如果头脑中闪现出疑问，千万不要中止倾听对方的谈话而急于提出问题。可以先把问题记录下来，等待对方讲完后，再寻找合适的时机提出问题。

3. 不要强问

既不要以法官的态度来询问对方，也不要接连不断一直问问题。提出问题后应保持沉默，等待对方做出回答。如果对方的答案不够完整，甚至回避不答，不要强迫地问对方，而是要等待时机到来时再继续追问。这样做既体现了尊重，又让对方无法回避问题。

4. 明知故问

在适当的时候，可以将一个已经发生、已知答案的问题提出来，验证一下对方的诚实度及其处理事务的态度。这样做也可给对方一个暗示，即我们对整个情况是了解的，有关信息掌握得很充分。

（三）谈判中"答"的技巧

1. 把握对方的问话动机

在回答问题之前，要给自己留有思考时间。在对方提出问题之后，可以喝口茶，或调整一下自己的坐姿，或整理一下桌子上的资料文件，或翻一翻笔记本，以此来延缓时间；考虑好对方的问题之后，把握对方提问的目的和动机，再决定怎样回答。

2. 缩小对方问话范围

对于应该让对方了解，或者需要表明我方态度的问题要认真回答，而对于那些可能会有损己方形象、泄露己方机密或一些无聊的问题，谈判者也不必为难，不予理睬是最好的回答。我们回答问题时可以将对方的问话范围缩小，或者回答之前加以修饰和说明，以缩小回答范围。例如："你说的问题我们考虑过了，时间没你们说得那么紧张。"

3. 顾左右而言他

有时对方提出的某个问题，己方可能很难直接从正面回答，但又不能以拒绝回答的方式来逃避对方的问题。这时，谈判高手往往用避正答偏或是答非所问的办法来答复。

4. 以问代答

以问代答是用来应付谈判中一时难以回答或不想回答的问题的方式。例如，对方说："我们认为交货时间太晚了"，谈判者接上去说："那么，您认为交货时间不够早，是吗？"把"太晚了"换成了"不够早"，意思明显地平和了许多。

5. "重申"和"打岔"

谈判中,"重申"是要求对方再次阐明其所问的问题,实际上是为自己争取思考问题的时间。"打岔"的方式是多种多样的,可以借口去洗手间,或去打个电话等来争取思考时间。

(四)谈判中"叙"的技巧

1. 叙述要简洁易懂

叙述在于让对方相信我方所言的内容均为事实,并使其接受我方的观点。为了达到这一目的,说出来的话要尽可能简洁、通俗、易懂,使对方听了立即就能够理解。

2. 叙述要具体清楚

谈判中叙述应具体生动,使对方集中精力,全神贯注地倾听。叙述还应主次分明,层次清楚,有条有理。

3. 叙述要客观准确

谈判中的叙述应基于客观真实,使对方相信并信任我方。叙述的观点要准确,避免含混不清,前后不一致。发现错误要及时纠正,以防造成不应有的损失。

(五)谈判中"辩"的技巧

谈判中的讨价还价集中体现在"辩"上。它具有双方辩者之间相互依赖、相互对抗的二重性。它是人类语言艺术和思维艺术的综合运用,具有较强的技巧性。一名谈判人员在辩论中要想获得良好的辩论效果,应注意以下几点"辩"的技巧。

(1)观点要明确,立场要坚定。

(2)辩论思路要敏捷、严密,逻辑性强。

(3)掌握大的原则,不纠缠辩论中细小的枝节。

(4)态度要客观公正,措辞要准确犀利。

(5)辩论时应掌握好进攻的尺度。

(6)要善于处理辩论中的优劣势。

(六)谈判中"说服"的技巧

在谈判过程中,"顽固者"往往固执己见,但仔细分析就会发现他们中多数人是通情达理的。在说服"顽固者"时,可给他一个"台阶",采取"下台阶"法、等待法、迂回法、沉默法等来说服他。

在谈判中,"认同"是双方相互理解的有效方法,是人们之间心灵沟通的一种有效方式,也是说服他人的有效方法之一。人们把自己的说服对象视为与自己相同的人,寻找双方在职业、追求、目标、经历、信仰、兴趣、爱好等方面的共同点;还可以寻找双方共同熟悉的第三者,将其作为认同的媒介,就更容易说服对方了。

"听""问""答""叙""辩""说服"等各种技巧要视情况灵活、综合地加以运用，方能收到良好的谈判效果。

二、推销

推销是指推销人员通过传递信息、说服等技巧与手段，将产品或服务向客户进行介绍和推广，促成产品的交易，从而实现销售目标的过程。推销的方式多种多样，包括面对面推销、电话推销、网络直播推销等。无论用哪一种方式，沟通与口才都是非常重要的。下面以上门推销和柜台推销两种形式为主，介绍推销的技巧。对于时下流行的网络直播推销方式，也很有借鉴意义。

（一）接近顾客的技巧

良好的第一印象是推销成功的第一步，如果推销员形象好、气质佳、自然大方、热情洋溢，能热情地招呼顾客，就可以使顾客立即感到温暖如春、宾至如归。所以，推销人员可以根据自己对顾客群体的观察和经验，精心设计接近顾客的方法。

1. 搭讪法

推销员故意找一些话题，接近顾客。例如："今天我们做活动，要过来看看吗？"

2. 赞美法

推销员通过夸奖、夸赞等方法取悦对方，达到接近顾客的目的。例如："您的气质真好，我们今年最新设计的一款连衣裙真的特别适合您！"

3. 求教法

推销员用谦逊的语气，以向对方求教的方式，达到接近的目的。例如："耽误您点时间，请您品尝一下这种口味的饮料，看看它的口感怎么样？"

4. 正面接近法

推销员开门见山，通过自我介绍或他人介绍的方式接近对方。例如："王经理，您好！我是××电器公司销售部的业务员，我希望能和您介绍下我们公司的新产品，行吗？"

5. 兴趣接近法

推销员通过一定的策略设计，引起对方的兴趣，从而接近对方，造成推销的良好气氛。例如："王大哥，您也喜欢打羽毛球啊！要不我们打两局切磋切磋？"

6. 提问法

推销员向顾客提问，利用适当的悬念、神秘气氛来勾起顾客的好奇心和注意力，然后在解答疑难时，巧妙地进入推销访问的下一阶段。如"某系列手机在荒漠、海洋、高山等无地面网络地区也能实现卫星通话，被评价为'争气机'，您要不要试用一下？"

7. 出奇言法

推销人员上门访问时出其不意的一句话，往往能一下子抓住顾客的注意力。例如："说真的，我一提起它，也许您会不耐烦而把我赶走。"这时顾客自然会做出如下反应："噢？为什么呢？照直说吧！"这时，对方的注意力就会一下子集中到推销人员下面所要讲的话上了。

（二）介绍商品的技巧

介绍商品要具有针对性。对试销商品的介绍要突出其"新"的特性，对畅销商品的介绍要突出品牌价值，对滞销商品的介绍要突出其物美价廉、常用耐用等特性。同时，还要针对顾客的心理，灵活运用以下各种不同的方法：

1. 愉悦提示

通过令人愉悦的语言诱发顾客的美好联想，使其产生购买欲。例如："天又热口又渴，新出品的冰激凌尝一尝。咬一口，爽，再咬一口，甜！"

2. 名人效应提示

借助名人效应来说服顾客购买产品。例如："这是××品牌运动服，××运动员为其代言，品质好，售后有保证。"

3. 介绍产品的独特之处

例如，可以说："我们这种奶茶不含香精、色素、防腐剂、甜蜜素，以新鲜水果为配料，非常健康。"

4. 利益提示

向顾客说明购买、使用该产品能获得的好处，以此来打动顾客。例如："这款新能源汽车节能环保，车型美观，总价不高，用起来却超级实惠，一公里才一毛多钱，太省钱啦。"

5. 对比提示

通过对同类产品价格、质量等方面的对比，使顾客在比较中坚定购买信心。例如："这款衬衫在网上相同的款式很多，有的价格也比我们便宜，但材质绝对没我们的好，我们使用的面料是高科技三防面料，透气又吸汗，你同时买几家对比一下就知道了。"

（三）处理异议的技巧

推销人员对顾客提出反面意见和看法后如何处理，会直接影响到销售过程能否继续。处理好顾客的异议往往会获得更高的销售成功率。

常见的顾客异议及相应的处理意见有以下几种。

1. 需求异议

需求异议是指顾客认为不需要产品而形成的一种反对意见。处理的关键是让顾客相信"这商品正是您需要的，您能从购买中受益"。

2. 产品异议

产品异议是指顾客对推销品的使用价格、质量、式样、设计、结构、规格、品牌、包装等方面提出的异议。处理的关键是推销员必须首先对自己推销的产品有充分的认识，然后再根据不同的顾客采用不同的方法，消除其异议。

3. 货源异议

货源异议是指顾客自己为不应购买某推销员所推销或代表的企业的产品而提

出的异议。推销员的重点是要向顾客说明不同货源产品的不同特点，向顾客详细分析本产品或服务的优势。

4. 价格异议

价格异议是指顾客以推销产品价格过高而拒绝购买的异议。推销员首先要给顾客以真诚、靠谱的印象，增强顾客对推销员的信任感；其次，通过提示和分析产品的优点，使顾客感到物有所值，从而心理平衡地接受所给价格。

有一位女士想买一瓶护肤霜，但嫌贵。推销员看出她的犹豫，就说："这一瓶 600 元，的确不便宜。不过，它容量大，能用大半年呢。照这样算的话，您每天只花 3 元钱，还比不上一个冰激凌呢！"女士想了一下，点了点头，夸道："你很会说话。"

5. 服务异议

服务异议是指顾客对购买推销品能否获得应有的、良好的售货服务表示不信任或担心而提出的异议。推销员应坦诚接受并耐心解释，以树立企业良好的形象。

我国一位工程机械公司的销售员在坦桑尼亚向农民推销农业机械。对方质疑说："你们公司在我们国家只有几个经销维修点，离我们的农场很远，今后机械零件损耗时，维修起来太麻烦了！"推销员回答说："我们公司的产品在严格测试的基础上，质量过硬，损坏率低至 0.01%。我们为每台机械配足了使用寿命所需的配件，你们完全可以自己更换零件，省钱又省时。"

如果服务出现问题顾客向你抱怨时，你应该首先向顾客道歉，并倾听顾客的牢骚，让其消消气，并表示愿意向公司汇报，积极想办法解决，并在今后改进。这种方式有利于维护好老客户。

6. 购买时间异议

购买时间异议是指顾客自认为购买推销产品的最好时机还未成熟而提出的异议。针对客户迟迟不肯"下单"，处理时要分析原因，有针对性地加以解决。比如，顾客因对产品缺乏信心而产生迟疑，针对这种情况，处理的重点是重申产品的益处；因为无最终决定权而产生购买的延迟，这时可以根据具体情况促使其下定购买决心。如"您可以跟公司商量一下尽快决定，本年度的促销活动还有两天就结束了。"

无论顾客提出哪种异议，销售人员需要记住的是，保持好心态，乐于接受任何批评意见；永远不要和你的客户争论，只有避免争论才能真正赢得客户的心。

（四）达成交易的技巧

推销商谈到了一定的程度，推销员要能熟练地识别和掌握成交信号，及时运用一定的方法，刺激顾客的购买欲望，增强顾客的购买信念，顺利实现交易行为。

推销员最终促成交易的常用策略有：

（1）请求成交法："既然你喜欢，就买吧！"

（2）假定成交法："您看我什么时候把货给您送去？"

（3）选择成交法："您是要大包装的，还是要小包装的？小包装携带起来方便些，大包装价格合适，随您！"

（4）激将成交法："您是否还要征求您先生的意见之后才能决定？"

（5）优惠成交法："现在购买商品还可以享受八折优惠。"

当顾客确有难以当场解决的困难，比如需要上级批准不能立即成交时，也不能一味纠缠顾客，而是应该留下其联系方式，日后再联系。另外，推销结束，不论是否成功，都应礼貌地与顾客道别，给人留下好印象。

🌿 案例探究

有一天，顾客小张来到某品牌服装店，仔细打量着货架上的衣服。随后，她从衣架上取下一款粉色羊毛衫放在身前比画、照镜子，并且询问价格。营业员小李笑着对她说："您好女士，这件是纯羊毛的，原价1 000多元，现在打折促销，只要498元，很划算的。"哪知道小张脸色一变，转头对营业员说："好的，知道了，我再看看其他家。"

营业员傻眼了，顾客明明精挑细选，看中的衣服，价格也十分划算，怎么自己的一句话反倒使顾客终止了购买呢？她赶紧补救，客气地问："女士，这个款式非常适合您，显得皮肤很白皙，您穿上试试再说吧。"小张冷淡地回答不想试了，并准备离开。小李赶紧问："您能否告诉我您喜欢哪种款式？我们的样式是专门为像您这样气质高雅的年轻女士设计的，如果您不喜欢，可否留下宝贵的意见，以便我们改进。"听了这话，小张说："本来是挺喜欢的，可是原价1 000多元，现在降低到这么便宜，我想买更高档一点的衣服。"小李这才恍然大悟，原来这是位消费层次较高的顾客。她说："女士，您误会了。价格打折，品质可不打折啊。这款羊毛衫的羊毛成分是百分百羊毛，而且款式也都是设计师款。打折只是因为我们店下个月要重新装修升级，想要清清库存，所以才忍痛打折促销的。我们家店针对的顾客，可都是消费层次高、形象好气质佳品位好的老顾客、回头客。"听了这话，小张终于露出了笑容，开心地买走了那件羊毛衫。

案例启发：营业员小李刚开始没有注意顾客的需求，差点搞砸了这一次销售。但是好在她随机应变，进行了补救。

做销售，首先要观察或试探顾客的定位和购买需求，通过开放式问题引导顾客表达真实需求，以便更准确地判断其需求和偏好。面对顾客的疑问和犹豫，要保持足够的耐心和信心，持续为顾客提供有价值的信息和建议。对顾客的反馈和建议给予积极回应，表示重视和感谢。对于未成交的顾客，可以留下联系方式以便后续跟进；对于已成交的顾客，可以询问使用体验并提供必要的售后服务。在整个销售过程中，要保持耐心、注重形象，给顾客留下良好的印象。

实战演练

将学生分成两个小组，组建虚拟的商务公司，综合运用所学的谈判知识，模拟相关的商务交往活动。

第一步：以几个相关行业（相互间会发生商务往来的）作为工作背景，选出学生组长担任各公司经理；通过应聘活动招募下属人员，安排工作内容（如确定经营业务、行业关系、产品和服务、职务需求）。

第二步：公司组建后，模拟开展相关行业的谈判、推销等商务活动（如进行信息搜集，制定价格及谈判方略，制定推销策略，现场交易谈判等）。

第三步：几位同学分别扮演两家公司的谈判代表，并对一批货物的购置进行谈判，尽量降低价格，并说服对方公司接受你的价格要求。

训练目的

学会在谈判中善于运用谈判语言与对方沟通；运用推销语言技巧，学会推销商品。

实战启发

在推销和谈判训练中，首先，要关注学生的技巧和形式，并注重培养他们的价值观、诚信意识及责任感等内在素质；其次，要注重培养学生的策略运用和思维能力，教会他们如何分析问题、制定策略并作出决策；最后，应加强对学生沟通和协作能力的培养，让他们学会如何与各方有效沟通、协调并达成共识。

沟通小站

最受欢迎的谈判策略

策略一：目标至上。确定目标，把目标写下来，时刻提醒自己，目标越具体越好。

策略二：重视谈判对手。角色互换。掌握对方特点。找出决策者及第三方。巧妙谨慎地运用权力。

策略三：进行情感投资。注意识别对方的情绪。积极进行情感补偿。

策略四：关注多变的谈判形势。用变化的眼光时刻关注对方与形势的具体细节。

策略五：谨守循序渐进原则。把谈判分成多个小步骤，从对方熟悉的、能接受的谈起。

策略六：用不等价之物交易。交易原理：同一件事情对不同的人有不同价值。获取对方需求的信息。扩大整体利益。

策略七：利用对方准则。以合理得体的表达运用准则。可以制定准则。直指对方不当，但不可让自己成为问题焦点。

策略八：坦诚相对，谨守道德。营造信任感，在一定基础上信任对方。真诚地尊重对方。

策略九：始终重视沟通和表达。努力缩小认知差距。始终交流并消除隔阂。中途退场不可取。指出问题，回归己方道路。

策略十：找到真正的问题所在，找到对方真正的意图。

策略十一：接受双方的差异。公开承认差异，而非掩盖差异。

策略十二：做好准备，列一份清单，并不断练习。

🌸 思考练习

1. 网络实践

观看《超级演说家》节目，选一位自己欣赏的演讲者介绍给大家，从演讲主题、情感表达、语言技巧、现场气氛等方面对其进行评价。

2. 情境训练

（1）有一位四十多岁的男子去商店买衣服，他看中了一件红色的羊毛衫，但又觉得颜色太显眼了。但你觉得这件羊毛衫非常适合他，作为销售员，你如何劝说他买下这件衣服？

（2）某房东有两间平房向外租赁。有一商家打算租赁，用于经营鞋类。请同学们两人为一组，扮演谈判双方，进行模拟租赁谈判训练。

学习体悟

自测题
（一）

自测题
（二）

礼 仪 篇

第四章 个 人 礼 仪

"礼仪之始，在于正容体，齐颜色，顺辞令。"

——《礼记·冠义》

学习目标

知识目标：1. 了解仪容美、仪表美、仪态美的基本概念和重要性。

2. 掌握个人仪容、仪表、仪态的基本规范和标准内容。

3. 学会不同场合下的化妆着装、护肤技巧及仪态要求。

能力目标：1. 保持良好的仪容习惯，注重个人外在形象的表现力。

2. 学会运用仪容、仪表、仪态技巧，提升自身魅力和自信。

素养目标：1. 培养对美的感知和欣赏能力，注重外在形象的提升。

2. 树立正确的职场观念，培养职业素养和职场精神。

3. 注重内外兼修和谐统一，树立自信与尊重他人的素养。

本章关键词

（1）仪容美、油性皮肤、中性皮肤、干性皮肤、混合性皮肤和敏感性皮肤、化妆适度、三庭五眼。

（2）仪表美、公务场合、社交场合、休闲场合、TPO 原则、扬长避短、西装礼仪、套裙礼仪、色彩搭配、饰物佩戴。

（3）仪态美、站姿、坐姿、行姿、蹲姿、手势礼仪。

第一节　规范仪容美

情境导入

莹莹护肤的烦恼

莹莹同学十分重视自己的皮肤护理，年纪轻轻就拥有许多令同龄人羡慕的高档护肤品。而且她只要听别人说某某护肤品效果不错，从十几元、几百元的产品，到上千元价位的产品，都要买回来用一用。可结果是，她的皮肤越来越敏感，痤疮严重，影响了美观，也影响了心情。

如果你是莹莹的同学，你会给她怎样的护肤建议？

知识园地

仪容即人的容貌，是一个人外在形象的直接展现，是我们与外界交流的窗口，也是我们给他人留下第一印象的关键因素，包括个人卫生、面部、发型等方面。在日常生活和工作中，一个人的仪容礼仪往往能够反映出其内在的品质、态度和专业性。良好的仪容对提升个人形象和提升所在单位的形象都有积极的影响。

每个职场人都要保持整洁、美观的形象。在政府机关、企事业单位里，应保持端庄的仪容来体现公职人员的专业性和权威性；在学校里，教师和学生都应遵守仪容礼仪，营造良好的学习氛围；在服务和管理行业中，如护理、物业、旅游、酒店、餐饮、零售、社区管理等，重视仪容礼仪是提升服务质量和服务体验的重要方面；在外交场合中，仪容仪表更代表着国家和组织的形象；参加正式活动，如颁奖典礼、庆典、音乐会等都要精心修饰自己的仪容，以表示对活动及主办方的重视；在日常社交中遵守仪容礼仪也能够给人留下良好的印象、展现个人文明修养。总之，重视仪容礼仪，有助于赢得他人的认同与尊重，助力职业发展。

仪容礼仪包含着三个层次的要求，第一是自然美，第二是修饰美，第三是内在美。下面我们来学习一下仪容美的基本要求。

一、干净整洁

（一）定期洗澡、洗头、洗脸

洗澡，目的是除去身上的尘土、油垢和异味。一般三天左右洗一次澡为宜。在天气炎热、运动出汗之后，要及时洗澡。

洗头，头发清洁的标准是不油腻、无异味、无头屑。一般也是三天左右洗一次为宜。每个人根据头皮发质和洁净程度灵活把握洗头频率。

洗脸，面部皮肤清洁的标准是清爽、不干、不油。要根据皮肤性质做好相应的护理，一般早、晚各一次洁面。如遇空气质量差，可以酌情增加洗护次数。

（二）注意修饰体表毛发

发型要得体，适合自己的身份、脸型，长短要适中。学生和职场人的头发尽量不要染过于鲜艳的彩色。

鼻毛要适当修剪，不能长出鼻孔外。男士要勤剃须，胡须太长容易给人以精神状态不佳、不够整洁的印象。女士在夏季如果穿无袖服装则要注意修理腋毛。

（三）保持手部卫生

手是与外界接触最多的一个部位，它最容易沾染脏东西从而引发疾病，所以，必须勤洗手，勤剪指甲。手指甲的长度以不长过手指尖为宜。职业女性不宜做过于夸张的美甲，否则不仅影响工作，还会给人以工作不专业、不敬业的印象。

（四）注意口腔卫生

每天早、晚要认真刷牙，每次不少于三分钟，还要注意每次饭后漱口，做到口中无异味、无异物。为了牙齿的健康，每次吃完水果、甜食也应及时漱口。在前往社交场合或需要与人近距离交流之前，尤其要注意不吃气味强烈的食物，如洋葱、大蒜、韭菜等。

著名教育家、南开大学原校长张伯苓怀有这样的理念：一衣不整，何以拯天下。他在镜子上写了一句箴言，流传于南开体系各大学校中，影响至深："面必净，发必理，衣必整，纽必结。头容正，肩容平，胸容宽，背容直。勿傲、勿暴、勿怠。宜和、宜静、宜庄。"这个"镜箴"，目的是让过往的师生随时注意仪容、仪表、仪态，还要有平和、宽仁的处世态度。

二、面部修饰

进行仪容修饰，首先我们要了解自己皮肤的性质和面部结构。

（一）了解皮肤性质

皮肤一般分为油性皮肤、中性皮肤、干性皮肤、混合性皮肤和敏感性皮肤。皮肤的护理保养是保持仪容美的首要前提。

1. 油性皮肤

特点：皮脂分泌旺盛，满脸油光，毛孔明显，容易长粉刺、黑头，但不易起皱纹。

护理重点：清洁干净，同时注意补水保湿。因为皮肤会保持动态的水油平衡。太缺水，就会自动分泌油脂来保护皮肤。

护理事项：泡沫洁面乳去油污力能力比乳液型洁面乳强，如果使用过多，也会造成皮脂分泌更加旺盛，缺水更加严重。一天最多使用两次泡沫洁面乳。早晨洗脸可以用乳液型洁面乳替代泡沫型洁面乳。

护理技巧：洗脸时用温水更易打开毛孔、清洁干净。如果化妆（使用防晒乳、隔离乳、粉底液、遮瑕霜及各类彩妆），则要用卸妆产品（卸妆油、卸妆乳或卸妆水等卸妆产品）清洁干净。

2. 干性皮肤

特点：油脂分泌量少，毛孔不明显，不易长粉刺，外观细嫩，但脸部无光泽，易长皱纹。

护理重点：不能把泡沫型洁面乳作为日常的清洁产品，而应选用温和的乳液型洁面乳。不用过热的水洁面。早晨洁面可以不使用洁面乳，晚上使用洁面乳或卸妆产品洁面。洁面后要立即使用水、乳、霜保持皮肤湿润，及时补充皮肤营养。

护理事项：选用含有油脂的滋润型产品，延缓皱纹的产生。洁面和化妆时，手法要轻柔。洗脸水温不宜过高。

护理技巧：可以在乳液或面霜中加入两三滴护肤精油，增加皮肤的弹性。

3. 中性皮肤

特点：光滑细腻，水分、油分含量适中，皮肤清爽，是理想的皮肤。

护理重点：长期有规律地保持皮肤的湿润和营养，抑制皮脂过度分泌，摄入足够水分，确保肌肤活力。

护理事项：不能掉以轻心，因为环境、季节的变换、长久的疲劳、不良的心情及使用不恰当的护肤品，都会导致肌肤状态的改变。皮肤的性质不是一成不变的，夏季皮肤偏油，冬季偏干；年轻时是中性或油性皮肤，中年以后则容易变成干性皮肤。

护理技巧：可在晚上用水洗脸后，再用热水焙脸片刻，然后轻轻抹干。

4. 混合性皮肤

特点：兼有油性皮肤与干性皮肤的共同特性。表现为额部、鼻部、口周、下颌部位为油性肤质，油脂分泌旺盛，皮肤油腻、纹理粗、毛孔粗大、易长痤疮及黑头；但脸颊为干性皮肤的特征，皮肤偏干，皮脂分泌较少，皮肤干燥，角质层含水量低、无光泽、弹性差，易衰老产生皱纹，有的还容易敏感、多红血丝。该肤质多见于25～35岁的青年人，中国人大部分都属于此类皮肤。

护理重点：保持水油平衡，注重日常护肤，补足水分，保持水油平衡。分区清洁和护理。

护理事项：可采用分区的护理方式，根据面部不同部位的情况使用不同的护肤品。用清洁力度强的洁面乳重点清洁额部、鼻部、口周及下颌部油性皮肤处，避开面颊较为干燥的部位。根据季节和皮肤状态的变化选用护肤品。秋冬或油脂分泌较少时，选用油脂性较强的护肤品；春夏或油脂分泌较多时，要用含水量多、含油脂少的护肤品。

护理技巧：在洁面时，可采用冷热水交替洗脸，即先用温热水将 T 字部位清洗干净，再用冷水将整个脸部清洁干净。

5. 敏感性皮肤

特点：这是一种问题性皮肤。角质层较薄，容易看到红血丝（扩张的毛细血管）。容易受温度变化、环境因素、季节变化的影响及护肤品、化妆品的刺激，皮肤容易泛红、发热，有的还会产生刺痛、烧灼、紧绷、瘙痒等感觉。皮肤外观正常或伴有轻度的脱屑、红斑和干燥。通常有遗传因素，并可能伴有全身的皮肤敏感。严重者需要寻求专业医生的帮助。

护理重点：加强保湿和营养等基本保养。增加皮肤含水量和油脂成分以加强皮肤的屏障功能，增强皮肤抵抗力，减少外界物质对皮肤的刺激。

护理事项：用温水或冷水洗脸，避免过度清洁。避免使用去污力较强的清洁产品，避免使用含有酒精、水杨酸、果酸等刺激性成分的护肤品。尽量不用热敷、蒸脸、按摩、去角质等美容措施。洁面之后轻轻拍干，立即使用保湿喷雾、水、乳、霜等保持湿润。敏感性皮肤尤其要注意防晒。不宜在强光下待得过久，可以采取撑太阳伞、戴太阳帽、戴墨镜、戴口罩或涂防晒霜等物理防晒和化学防晒相结合的方法进行防晒。

护理技巧：可选择敏感性肌肤适用的修复型护肤品，如含天然植物马齿苋等成分的护肤品。

（二）科学保养皮肤

想要有一个良好的皮肤状态，首先要保持身体健康、精神愉快，保证充足的睡眠，养成多喝水的习惯，注意均衡合理的饮食。其次还要注意正确的洗脸、护肤方法。

（1）洗净双手：洗脸之前首先要将手洗干净，这是很多人容易忽视的方面。

（2）初步清洗：用跟我们体温相近的温水清洗面部，洗去浮尘和油脂。水温不宜过高，不然会使皮肤迅速扩张，导致早衰和皱纹出现；过冷，会让毛孔紧闭，不易清理毛孔垃圾。

（3）深层清洗：选用适合自己肤质的洁面乳轻柔画圈按摩。油性皮肤和混合性皮肤尤其要注意清洗 T 字部位。

（4）清洗面部：用清水将洁面乳彻底清洗干净，注意发际线部位不要有洁面乳残留。

（5）擦干面部：用干净的毛巾或洁面巾轻轻按在脸上，蘸干面部残留的水分。千万不要用毛巾使劲擦脸，以免损伤脸部肌肤。如果不能保证毛巾定期清洗晾晒，可以不使用毛巾，轻轻拍干水分，也能起到促进面部血液循环的作用。

即便是油性皮肤，在炎热的夏季，也不要过于频繁地洗脸，否则会破坏皮肤的天然屏障，导致皮肤问题。总之，正确的洗脸方式对于保护面部皮肤、延缓衰老非常重要。掌握正确的洗脸方法，可以让皮肤更加健康、美丽。

（6）护肤：根据肤质、季节和个人喜好，按顺序使用护肤水、乳液（面霜）、防晒霜、隔离霜（粉底液）。防晒、隔离、粉底液等能够有效地保护皮肤，因此，我们认为这些都属于护肤的步骤。

选择适合自己肤色的粉底均匀涂抹在面部，遮盖瑕疵和不均匀的肤色，打造自然、光滑的底妆。至此，护肤的步骤就全部完成了。如有需要，可以进行后续彩妆的步骤。

（三）男士护肤保养

男士常用的护肤品有洁面乳、剃须膏、爽肤水、乳液/面霜、香水等。

（1）洁面。男士由于皮肤多油性、毛孔粗大，一般应选用泡沫丰富的洁面产品，以彻底洗净面部。

（2）剃须。清洁肌肤后，用毛巾热敷使肌肤柔软，抹上剃须膏剃须。剃须后宜用冷水冲洗以收敛肌肤毛孔。

（3）保湿。在洗脸后或剃须后，在面部轻拍爽肤水可收敛毛孔、补水保湿。接着使用合适的乳液或面霜进一步滋养皮肤。

男士和女士的皮肤生理结构有很大差异。女士随着年龄增长皮脂分泌量减少，肌肤易干燥。但男士的皮脂分泌却与年龄无关，始终易油腻，所以男士宜选择补水保湿、无油的乳液或面霜。

（4）男士香水。男士化妆品或男士香水的香型都应以木香、清香、烟草香为主，这些香型给人一种庄重的感觉，而不应借用女士的香水。女士的香水一般为花香，不适合男士使用。

三、化妆适度

在现代职场中，一个人的外在形象往往与其职业素养和专业能力紧密相连。一个整洁、得体的妆容，不仅能够体现出一个人的专业素养，还能够为其带来自信和尊重。

然而，对于仪容的修饰并不意味着简单的化妆或浓妆艳抹。真正的仪容之美，在于细节的精致与整体的和谐。精致的妆容，能够凸显出一个人的气质和自信，而端庄得体的仪态则能够展现出其职业素养和内在修养。这样的仪容，不仅能够给对方带来愉悦感和舒适感，还能够为职场中的个人加分，树立良好的形象。

（一）化妆的原则

1. 自然适度

化妆的目的是为了提升个人形象和气质，而不是改变原有的面貌。因此，化妆应该保持自然，遮蔽瑕疵、提升气色，不要过于浓重或夸张，不要过分追求完美。"浓妆"只能适用于舞台妆、艺术照，不适用于日常生活。

2. 协调美观

化妆应该与个人的脸型、肤色、发质等因素相协调，同时，也要与场合、服装等相协调。不同的妆容适合不同的场合和服装，因此，应根据目的和场合选择不同妆容。

3. 避短避人

通过化妆的方法来弥补自己面部不太理想的部分，比如眼睛不够大、毛孔比较大、嘴唇没血色等问题。另外还要注意不要在公共场所、办公场所、他人面前化妆或补妆，这是对他人的不尊重。

（二）化妆的步骤

1. 底妆

洁面后根据皮肤情况使用适合的水、乳、霜、隔离（防晒），然后使用粉底液或气垫，起到调整皮肤色泽、遮盖毛孔与瑕疵，达到皮肤细腻、亮丽、颜色均匀的作用。脖子上也要适当涂抹，不要与脸部形成明显的分界。

2. 遮瑕

如果瑕疵较重，可以使用遮瑕膏或遮瑕棒，针对面部瑕疵进行局部修饰，如黑眼圈、痘印、雀斑等，使肌肤看起来更加完美。

3. 定妆

使用定妆喷雾或蜜粉，在妆容完成后进行定妆，提高妆容的持久度和抗油光能力。

接下来根据情况，可以进入彩妆的部分，依次进行眉毛、眼影、眼线、睫毛、口红和腮红等步骤。

4. 画眉

用修眉刀修整眉形，再用眉笔或眉粉填充眉毛的空隙，使眉形更加立体、自然。描画的眉形要自然流畅，眉形的选择除了根据脸型和个人的喜好外还要根据自身眉毛的自然生长条件来修饰，不宜做过度的调整，色调要轻，以免给人失真的感觉。眉峰色调略重，眉梢要浅淡，眉的上边缘线轻于下边缘线。眉色要与肤色、发色妆型相协调。

5. 眼妆

眼妆是整个面部妆容的关键，根据个人的喜好和场合，用眼影、眼线、睫毛膏等眼部化妆品，突出眼部轮廓和神采。眼影要从浅入深依次画在眼睛的相应区域。职场女士的眼影建议选用大地色系，避免使用过于艳丽的颜色。画眼线可以使用眼线液笔、眼线胶笔，画在睫毛根部，让眼睛看起来更加有神。注意要沿着睫毛根部慢慢画，接近外眼角的地方可以稍稍上扬。如果时间充足，还可以涂上睫毛膏。

6. 唇妆

使用唇线笔勾勒唇形，唇部会更饱满立体。直接涂抹口红或唇彩也是节省时间的做法。唇部颜色靓丽，可以为整体妆容增添亮点，是一个人精气神的重要体现。

7. 腮红

选择与唇色相适配的腮红色调，从颧骨处向外侧轻扫，打造自然的好气色。再用定妆蜜粉在腮红部位轻扫，可以打造出更加自然的"白里透红"的妆感。

全部化妆完成后要做全面检查，面部妆容要整体协调，要考虑到发型和服饰是否搭配得当，是否与服饰的色彩相和谐，是否与耳朵，手及身体的其他部分浑然一体。

眉毛对于塑造面部的轮廓非常重要，合适的眉形对整个脸型乃至样貌的影响都是很大的（如图 4-1 所示）。因此，我们应根据自身的气质和情况选择合适的眉形。

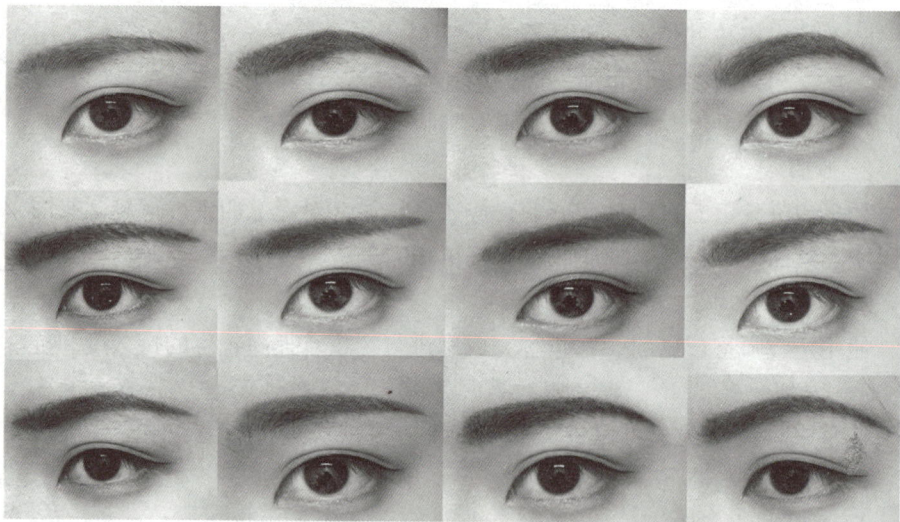

图 4-1　眉形的重要性

四、头发修饰

发型选择同面部修饰一样，要考虑场合，还要考虑自身的特点，无论男士还是女士，干净整洁都是发型礼仪的第一要求。还要根据不同的脸型、发质、服装、身材、年龄等选择合适的发型，扬长避短，给整体加分。

对于职场男士，长度的基本要求是"前发不覆额，侧发不掩耳，后发不过领"。

对于职场女士，总体要求是"前发不遮眼，后发不及肩"，长发的女士在正式场合要扎成马尾辫或盘发、包发，给人以清爽利落、美观大方的感觉，不能披头散发、发饰过多。

🌿 案例探究

小李是一名职业院校市场营销专业毕业的学生。他去人才市场应聘时，发现很多企业都需要他这个专业的职员。可他走进几家招聘单位展位时都没有人理会他。最后，小李在一家招聘单位的人力资源部部长面前使出了浑身解数去推销自己，终于打动了该部长。他上下打量地看了小李半天，叹了口气说："从你的资历和表现上来看，还真是和我们需要的人才相吻合，但是你的这个发型跟我们公司的企业文化不太匹配。如果你能够改变你的发型，三天后可以到我们公司来面试，如果不能够改变，就不用来了。"小李没有想到原来是自己引以为傲、富有艺术家气质的长发让他吃了闭门羹。

案例启发：男生在应聘非艺术专业的工作时，对于是否保留个性发型，最好慎重思考，毕竟作为职场新人，过于个性的发型会给人以"个性太强、难以驯服"的感觉，对求职较为不利。

实战演练

护肤、化妆步骤演练	
姓名 _____	日期：_____
1. 面部清洁与保养	洁面产品：_____
	保养产品：_____
	清洁步骤：_____
	保养步骤：_____
2. 底妆	底妆产品：_____
	色号选择：_____
	涂抹工具：_____
	涂抹技巧：_____
3. 眉毛	眉笔 / 眉粉：_____
	颜色选择：_____
	画眉步骤：_____
	修饰技巧：_____
4. 眼妆	眼影：_____
	眼线笔 / 眼线液：_____
	睫毛膏：_____
	眼妆步骤：_____
	技巧提示：_____
5. 腮红	腮红产品：_____
	颜色选择：_____
	打扫步骤：_____
	技巧提示：_____

6. 唇妆	唇膏 / 唇彩：＿＿＿＿＿＿＿
	颜色选择：＿＿＿＿＿＿＿
	涂抹步骤：＿＿＿＿＿＿＿
	技巧提示：＿＿＿＿＿＿＿
7. 定妆	定妆产品：＿＿＿＿＿＿＿
	使用方法：＿＿＿＿＿＿＿
	技巧提示：＿＿＿＿＿＿＿

训练目的

帮助学生学习和掌握护肤、化妆的步骤和技巧，知道职场淡妆的化法。

实战启发

一个好看的妆容不但能拯救问题肌肤、提升颜值，而且能将气质提升一个档次，最重要的是能给自己带来好心情和满满的自信。职场淡妆有助于塑造清爽、稳重、干练的形象，既能表达对职场的重视，也能给同事领导留下一个靠谱的好印象。

礼仪小站

发型与脸型

发型是构成仪容美的重要部分，改变发型对一个人整体形象的改变特别大，能给人以不同的感觉，如庄重、洒脱、文雅、活泼等，更有甚者，改变发型可以让人看起来年轻十岁。所以根据脸型选择适合自己的发型非常重要。但是很多人并不知道自己是什么脸型。

一个小妙招教你学会判断自己到底是什么脸型——面对镜子，把所有的头发往后梳、固定住，用记号笔在镜子上沿着面部轮廓画一圈，从这个轮廓线就可以看出我们的脸是什么形状了。接下来就是根据脸型选择适合自己的发型、用发型修饰脸型。

（1）圆脸型：选择发型的重点是要让脸显得长一些，可以选择头发侧分、增高颅顶，两边各留一缕头发略盖住脸庞。

（2）长脸型：选择发型的重点是视觉上缩短脸的长度，可以在前额处留些刘海，两边修剪少许短发，盖住腮帮部位。

（3）方形脸：选择发型的重点是顶部头发蓬松，使脸显得稍长一些，往一边梳刘海，会使前额变窄，头发宜长过腮帮，侧分头发应显得蓬松，使脸变得柔和。

（4）菱形脸：选择发型的重点是在前额创造宽度，在颊骨减少宽度，选择宽的刘海，会柔和发缘使脸形更没有棱角。

（5）心形脸：也就是倒三角脸，适合刘海边尽量剪短些，并做出参差不齐的效果，露出虚掩着的额头，转移宽额头的焦点。

（6）三角形脸：这类脸型的人宜将头发向后梳成宽型，增加头顶的高度和蓬松，留侧分刘海，以改变额头窄小的视觉。头发长度要超过下巴，避免短发型，如果烫一下更好，可以做出大波浪造型，使发梢柔软地附于脸腮。

（7）椭圆脸：留长发和短发都可以，应尽可能把脸显现出来，突出这种脸型的美感，而不宜把脸遮盖过多。

除了用发型改变脸型，变美最快捷的手段要靠化妆。"三庭五眼"是一种比较理想的脸型（如图4-2所示）。我们可以用化妆的方法尽可能地让自己的五官比例更协调、美观。

"三庭"指的是将脸的长度分为三个等分，从前额的发际线到眉骨，从眉骨到鼻底，以及从鼻底到下巴，这三个区域的长度相等，各占脸长的1/3。

"五眼"指的是将脸的宽度分为五个等分，以一只眼睛的长度为标准。两个眼睛之间的距离是一个眼睛的长度，从外眼角到同侧发际边缘的距离也是一个眼睛的长度。这样的比例确保了面部五官的均衡分布。

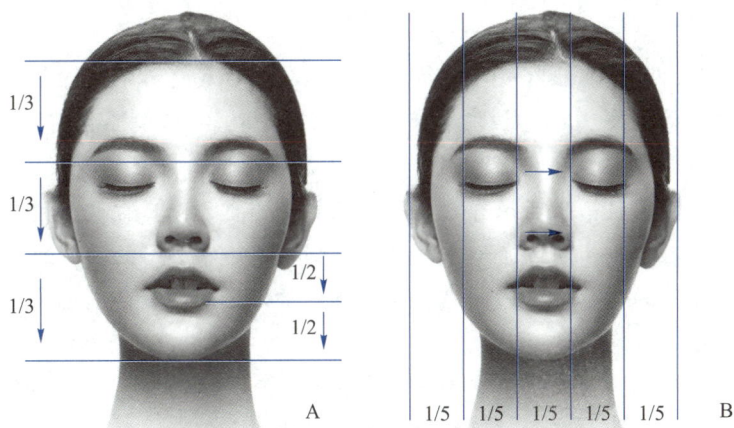

图 4-2　"三庭""五眼"示意图

思考练习

1. 请根据本节所学内容检查自己的化妆用品、护肤步骤、发型等，看这些方面的选择是否适合自己。

2. 一个人的仪容美会受哪些因素影响和制约，如何克服不足并加以改善？

第二节　塑造仪表美

情境导入

谁对谁错?

　　王兰和张丽是某职业院校即将毕业的学生, 学习成绩都不错, 都获得过奖学金、三好学生等荣誉, 也都担任着校学生会的干部, 人际关系很好, 组织能力、沟通能力得到师生们认可。不同的是, 王兰是一个性格直爽的女孩, 大大咧咧, 爱穿运动服和休闲服; 张丽很喜欢打扮、注重修饰自己, 日常也会把自己打扮得非常精致、靓丽。作为同乡兼好友, 她们接到了同一家公司的面试通知, 这家公司是本市行业里的翘楚, 待遇和发展前景都非常好, 两人激动不已, 一同查找资料, 为面试做积极准备。

　　到了面试那天, 王兰依然穿着她喜爱的休闲装、运动鞋, 素面朝天。张丽专为面试买了白色衬衫、黑色及膝短裙、黑色丝袜、金色高跟鞋, 戴了自己最喜欢的项链、手镯、耳环, 做了精致的美甲并且化了一个美丽的"桃花妆"。

　　同学们, 你们觉得王兰和张丽的服饰、装扮合适吗?

知识园地

　　仪表礼仪是指个人在公共场合或与他人交往时, 通过着装、打扮、配饰等方面所展现出的外在形象和礼仪风貌。仪表美就像一张"名片", 体现一个人良好的修养和独到的品位, 不仅能够提升个人形象、提升自信, 还有助于给人留下积极正面的印象, 建立良好的人际关系。

查看案例

在现代社会，服饰已不再只是御寒保暖，还兼顾审美的功能，人们通过穿着得体的服装来展现形体之美、气质之美、时尚之美，不仅能体现个人的品位、修养、性格，还能传递一个人的身份、职业、地位等信息。相对于偏稳重单调的男士着装，女士们的着装从款式到颜色则新颖、靓丽得多。但总体来说都要遵循以下原则。

一、仪表礼仪的原则

（一）整洁大方

着装最基本的原则是整洁，衣服上不能沾有污渍、不能有破洞、不能开线或扣子等配件不全的情况。尤其是衣领和袖口要注意整洁。作为大学生，没有必要追求过于时尚、华丽，但是整洁是必须的。穿着整洁的人会给人以健康、积极向上的感觉，并且也能表达出对交往对象的尊重和对交往活动的重视。

（二）协调美观

随着社会的进步、经济的腾飞，审美功能成为职场人着装的重要方面，人们都想通过着装让自己看起来更美、更精神、更自信。仪表美是款式美、色彩美、质地美三者的完美统一。因此，职场人选择服装，要注意服装款式能凸显形体美，服装面料的质地要精良，色彩、风格搭配要协调美观。

（三）区分场合

1. 公务场合：庄重保守

公务场合指的是我们上班和工作交际的公共场合，基本要求就是四个字：庄重保守。公共场合可以穿套装、套裙或制服等。若着装不妥，会很窘迫。如教师、公务人员的着装不能太随便，要庄重雅观、大方得体；服务人员在上岗时一般要求穿制服、工作服。

2. 社交场合：时尚典雅

社交场合指的是工作之余的人际交往、应酬时间。在此场合着装可以时尚、高雅，体现个性喜好，时装、礼服或具有民族特色的服装都是很好的选择。如时下年轻人喜爱的各式汉服。其中，马面裙已冲出汉服圈成为全民风潮，甚至很多留学生都掀起了在海外穿马面裙逛博物馆、参加毕业典礼的潮流。

3. 休闲场合：舒适自然

休闲场合是指在家休息、健身运动、观光游览、逛街购物等场合，穿着打扮的基本要求是舒适自然。

服饰装扮要符合场合的要求，如果在公务场合穿了休闲场合的衣服，就不合适了，会给人以不尊重、不重视的感觉。

着装的"TPO原则"是有关服饰礼仪的基本原则之一。TPO分别是英语中的Time、Place、Occasion三个单词的首字母缩写，意思是一个人的着装要与当时的时间、地点、场合相协调。

比如，在白天的公共空间，穿衣服应当合身、严谨；晚间私人空间里穿衣服可以宽松舒适。穿泳装出现在海滨、浴场，是人们司空见惯的；但若是穿着它去逛街就会引人侧目、引发哗然了。一些不符合当地习俗的着装甚至会引起矛盾和不满。

（四）扬长避短

选择服装要考虑自身的身材特点，注意扬长避短。

（1）较矮小的人要避免穿宽大粗笨的衣服、深色的衣服、面料挺括的衣服和背大号的包。可以选择上短下长的款式，如浅色纯色或小花纹且质地柔软的上衣，搭配高腰裤、高腰裙、直筒裤、喇叭裤，配高跟鞋（增高鞋垫）增加身高，凸显腿部的线条，起到拉长腰线的视觉效果。

（2）较丰满的人要避免穿横条纹或过于紧身的衣服，颜色宜深不宜浅。可以按照内紧外松、内深外浅的原则选择服装。比如在合身或稍紧身的黑色裙装外搭配一个浅色宽松的开衫、风衣，视觉效果上会显瘦很多。

（3）腰腹臀部比较胖的梨形身材比较适合上长下短、上松下紧的穿搭，遮盖住丰满的中段，拉长身材比例。比如宽松的卫衣搭配短裤或短裙，显瘦、显高挑；宽松的西装搭配短款百褶裙或时装短裤，个性时尚。

（4）较瘦的人要避免穿过长、紧身、窄小的款式，服装颜色宜浅不宜深。

（5）脖子比较细长的人适合穿高领衫，不适合穿"U"领或者"V"领的服装，还可以搭配丝巾、围巾。

（五）着装禁忌

1. 忌风格杂乱

全身服饰搭配要做到风格统一以简约为美。如果穿西装搭配运动鞋或凉鞋，会很窘迫。男士穿西服套装要搭配皮鞋、深色袜子。女士穿套裙时，最好是搭配高跟皮鞋，即使是夏季也要前不露脚趾，后不露脚跟。

2. 忌过分鲜艳

要遵守三色原则，即全身颜色不多于三种。

3. 忌薄、透、露

在职场里，着装不能过薄、过透、过露，不能让人透过外衣看到内衣，不能露出肩部、腰部、胸部及背部，穿无袖装、超短裙、露脐装、背心、短裤都是不够尊重、不雅观、不符合礼仪规范的。

二、西装礼仪

西装通行于国际，广义的西装是指西式服装，是相对于"中式服装"而言的欧系服装。狭义的西装是指西式上装或西式套装。西装的主要特点是外观挺括、线条流畅，它之所以长盛不衰，主要在于它能体现出穿着者有文化、有教养、有风度、专业性、权威性，因此，被用于各种正式场合，是商务人士的必备和首选。

西装一直是男士正装的首选。"西装革履"常用来形容男士的衣着整齐。而在日益开放的现代社会，西装作为一种衣着款式也进入到女士服装的行列，女士穿着西装套装、套裙，体现着和男士一样的专业、独立、自信。

下面我们主要介绍一下在正式场合中西装的穿搭礼仪和注意事项（如图 4-3）。

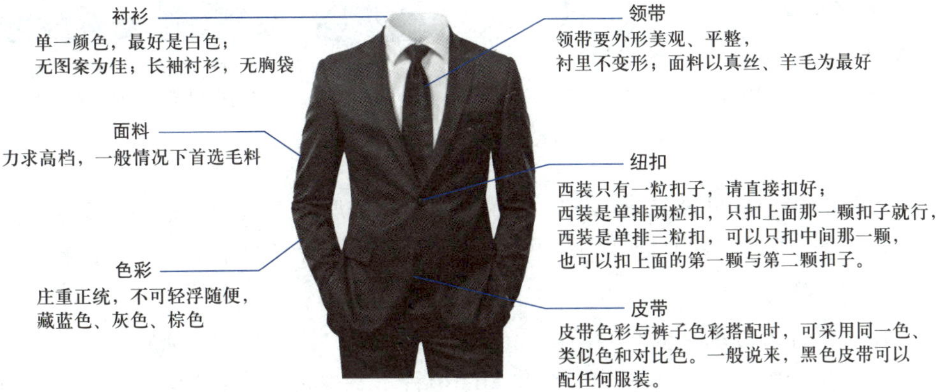

衬衫
单一颜色，最好是白色；
无图案为佳；长袖衬衫，无胸袋

领带
领带要外形美观、平整，
衬里不变形；面料以真丝、羊毛为最好

面料
力求高档，一般情况下首选毛料

纽扣
西装只有一粒扣子，请直接扣好；
西装是单排两粒扣，只扣上面那一颗扣子就行，
西装是单排三粒扣，可以只扣中间那一颗，
也可以扣上面的第一颗与第二颗扣子。

色彩
庄重正统，不可轻浮随便，
藏蓝色、灰色、棕色

皮带
皮带色彩与裤子色彩搭配时，可采用同一色、
类似色和对比色。一般说来，黑色皮带可以
配任何服装。

图 4-3　男士西装注意事项

（一）西装穿搭礼仪

1. 整洁合身

在正式场合中，西装通常成套穿着，即上下装的面料相同、颜色相同，最常见的颜色为黑色、深蓝色、深灰色，内搭浅色、纯色衬衫。若配上领带，则更显得高雅精致。浅色或鲜艳的西装外套比较凸显个性，更适用于非正式场合。

穿着西装，最重要的规范就是整洁合身。不能穿着有污渍、油渍、褶皱的西装出现在公务场合。

西装一般是量身定制或在实体店内试穿合适后购买。西装的肩部、胸部、腰部、臀部都要贴合身型，不能过紧或过松。西装领要服帖，并低于衬衫领 1 厘米左右。西装袖长应该是穿上后双手自然下垂露出大概一指宽的衬衫袖口。西裤的长度应该正好与皮鞋相接，太短会漏出脚踝，太长会出现褶皱（如图 4-4 所示）。太短的裤子会大面积漏出脚踝，因此，试穿西装的时候，需要提前搭配好衬衫、皮鞋。正式西装的面料较为高档，如羊毛或羊毛混纺等，这种面料不仅透气、舒适，而且能够保持挺括的外形。

2. 巧配内衣

衬衫是西装的"亮点"，西装里一般搭配浅色或纯色衬衫。

在庄重的场合里，搭配西装的衬衫必须是浅色、纯色，以白色、浅蓝色最为常见，这两个颜色的衬衣最能体现出良好的精神状态和专业的工作水准。在一般性的商务活动中，也可另选浅绿色、浅紫色、浅黄色、浅粉色或者带有细条纹、隐形花纹的衬衫。

衬衫袖长　　　　　　　　　　　　　裤子裤长

太短　　　刚刚好　　　太长　　　过短露出脚踝　长度到鞋面刚好　太长盖过鞋面
　　　　　　　　　　　　　　　　　　　　　　　不会出现褶皱　褶皱多没精神

图 4-4　衬衫及裤子长短示意

衬衫的领子不可过紧或过松，应高出西装领一厘米左右。衬衫袖子要露出西装袖口 1 至 2 厘米，袖口要扣上。打领带时要将衬衫所有的扣子系好，衬衫的下摆要扎放于裤腰内。

在衬衫外可以加一件与西装同质、同色的马甲，比较复古、典雅。天冷时可以在衬衫里"隐藏"一件低领、贴身的浅色棉毛衫，或在衬衫外穿一件"V"领的羊毛衫保暖，但是不宜穿扣式开衫。天气再冷最好也不要在西装内穿毛衣，可以在西装外穿风衣或商务羽绒服，到室内再脱掉。

3. 保持平整

西装讲究简约、平整、笔挺，因此，西装的所有外口袋都不应该放手机、钥匙、钱包、名片夹等物品。左侧外胸袋只能装真丝手帕，内口袋可以放薄而小的名片夹。公务场合中，要将物品放在随身携带的手提包里。

因为西装比较合身，所以忌讳较大的动作，穿着西装时应尽量保持站立或坐立姿势，忌躺着、蹲着，忌挽起袖子和裤腿。脱下西装时，可以折好挂在手臂上；在室内的话，最好挂在衣架上，或者平整地放在沙发上、椅背上。否则不仅不符合西装礼仪，也会使西服出现皱褶。总之，穿上西装，要时刻注意保持自己的风度和涵养。

4. 扣好纽扣

穿双排扣西装，扣子要全部扣上；穿单排两粒扣的西装，只扣上面的一粒，也可以都不扣；穿单排三粒扣西装，扣中间一粒或上面两粒，也可以不扣；穿单排一粒扣西装，扣与不扣均可。站时，按惯例扣好；坐时，可以解开。

5. 穿好鞋袜

鞋袜是西装的"面子"。人们常用"西装革履"来形容一个人的正规打扮，可见"履"也就是鞋的重要性。在正规场合穿西装一定要穿黑色皮鞋，不能穿凉鞋、布鞋、运动鞋。而且皮鞋鞋面一定要整洁光亮。

穿西装入座后，裤子会变短，因此，最好选择中筒袜子，以免露出脚踝以上过多的皮肤，不雅观。正式场合里一般是深色西装、黑色的皮鞋，所以袜子也要选择深色的袜子，千万不要出现穿黑皮鞋配白袜子的穿搭失误。

6. 少搭配饰

穿西装时要保持简洁大方，手表可以作为标配。其他配饰应尽量避免。

（二）领带搭配礼仪

领带是西装的"灵魂"，可以对整套西服装扮起到"画龙点睛"的作用。领带的款式、颜色、花纹要跟西装和衬衫相协调，与职业、年龄、体型、脸型、肤色相协调，还要与出席的场合相匹配。大家可以在以上搭配原则的基础上，根据个人审美、喜好自由选择。

1. 颜色的选择

纯色领带，是商务场合的首选，简单的搭配比较稳妥，不易出错，显得正式、严肃、高雅。格纹领带较为常见百搭，增添活力感，适合休闲、日常通勤佩戴。波点领带也是基础款式，圆点越小越显高级和精致。花纹领带利用色彩碰撞出多种风格，较显个性，适合社交场合（如图4-5所示）。

图4-5　西服及领带搭配示例

2. 款式的选择

领带款式要根据西服、脸型、身形、年龄等选择。领带宽度应跟西装驳头

（即翻领）、衬衣领尖长度成正比（如图4-6所示）。宽领带让人看起来成熟稳重，所以领导和管理者宜佩戴较宽的领带，显得沉稳有气场。同时，宽领带也比较适合身型宽大的男士。窄领带则更适用于年轻人，以及社交、休闲场合；身型瘦削的适合细窄的西服领和领带。领结的使用则更年轻化、时尚化、个性化，男女都适用，带上领结，可以令平凡无奇的西装立即增添魅力（见图4-7）。

图 4-6　领尖、驳头、领带等部分示意

宽领带　　　　　　　　窄领带　　　　　　　　领结

图 4-7　宽、窄领带及领结示意

3. 材质的选择

领带的材质要有质感，好的材质柔软、平滑，能使整个穿搭更上档次。因此，材质方面首选真丝，柔软且具有光泽感，质地厚薄适合一年四季使用，能解锁各种领带结的打法。而且相比羊毛或棉质领带，丝质光滑的领带表面更不易沾上污渍。

羊毛领带在秋冬季节佩戴，会显得更加温暖有气质。但要格外注意的是，它并不适合特别正式的场合，而且由于羊毛面料容易缩水、起球的特性，日常护理会比较麻烦。

在休闲或半正式的场合里面，棉质领带会让你添色不少，显得不会那么刻板。而一条上等的棉质领带易塑性不比丝质领带差，样式和配色也非常丰富。

4. 花色的选择

颜色和图案决定气质，我们可以通过下图4-8选配适合自己的领带花色。一般来说，斜纹领带较为百搭，使用了各种场合、年龄、身份，可以作为大家入手的第一条领带花色。

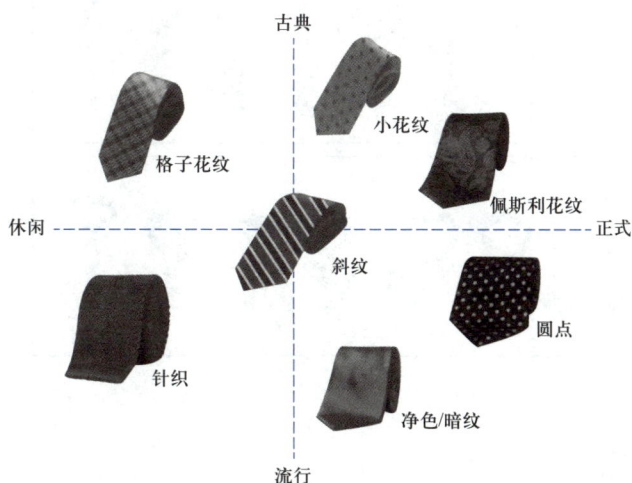

图 4-8　领带的花色

5. 领带的打法

领带的打法有很多种，如双交叉结、双环结、交叉结、平结等（如图 4-9 所示），但其实学会两种最为实用的系法一般就能满足日常需求。

一种是几乎每个人都会的红领巾打法，称为平结，适用于各种材质的领带，打结完成后领带呈斜三角形，适合窄领衬衫。另外一种则是适用一切正式场合、最正统的领带结，称为温莎结。

领带打好之后，领带结要与衬衫的领子融合在一起，底端大概与皮带扣平齐。如果搭配了 "V" 领羊毛衫或马甲，要将领带放在毛衣或马甲内，领带的下端不能露在外面。

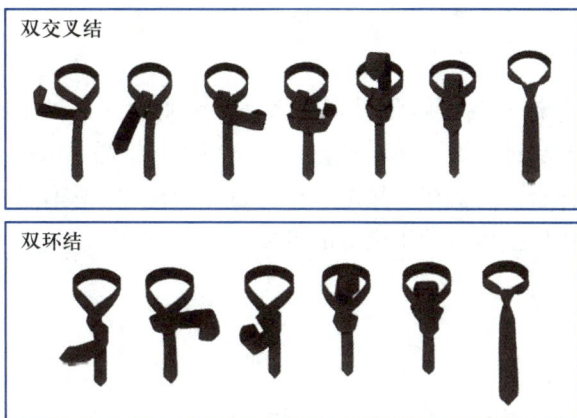

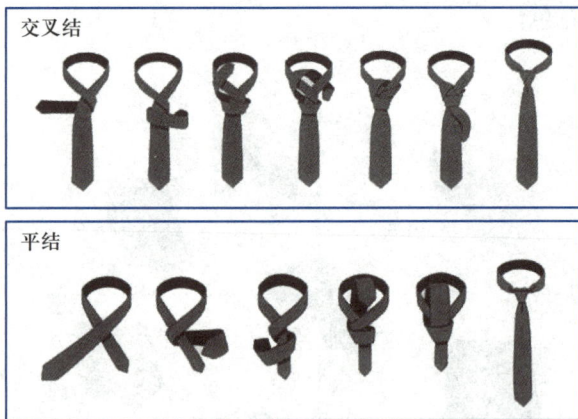

图 4-9　四种常见领带打法

三、套裙礼仪

套裙作为现代女士在职场中的常见着装，它不仅是女士形象的一部分，更代表着职场的专业与严谨。

1. 样式选择

深色套裙给人以稳重之感，适合正式场合。浅色套裙则显得清新，适合日常出勤。材质方面，优质的丝绸或羊毛能展现女士的优雅与高贵，棉质或亚麻套裙更加休闲舒适、有亲和力。

2. 鞋袜搭配

穿套裙时要穿肉色连裤袜，镂空的、有图案的、有破损的袜子是不能穿的，所以在上班或参加重要活动时，应随身带一双备用袜。深灰色、黑色丝袜是不适合正式工作场合的。

黑色皮鞋是职业套裙的最佳搭配，款式简约、精致，既能提升整体气质，又能保持专业形象。

3. 少戴配饰

同样，身着套裙要避免佩戴过多的饰品，否则会显得过于花哨。佩戴的首饰、发饰总数不要超过三件，不戴较大、造型夸张的饰品，不做夸张的美甲。

女士通过选择合适的套裙、搭配，保持良好的仪容仪表仪态，不仅能展现出优雅美丽，树立自信，更有助于事业的发展。

四、服饰色彩

（一）色彩效应

不同的色彩能引起知觉者不同的心理效应，有不同的象征意义（见表4-1）。

表 4-1　色 彩 效 应

颜色	象征	功能
红色	热情、奔放、喜庆、欢乐、吉祥、勇敢、活泼	最能引起人们的兴奋和快乐的情感
黄色	光明、愉快、和平、稳重、权威	使兴奋的人更兴奋，活跃的人更活跃，焦虑、抑郁者更焦虑或更抑郁
蓝色	宁静、智慧、深远、秀丽、开朗、健康、高尚	柔和、宁静，给人以高远、深邃的感觉
橙色	活力、温暖、疑惑、危险	能引起人们的兴奋与欲求
绿色	活力、和平、安全、温柔、文静、平安	能使穿着者更富活力与朝气
黑色	沉着、深刻、庄重、高雅、神秘、哀伤、恐怖、暗淡	能使人产生凝重、威严、肃穆等感觉
白色	纯洁、高尚、坦荡、明亮	给人以明快、祥和、朴实的感觉
灰色	庄重、大方、朴实、可靠、谦逊、平凡、失意	给人以平易、脱俗、大方的感觉
紫色	财富、高贵、典雅、端庄、委婉、不安	给人以富丽堂皇、高雅脱俗的感觉

（二）色彩搭配

色彩的搭配，即色彩设计，必须从环境的整体性出发，色彩设计得好，可以扬长避短，优化空间的效果，否则会影响整体环境的效果。在进行色彩搭配时，不仅要满足视觉上的美观需要，还要关注色彩的文化意义和象征意义。从生理、心理、文化、艺术的角度进行多方位、综合性的考虑。表 4-2 是常见的几种色彩搭配方法。

表 4-2　常见的色彩搭配方法

名称	含义	举例	效果
同类色搭配法	同一种颜色中用深浅、明暗不同的两种颜色相配	青配天蓝，墨绿配浅绿，深红配浅红	柔和文雅，统一和谐
临近色搭配法	用色谱上相邻的颜色进行搭配	橙配黄，蓝配绿，白配灰	显得活泼与动感十足
对比色搭配法	运用冷暖、深浅、明暗两种特性相反的色彩进行组合	黑配白，红配黑，深色配浅色	反差强烈，突出个性
呼应法	在某些相关的部位刻意采用同一种色彩	鞋与包同色、围巾与包同色、腰带与鞋同色	协调，呼应，重点突出
点缀法	采用统一法配色时，在某个局部小范围内，选用不同的色彩	衣领、门襟、腰部、上衣口袋、袖口绳边	点缀美化

1. 同类色搭配法

两种以上的颜色，其主要的色素倾向比较接近，可称之为同类色，如深绿与浅绿、深咖与浅咖、深蓝与浅蓝等。同类色搭配是比较简单的搭配方法，这样搭配起来和谐自然。

2. 邻近色搭配法

在 24 色相环上任选一色，与此色相距 90°或者彼此相隔五六位的两色，可称之为邻近色。邻近色搭配在一起有柔和、有序、和谐、温馨的感觉。但整体色彩必须有明确的基调，主色彩要占大面积，其余色彩深浅搭配且一般不宜超过两种颜色，这样的搭配才能达到整体色彩的和谐美。

3. 对比色搭配法

在 24 色相环上，相距 120°～180°的两种颜色称之为对比色，即两种可以明显区分的色彩，包括色相对比、明度对比、饱和度对比、冷暖对比、补色对比等。在服饰色彩搭配中，任何色彩的黑色、白色、灰色、深色与浅色、冷色与暖色都可以进行搭配组合。利用对比色进行服饰搭配时，颜色不宜过多，可使其色彩艳丽而不刺眼，醒目而不庸俗。

黑、白、灰是色彩中的"安全色"和永远的"流行色"，因为它们比较容易搭配，不容易过时。

五、饰物佩戴

饰物对着装具有"画龙点睛"的作用，比如一件普通的白衬衣搭配一条丝巾或者一枚胸花，会立即点亮着装。男士常见的饰品有手表、胸章、袖针、手拿式钱夹、公文包、围巾、项链等。女士常见的饰品有各类首饰、发饰、胸花、丝巾、包等。饰物佩戴要遵循以下原则。

1. 适度协调

在社交场合中，饰品要和服装、环境、年龄、职业、体貌（体形、发式、脸型等）相协调。在工作场合里要选择简朴淡雅的首饰；参加公司年会、庆功宴时可以选择华贵且亮丽一些的服饰。

2. 同质同色

比如男士手提黑色公文包、脚穿黑皮鞋的时候，用黑色皮带就比棕色皮带更协调。

饰品佩戴上最好也是同质同色，即戒指、手镯、耳环最好同为一种材质和颜色，白金、黄金、珍珠、玉石中的一种，材质、色彩统一更显档次、精致。如果佩戴的饰品五彩斑斓，会落入俗套。

3. "饰"不过三

"清水出芙蓉，天然去雕饰"，现代社会追求简约的美。佩戴首饰不是越多越好看，一般以三种为限。除非是新娘或是少数民族地区，一般来说戒指、手镯、耳环、项链、丝巾、发箍等，只选择其中三种佩戴即可。

动画：服饰搭配

4. 符合习俗

比如在戒指的佩戴习俗上，戒指戴在食指上，表示求婚；戴在中指上，表示已订婚；戴在无名指上，表示已婚；戴在小指上，表示独身主义。手镯戴在右臂上，表示是自由而不受约束；戴在左臂或左右两臂同时佩戴，表示已经结婚。

案例探究

小周在大三毕业那年找到了一份满意的工作，在一家新能源汽车公司的销售部做业务员。在接到公司对新员工入职培训的通知后，小周兴奋地准备着各种服装。人事经理特意交代，入职培训期间每天要穿正装上班，这可难为了小周。穿惯了运动服、休闲服的他，完全没穿过西装，更不会打领带。没办法，小周只有硬着头皮，像系红领巾一样打了领带进了公司的大门，整个人都显得局促不安、无地自容。

案例启发：小周被公司录用，说明其学历、知识技能和综合表现已基本达到公司的用人要求。然而，在仪表礼仪、职场经验方面，他还是一个"小白"。西服套装作为正式的职场着装，能够为穿着者树立有涵养、有风度、专业、权威的形象，并提升其自信心、赢得他人的尊重和信任。所以，每一位同学都要重视西装的穿搭礼仪和注意事项。

实战演练

请男同学打出周正、饱满、美观的领带结，女同学尝试丝巾的多种系法。

训练目的

同学们通过训练熟练掌握西装穿搭礼仪及领带和丝巾的系法，提升职场形象和自信心。

实战启发

正确的穿着西装、系好领带／丝巾，能彰显个人的品位和风格，使整体形象更加优雅。不但展现出对礼仪规范的重视，对场合和他人的尊重，能展示出精致、专业的形象，而且能让个人更加自信地应对各种社交和商务场合，给人留下良好的印象。

礼仪小站

中山装的含义

中山装是综合了西式服装与中式服装的特点，设计出的一种直翻领有袋盖的四贴袋服装，并被视为具有特别意义的服装，既体现民族性、又体现现代性。

中山装的每一个细节都富含意义。如：衣服前四个兜代表礼、义、廉、耻；门襟五粒纽扣代表五权宪法；袖口三粒纽扣代表三民主义和共和的理念，还有自由、平等、博爱的含义；后背不破缝代表国家和平统一之大义；衣领定为翻领封闭式，显示严谨治国的理念（如图4-10所示）。

中山装是爱国、进步、文明的象征，具有独特的社会文化价值。

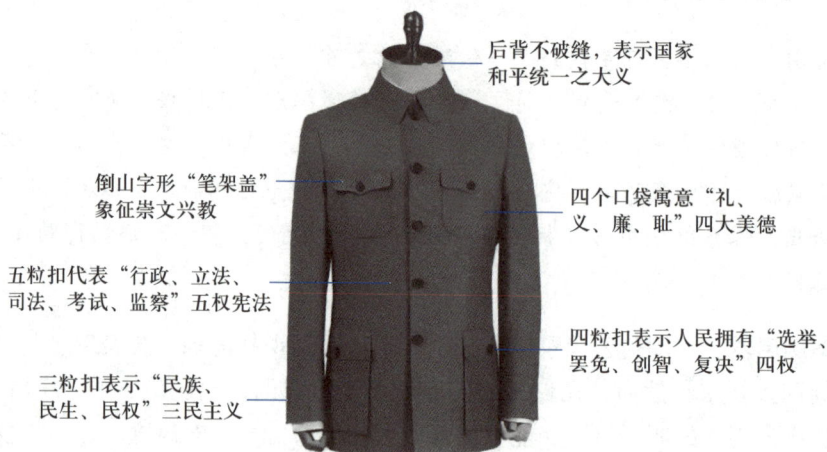

后背不破缝，表示国家
和平统一之大义

倒山字形"笔架盖"
象征崇文兴教

四个口袋寓意"礼、
义、廉、耻"四大美德

五粒扣代表"行政、立法、
司法、考试、监察"五权宪法

四粒扣表示人民拥有"选举、
罢免、创智、复决"四权

三粒扣表示"民族、
民生、民权"三民主义

图4-10　中山装的含义

❀ **思考练习**

在校园里留心观察同学们的着装，看一看是否符合仪表礼仪的要求？

📋 **学习体悟**

第三节　提升仪态美

情境导入

新学期开始，某高职院校学生会及各学生团体招新工作火热进行中，很多新生都踊跃报名。在面试时，有一名叫临风的新生，因为他的举止仪态，让大家印象深刻。在等待时，他身姿挺拔，朝气蓬勃，进门后沉着地向大家打招呼，非常有礼貌。就座后，坐姿极佳，上身挺直，两手自然地放在膝盖上，不左顾右盼，双眼一直注视着面试的学长，表情自然，给大家的感觉非常好。最后，他非常顺利地成为心仪社团的一员。

如果你去参加一个面试，你会注意些什么呢？

知识园地

仪态，又称体态，泛指人们身体所呈现出的各种姿态，包括动作举止、神态表情和相对静止的状态，是构成一个人外在美的重要因素。"站如松，坐如钟，走如风，卧如弓"，形体仪态在古代社会就有相应的规范。其实，人们的面部表情，体态变化，站、坐、行、蹲、举手投足、一颦一笑都可以表达思想感情和个人涵养。随着科学技术和经济全球化的发展，人类的交往活动日益普遍和深化，我们不仅要提升自身仪态美，学会用体态语表达自己，还要学会用宽容之心读懂他人的体态语言，促进人际沟通交流。

仪态美的核心原则是保持端庄、礼貌、尊重他人，并适应不同场合的规范要求。仪态美的四个标准，由低到高依次为：一是仪态文明，要求仪态显得有修养，讲礼貌，不应在公共空间有粗俗的动作、表情；二是仪态自然，要求仪态庄重大方，不虚张声势、装腔作势；三是仪态美观，要求仪态优雅脱俗，美观耐看，能给人留下美好的印象；四是仪态敬人，通过良好的仪态来体现尊敬、敬重。

无论是在日常的学习、工作、生活及人际交往中，还是在商务会议、谈判、签约、客户接待等正式商务活动中，抑或是正式晚宴、酒会、婚礼等社交活动中，我们都应该保持良好的仪态。下面我们主要介绍几种最常见的身姿。

微课：形体仪态训练

一、站姿——端正、挺拔、优雅

站姿是人们在日常交往中最基本的仪态，它是仪态美的起点，是发展不同动态美（坐姿、行姿、蹲姿）的基础。良好的站姿能展示出美好的气质和风度。

（一）基本要求

1. 头正

头要端正，两眼平视前方，嘴微闭，颈挺直，下颌微向后收；表情自然，面带微笑。

2. 肩平

两肩平正，微微放松，稍向后下沉。

3. 臂垂

两臂自然下垂，手指自然弯曲，中指对准裤缝。

4. 躯挺

胸部挺起，腹部内收，腰部正直，臀部向内向上收紧。

5. 腿并直

两腿立直，贴紧，膝盖放松，大腿稍收紧上提；身体重心在脚掌前部，且应尽量提高。

（二）常见的站姿

女士在站立的时候，手一般放在小腹部位，如图 4-11 所示。

男士在站立的时候，手一般自然下垂或放在背后。

站立时要适当放松，避免肌肉僵硬。如果需要维持较长时间的站立，可以稍做休息，就是保持上身挺直的站立姿势，将身体重心在左脚或右脚间缓慢地转移，两脚外沿宽度以不超过两肩的宽度为宜，替换也不能过于频繁。

图 4-11　女士常见站姿

（三）站姿的禁忌

1. 忌身体歪斜

站立时要挺直腰背，不可驼背、不可一肩高一肩低。

2. 忌前伏后靠

站立时，忌倚靠在其他物体上，不然会显得懒散和无精打采。

3. 忌小动作过多

刻意避免一些小动作，如摸鼻子、揉眼睛，摆弄衣服、头发或其他小物件等，这会显得拘谨，给人以缺乏自信和经验的感觉，而且也有失庄重。

4. 忌手位脚位不当

站立时，不应将手插在裤袋里，或双手抱在胸前、叉腰，或双脚叉开距离过大等。

（四）站姿训练

站姿三要素：平、直、高。

1. 平

头要平正，双肩一样高，两眼平视。

训练方法：两人面对面站立，互相观察、纠正姿势；还可对着镜子纠正姿势。

2. 直

腰直、腿直，后脑勺、背、臀、脚后跟成一条直线。

训练方法：两人背靠背站立，后脑勺、背、臀、脚后跟相互贴紧；靠墙练习，后脑勺、背、臀、脚后跟紧贴墙壁。站立时间为 20 分钟左右，可配合音乐减少练习的枯燥和疲劳感。

3. 高

头颈向上提高，挺直腰背，尽可能使人显高。

训练方法：两人面对面站立，挺胸收腹，脖子伸直，互相观察、体会；在头的上方吊一个物体，每当你挺直上拔时，用头顶去触碰它。

天安门前升旗时，所有仪仗兵都保持着超级一致的美观军姿。每一位仪仗兵站姿挺拔、自然、神采奕奕；两脚立稳、有力；提臀收腹、抬头挺胸；两臂自然垂下，上下成为一条线，充分地展示了人体美。一个合格的仪仗队员首先要练好走步这一基本功：每步 75 厘米，脚掌离地面 25 厘米，每分钟走出 116 步；走出的队列，必须是横看、纵看、斜看都是一条线。为了练出过硬的作风，在练习站姿时，每个仪仗兵都在手指紧贴裤缝线的地方夹一小石子，只有手指始终紧贴裤缝线，石子才不至于掉下来。每个人在背后插上十字交叉的木条，练头正，颈直；在领子上别上大头针，练挺胸、抬头；睡觉一律仰卧，不枕枕头。

我们看到的"踢腿生风，落地砸坑"的标准，是他们无论酷暑盛夏，还是三九严冬，在水泥板操场上一步一步地练，一厘米一厘米地抠出来的。对仪仗兵来说，不仅要气质良好，还要给人以美的感受。不经受一番刻苦的磨炼，是难以达到的。如此训练，几乎可以用艰苦卓绝来形容！汗水、泪水、血水，换来的是祖国的荣誉，民族的尊严和军人的风姿。

二、坐姿——端正、挺立、优雅

坐姿是一种可以维持较长时间的工作劳动姿势，也是一种主要的休息姿势，更是人们在社交、娱乐中的主要身体姿势。良好的坐姿不仅有利于健康，而且能塑造沉着、稳重、文雅、端庄的个人形象。

程军是一名会计专业的大学生，学习成绩不错，在实训和岗位能力方面也有很好的表现，但是大三找工作屡屡碰壁。原来在面试的过程当中，面对面试官，他不但站立的时候不能挺直腰背，坐下来后还将身体全都靠在椅背上，显得非常懒散。回答问题的时候，一会搓搓手、一会摸摸鼻子，就这样，一些小细节让他失去了机会。

（一）坐姿的基本要求

1. 轻稳

入座要轻、稳，不发出声响，身体重心徐徐垂直落下。如果是女士穿着裙装，应用手从身后轻轻拢一下裙摆再入座。

2. 挺立

落座后，立腰、挺胸、头正，双肩平正放松，双目平视，目视前方，面带微笑，嘴角微闭，下颌微收。两臂自然弯曲放在桌上或者扶手上。女士还可交叠双手放在小腹前，男士还可放在膝盖上。

3. 谦逊

在较为正式的场合，或有位尊长者在座时，不宜坐满椅面，以坐满椅面的前2/3为宜，脊背与椅背平行，不靠在椅背上，以示尊重。

4. 轻起

起身离座时，上身微向前倾，抬身轻微离座，椅子不发出声响。

（二）常见的坐姿

女士入座后，无论穿着裙装还是裤装，双腿双脚均要时刻保持并拢，正放于前方，或斜放于左侧或右侧（如图4-12）。

男士入座后，双脚可以稍稍开立，双手放于双膝。

当女士搭乘轿车时，应该如何坐进轿车里、如何从轿车起身出来呢？其实，这也是一个重要的礼仪，很多人没有重视，忽略了细节，最终坐姿不雅。

不管穿裙装还是裤装，女士在上车时，都需要并拢双腿双脚、先侧身坐入车座上，然后将双腿双脚同时提起挪入车内，再调整好身体方向，安坐待行。不宜弯腰撅臀、不能先使一脚抬起钻入车内，再坐下、将另一脚挪入车内。下车时，也要保持上身直立，调整身体方向向外，将双腿双脚并拢同时提起放于车外，然后再慢慢起身。不宜先抬一只脚出车，再弓身出车、挪出另一条腿。

总之，女士在公共场合里的行、走、坐，要始终保持良好仪态，让双腿紧密贴合、不留空隙。

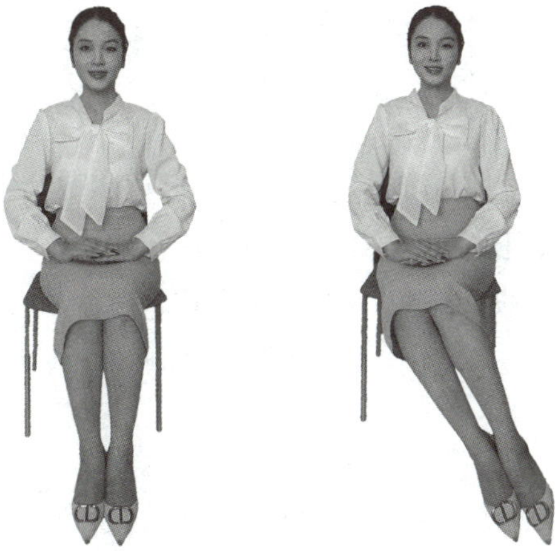

图 4-12　女士常见坐姿

（三）坐姿的禁忌

1. 忌发出声响

落座和起身时，均应避免拉动椅子、碰撞椅子发出声响。

2. 忌前趴后仰

入座时，头不应靠在椅背上，上身不趴向前方或两侧，保持上身正直。

3. 忌手位不当

入座后，不应双手抱臂、肘部支于桌子上，也不要将双手压在腿下或夹在腿中间。

4. 忌腿脚动作不雅

入座后，双腿分开过大、向前伸远、抖脚、跷二郎腿、脚尖朝天、脚踏其他物品等，都是不雅的姿势。

（四）坐姿训练

同学们可以两两对坐，也可以各自坐在镜子面进行坐姿训练，重点检查脚位、腿位、手位。还可以将书本放在自己的头顶上，这样做能够比较好地强化自己的坐姿要领，还可以把训练的成果应用于实际工作与生活中。在进行坐姿训练时，可以放自己喜欢的音乐以减轻训练带来的疲劳。

三、行姿——协调、稳健、自然

（一）基本要求

1. 优美

在标准站姿的基础上迈步、摆臂行走。上身正直，抬头、挺胸、收腹、立腰；下颌与地面平行，两眼平视；精神饱满，面带微笑。

2. 协调

行走时，双肩平稳，双臂前后自然摆动，上臂稍贴于身体，摆动幅度以30~40厘米为宜；依靠后脚将身体重心送到前脚脚掌，使身体前移；脚跟先着地，膝关节在脚步落地时伸直，让腰部成为重心移动的轴线。身体重心始终保持在前脚上。

3. 自然

步幅适度，速度均匀，两脚走成一直线。最佳步幅为本人一脚之长，36～40厘米左右。步速均匀、稳定，男士每分钟108～110步，女士每分钟118～120步，不宜过快过慢、或快或慢也不要步速变化太大。女士行走，脚尖要正对前方，脚跟落在一直线上；男士行走，两脚可以微微分开。

（二）常见的行姿

1. 前行式行姿

身体保持起立、挺拔，行进中如果与人问候，要同时伴随头部和上身的左右转动，微笑、点头示意。

2. 后退式行姿

当与他人告别时，扭头就走、以臀部示人都是不礼貌的，应该先后退两三步，再转身离去，后退的步幅要小一点。

3. 侧行式行姿

当引导他人前行或在较窄的走廊、楼道与他人相遇时，要采用侧行式。为宾客或尊长者引导时，要走在他们的左侧，身体稍稍向右转体，左肩稍前，右肩稍后，身体偏向来宾。

（三）行姿的禁忌

（1）忌弯腰驼背，耷拉着头或左顾右盼、摇头晃脑地走路。

（2）忌腆起肚子，身子后仰地走路。

（3）忌脚尖出脚的方向不正，明显的外八字或内八字走路。

（4）忌迈着大步，身体左右摇摆，像鸭子一样走路。

（5）忌手臂、腿部僵直，身体死板僵硬地走路。

（四）行姿训练

1. 稳定挺立

行走时应做到上身挺立，头正、颈直、目不斜视、呼吸匀称，保持稳定性。还可以将一本书放在头顶，争取书本不掉落。

2. 步幅步数

按照平时走路的步幅（可以多走几步之后再定格），测量两个脚跟之间的距离；按照正常、自然的速度，数一下自己一分钟的步数。看两个数据与标准数据的差距大不大，是否达到标准的要求。

3. 双臂摆动

身体站直，双臂自然摆动，注意摆动的幅度，双肩不要太过僵硬。

4. 行走步位

在地面上找一条或画一条直线，使自己行进的每一步都落在这条直线上。男士的两脚可稍稍打开、落在直线的两边。

四、蹲姿——稳重、优雅

（一）基本要求

1. 稳重

下蹲时，要保持上身挺立，缓慢下蹲，重心下移，臀部坐在脚后跟上，保持身体平稳。起身时，以手借力，按压膝盖，平稳起身。

2. 优雅

女士下蹲的整个过程中，要尽量保持腰背挺直，保证双腿并拢、没有缝隙。男士下蹲时双腿间可留有一些距离。

（二）蹲姿的分类

1. 高低式蹲姿——双腿一高一低

女士下蹲时，在标准站姿的基础上，双脚一前一后，用手背从臀部往下抚衣，特别是女士穿着裙装时，要将裙角掖在膝弯，自然下蹲（如图4-13）。双手交叠，放于高腿1/3处或压住裙边。双膝一高一低，前脚完全着地，后脚脚掌着地，脚跟提起，双腿尽量靠近，不得留有缝隙。臀部可以轻轻坐在抬起的脚后跟上，保持住身体的平衡。起身的时候，气息上提，一手或双手交叠按压膝盖、借力撑起，稳稳地站起身。男士选用高低式蹲姿时，两腿之间可以有适当距离。

2. 交叉式蹲姿——双腿前后交叉

下蹲时，在标准站姿的基础上，右腿后撤，右膝放于左腿后，手背抚衣，自然下蹲。下蹲后右脚脚跟抬起，脚掌撑地，双手交叠，放于高腿1/3处或压住裙边。女士穿短裙时更宜选用交叉式蹲姿（如图4-14）。

图4-13　女士高低式蹲姿　　　　　图4-14　女士交叉式蹲姿

3. 低处拾物——在旁侧拾取

如需拾物，要站到物品的旁侧，而不是物品的正后方。如习惯用右手拾物，就站到物品的左侧，用旁腰的力量拾取物品。如果走到物品的正后方下蹲，容易失去平衡前倾摔跤，特别是女士穿高跟鞋时。如果是夏季，还需用另一只手在衣领处按压领口预防拾物时上衣走光（如图4-15所示）。

（三）蹲姿的禁忌

（1）忌半蹲和撅起臀部俯身拾物。用臀部对着他人，是极其不礼貌、不雅观的。

（2）忌突然下蹲，后面来人容易撞上。

（3）忌距离他人太近下蹲。在下蹲时要注意方位，并保持一定的距离。正面朝人下蹲容易引起尴尬，要选择侧面向人的方式下蹲。

（4）女士忌下蹲时双腿开立。无论穿裤装还是裙装，女士要在下蹲和起身的全过程保持双腿间没有缝隙。

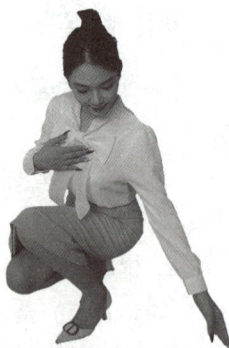

图 4-15　防走光姿势

五、引导手势礼仪

手势语言用的得体，不仅可以表达对他人的尊重，还能传递友好的信息。不同场景下可以运用不同的手势表达自己的意思。

比如为人作引导的手势，就可以根据所指方位做出相应的摆臂姿势，表达迎接来宾、引路、说明等含义，注意每一种引导手势都需要在标准站姿、行姿的基础上，手掌伸直，五指并拢，指向相应的方位（如图 4-16）。千万不可只用一根食指为人指引道路，这是极不礼貌的。

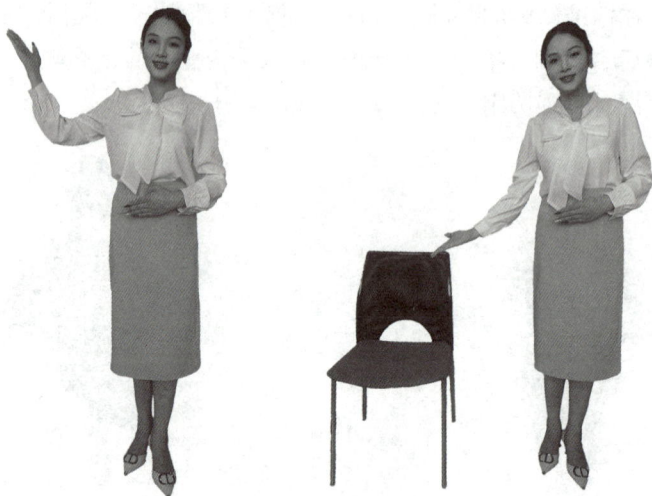

图 4-16　引导手势示意

1. 高位指引

手心向上，向斜上方45°打开"您请这边上行""请往上面看"。

2. 中位指引

手心向上，打开手臂与地面平行"您好，请您这边坐。"

3. 低位指引

手心向上，向斜下方45°打开，同时后备平直、上身前倾15°"小心脚下""请由此下楼"。

我们在为他人做手势和语言指引的同时，还要行微笑礼、目光注视礼。

🌿 案例探究

小张是刚刚高职毕业初入职场的营销人员。他十分珍惜在汽车4S店工作的机会。这家4S店对于员工的仪态要求非常高，平时销售总监总是会对销售人员的仪态进行督促和检查。初入职场的小张也不敢怠慢。

一天下午，小张由于前一天晚上没有睡好，有一些迷糊。趁销售总监没有在展厅，小张就是在洽谈区座位上进入了梦乡。正在此时，耳边传来了销售总监呼唤的声音，小张忽然从睡梦中惊醒，这时他已经意识到发生了什么，急忙解释。销售总监生气地问他"你知道你的行为会对我们这家汽车4S店造成怎样的影响吗？"，小张满脸羞愧，为自己刚才的行为后悔不已。

案例启发： 在职场中，特别是公务员、企事业单位工作人员，以及销售、旅游、餐饮、金融服务、护理和康复治疗、社区服务与管理、物业管理等行业的工作人员，要尤其注意仪态礼仪，端庄得体的肢体独作和友好和善的面部表情更有助于我们事业的成功。

🌿 实战演练

站姿、坐姿、行姿、蹲姿及引导手势训练展示

每六人为一组，分别进行站姿、坐姿、行姿、蹲姿和引导手势的练习，逐一进行纠正，之后练习两遍，展示两遍。最终在所有小组中挑选出最佳小组，做示范演示。

训练目的

旨在帮助学生掌握正确的站姿、坐姿、行姿、蹲姿和手势的基本知识和技巧，形成肌肉记忆和日常行为习惯，从而提升职场形象和自信心。

实战启发

通过实际操作，学生将掌握正确的仪态礼仪，能够根据不同场合和要求调整自己的行为举止，表现出得体的社交能力。在实操过程中，学生应注重动作的正确性和规范性。在不同的环境和场合中，仪态礼仪的要求可能会有所不同，训练时应考虑到这些变化，学会灵活调整。实操过程中，注意身体的协调性和动作的流畅性，避免生硬和不自然。

微课：形
体操
（一）

微课：形
体操
（二）

微课：形
体操
（三）

微课：形
体操
（四）

孟 子 休 妻

　　孟子的妻子独自一人在屋里，伸开两腿坐着。孟子进屋看见妻子这个样子，对母亲说："我的妻子不讲礼仪，请允许我休了她。"孟母说："为什么？"孟子说："她伸开两腿坐着。"孟母问："你怎么知道的？"孟子说："我亲眼看见的。"孟母说："这就是你没礼貌，不是妇人没礼貌。《礼记》上不是说了吗？'将要进屋的时候，先问屋中有谁在里面；将要进入厅堂的时候，必须先高声传扬（让里面的人知道）；将进屋的时候，必须眼往下看（为的是不让人没准备）。'现在你到妻子闲居休息的地方，进屋没有声响，因而让你看到了她两腿伸开坐着的样子。这是你没礼貌，并非是你妻子没礼貌！"

　　这个故事告诉我们，礼仪规范在家庭生活中也是很重要的。即使是在家庭成员间，也要注意言行举止，避免因不经意间的举动给对方带去不适甚至伤害。同时，这个故事也反映出在处理家庭问题时，人们需要沟通，并相互包容，而非轻易地做出决绝的决定。

思考练习

　　对照仪态礼仪要求思考自己和室友有没有不良的习惯性动作，分析这些动作会造成什么样的影响？

学习体悟

自测题

第五章 交往礼仪

> "礼尚往来，往而不来，非礼也；来而不往，亦非礼也。"
>
> ——《礼记·曲礼上》

学习目标

知识目标：1. 了解正确的称谓方式、介绍、见面等礼节的要点。

2. 掌握交往惯例和交往媒介的基本规范和主要方法。

3. 学会不同场合运用不同交往礼节、惯例和媒介的技巧。

能力目标：1. 提高人际交往能力，展现良好的团队交往礼仪。

2. 能够根据不同文化和场合调整自己的交往礼仪行为。

3. 运用交往礼仪，学会妥善处理和解决人际交往难题。

素养目标：1. 塑造专业的职场形象，建立良好的人际关系。

2. 培养文明礼仪的习惯，树立正确的职场观念。

3. 提升善于沟通的素养，展现个人职场的魅力。

本章关键词

（1）交往礼节、称呼、介绍、致意、握手礼、鞠躬礼、拥抱礼、亲吻礼、吻手礼、递交名片礼仪。

（2）交往惯例、女士优先、礼宾次序、身份对等、等距离规则、以右为尊、修饰避人。

（3）交往媒介、电话礼仪、发送短信和微信的礼仪、电子邮件礼仪、网络礼仪、微博微信礼仪、网络游戏礼仪。

第一节　掌握交往礼节

某高职院校学生小李，假日去做兼职，积累社会工作经验。某次去一家公司面试，正好碰到公司的一个领导，小李为了体现自己的礼貌，连忙主动上前，欲与之握手，怎料领导正好在关注别的事情，没有与他握手，小李愣在原地，非常尴尬地摸了一下头。

你了解握手礼吗？你觉得小李的表现有哪些不妥之处？

知识园地

礼节是礼仪的具体表现形式之一，也是人们在日常生活中，特别是交际场合中表示尊重、友好、敬意及给予必要协助和照料的常用形式。交往礼节不仅关系到个人形象，也影响到人际交往的质量和社会的和谐程度。在不同的场合和情境下，交往礼节的具体要求也会有所不同。我们应该注重学习和实践交往礼节，不断提高自己的社交能力和人际交往水平。

一、称呼礼节

称呼又叫称谓，是人们在见面时所使用的表明彼此身份与关系的名称，正确得体的称呼，既反映自身的礼仪修养，也体现了对对方的尊重。

一般来讲，称呼有两方面的作用：一是表明彼此之间的关系；二是拉近双方的距离。不同的称呼也表示着双方关系的远近和亲疏。

在我国，经常使用的是敬称和谦称。敬称是指对他人表示尊敬。谦称是抑己，抑己也是为了敬人。准确地使用敬称和谦称，可以拉近自己与他人的距离，为双方的见面营造良好的氛围。

称呼对方，我们可以根据实际情况，选用下面五种方式中较为适宜的内容。

1. 称呼行政职务

在较为正式的官方活动中，对国家机关、企事业单位的工作人员，以其所担任的职务来进行称呼的方式，如"局长""董事长""总经理""校长"等。

2. 称呼技术职称

对于拥有一定技术职称者，尤其是高级职称者，可以用其职称来进行称呼，如"工程师""会计师""教授"等。另外，某些既有职务又有职称的人员，要依

查看案例

据其担任的主要工作来进行称呼，遵循"就高不就低"的原则。

3. 称呼职业名称

以对方所从事的职业或行业来称呼他，表示对其职业的尊重。在称呼对方的同时，也可以将话题自然地引向其职业，为交谈打下基础，如"老师""医生""律师"等。

4. 称呼通行尊称

这是一种模糊了性别、年龄、职务、职业等因素的，在社会中广泛使用的称呼，如"先生""小姐""同志"等。社会通称会随着社会的发展变化而变化，具有一定的时代性特点。在不同的地区，社会通称也会有所不同，具有地域性特点。因此，要做到入乡随俗，力争准确称呼，称呼得体。

5. 称呼对方姓名

称呼对方姓名，可以给人比较亲近的感觉，在面对熟人同学或同事时，这种称呼是比较适用的。

我们应该在日常生活中注重称呼，根据不同的场合和关系选择合适的称呼方式，以营造和谐、友好的社交氛围。

二、介绍礼节

介绍是交际场合中相互了解的基本方式，也是人际交往的前提。通过介绍，可以缩短人们之间的距离，以便更好地交谈、沟通和更深入地了解。

在日常交往中，自我介绍是最为普遍的。当需要结识他人却又没有找到合适的介绍人时，不妨及时作自我介绍。成功的自介绍不仅依靠声调、态度、举止，而且也要顾及适当的场合，包括时机、地点、氛围等。

1. 自我介绍

将自己主动介绍给他人，是交往中常用的介绍方式。得体适宜的自我介绍应做到以下几点：

（1）真实准确。

自我介绍时，可以介绍自己的姓名、身份、单位。一定要把姓氏报清楚，因为在中国多称呼姓氏。如果对方表现出结识的兴趣和热情，可视情况介绍一下对方关心的问题，比如自己的籍贯、毕业学校及学习专业、工作经历和兴趣爱好等。在介绍时既不要夸大事实，也不要过于谦虚。

（2）简明扼要。

简单地介绍可以这样说："我叫李小明，请多关照。"为了给对方留下深刻的印象，恰如其分地自我介绍之后，不妨告诉别人自己的名字怎么写。比如："李小明，李是木子李，小是大小的小，明是光明的明，请多指教。"这样可以使对方加深对你名字的理解，帮助对方很快记住你的名字。若名字里有生僻字，尤其应该如此介绍。在做自我介绍时，应简明扼要，不应占用时间太长，注意控制时间，一般要在半分钟左右完成自我介绍，所以在自我介绍时要突出介绍重点。

（3）诙谐幽默。

还可以用幽默、谐音来解释自己的名字，因为中国人的名字一般都有寓意，这样介绍出来更显生动、有趣，如"马千里，千里之马""李贤齐，见贤思齐"等。

（4）举止大方。

举止应庄重、大方、充满自信，只有自信的人才能有魅力并使人产生信赖和好感。介绍时可将右手放在自己的胸膛上，不要用大拇指指着自己，不要慌慌张张，手足无措。

自我介绍可以选择只介绍自己姓名的方式，它适用于一般性的交往，也可以选择介绍自己的单位、职务和姓名等内容的方式，适合于比较正式的交往场合。一般情况下，职位低、资历浅、年轻的男士要先将自己介绍给职位高、资历深、年长的男士，以及女士，让对方获得优先知情权。

2. 他人做介绍

是指第三人将互不相识的双方进行介绍。在进行介绍时要确定介绍者，还要讲究介绍的顺序。承担介绍任务的人员要对被介绍的双方情况进行细致了解，避免出现错误造成不愉快。

（1）介绍顺序。

他人介绍要遵循"尊者有优先了解权"的原则，首先将身份低的一方介绍给身份高的一方。

按性别介绍。在介绍过程中，通常先把男士介绍给女士，并引导男士到女士面前做介绍。

按长幼介绍。在同性别的两个人中，年轻者应该被介绍给年长者，以示对前辈、长者的尊敬。

按地位介绍。在商务介绍中，不分男女老少，只根据社会地位的高低作为衡量标准，遵从社会地位高者有了解对方的优先权的原则。在商务活动的任何场合，都是先将社会地位低者介绍给社会地位高者。

按婚否介绍。在两位女士之间，通常将未婚的介绍给已婚的。如果未婚的女子明显年长，是上一辈的人，则应将已婚的介绍给未婚的。

按主宾次序介绍。通常将客人介绍给主人，使主人了解客人的身份、地位，以便更好地进行招待。

（2）注意事项。

了解双方后做介绍。为他人做介绍时，介绍人在介绍之前必须要了解被介绍双方各自的身份、地位等，不能出错。介绍时要按照受尊敬的一方有了解对方的优先权的原则。介绍时，先称呼身份高者、年长者、主人、女士和先到场者，然后再将对方介绍出来，最后再介绍先称呼的一方。

选择时机做介绍。如果对方在忙于与别人说话，切不可随意打断别人的谈话，可点头致意后在一旁等待。因为只有在合适的情形之下，你才会被对方所重视。

介绍时要一视同仁。介绍朋友，一定是在三个人以上的场合，如果此时需介绍几个人与对方相识，介绍时应一视同仁，不可偏重任何一方，但得体合宜的重点介绍也是可以的。

注意介绍时的手势。为他人介绍时，手势动作应文雅。无论介绍哪一方，都应手心朝上，手指并拢，拇指张开，指向被介绍的一方，并向另一方点头微笑。而不是用手指来指人。必要时，可以说明被介绍的一方与自己的关系，以便新结识的朋友之间相互了解和信任。

3. 集体介绍

集体介绍是指被介绍的一方不止一人。在被介绍的双方出现一方为一人，另外一方为多人组成的集体时一般只将个人介绍给集体即可。

在被介绍的双方均为集体时，通常的做法是由主方负责人将己方人员由身份高到身份低的顺序介绍给客方。之后，再由客方的负责人将己方人员由身份高到身份低的顺序介绍给主方。

三、致意礼节

致意是用语言或行为向别人表示问候、尊敬之意。它是交际应酬中最简单、最常用的礼节，通常用于相识的人或只有一面之交的人之间。

（一）致意的形式

1. 微笑致意

适用于相识者只有一面之交者在同一地点，彼此距离较近但不适宜交谈或无法交谈的场合。

2. 起立致意

一般有长者、尊者到来或离去时，在场者应起立表示致意。如长者、尊者来访，在场者应起立表示欢迎，待来访者落座后，自己才可坐下；长者、尊者离去，待他们先起立后，自己才可起立相送。

3. 举手致意

适宜向距离较远的熟人打招呼，一般不用讲话，只将右臂伸直，掌心朝向对方，轻轻摆一两下手即可，不要反复摇动（如图 5-1 所示）。

4. 点头致意

适于不宜或无须交谈的场合，如会议、会谈正进行中，与相识者或仅有一面之缘者在一天中频繁见面时，都可以点头为礼。

5. 欠身致意

欠身致意是表示对他人的恭敬。具体方法是身体的上部微微向前一躬，欠身幅度应在 15 度以内（如图 5-2 所示）。

图 5-1　举手致意

6. 脱帽致意

与朋友、熟人见面时，若自己戴的是无檐帽，就不必脱帽，只需欠身致意即可，但注意双手不可以插兜。若自己戴着有檐帽子，则以脱帽致意最为适宜。当然若与朋友、熟人擦肩而过亦可轻掀一下帽子致意。

（二）致意的原则

1. 约定俗成原则

致意有一个约定俗成的习惯，即致意的顺序应该遵循男士先向女士致意，年轻者先向年长者致意，学生先向师长致意，下级先向上级致意。遇到身份较高者，一般不应立即起身去向对方致意，而应在对方的应酬告一段落之后，再上前致意。与多人打招呼要遵照先长后幼、先女后男、先疏后亲的原则进行。

图 5-2　欠身致意

2. 形式并用原则

致意时，往往同时施用两种以上的致意形式。如点头与微笑并用，欠身与脱帽并用。另外，致意时要注意文雅，一般不要在致意的同时向对方高声叫喊，也不能毫无表情或精神萎靡不振，以免给人敷衍了事的感觉或缺乏教养的印象。

3. 男女有别原则

国际上，女士一般可以不首先向异性朋友致意，唯有遇到上级、长辈、老师、特别钦佩的人的时候，女士才需率先向他们致意。如遇对方先向自己致意，一般应以同样的致意形式向对方还礼。视而不见、毫无反应都是没有礼节的举动。

4. 区别内外原则

参加本国人组织的活动，到达或离开时均应主动与主人打招呼；在涉外场合，遇到熟悉的外国朋友，一般不要匆忙前去打招呼，应当先向主人致意后再与外国友人打招呼。

四、见面礼节

见面礼节是我们在日常生活中不可避免的一部分，无论是在商务场合还是社交场合，正确的见面礼节都能为我们赢得他人的尊重和好感。国际交往中，常见的见面礼节有握手礼、鞠躬礼、拥抱礼、亲吻礼、吻手礼等。无论是哪一种礼节，都以尊重对方为第一要务。下面，就让我们一起来探讨一下国际上常见的见面礼节。

（一）握手礼

握手是一种各国通用的见面礼节，也是人们日常成功开展交际的重要礼仪。握手的姿势、力量与时间，往往能够表达出对方的不同礼遇与态度，会给人留下不同的印象，也可以通过握手，了解对方的个性特点，从而获得社交的主动。

握手虽然是一种常见的礼节，但这并不意味着用握手礼可以不分场合。具体的场合有以下这些：正式场合与他人见面或道别；向对方表示感谢、祝贺、慰问；

作为主人，迎接或送别客人时；交际场合中，遇到自己长时间未见的熟人；向他人赠送礼品或颁发奖品的场景；作为被介绍人，当别人介绍完情况后的场景。

1. 握手的要领

在标准站姿的基础上目视对方、面带微笑（严肃或者悲伤场合除外），以右手稍稍用力握住对方的手，伸右手，拇指张开与其余四指形成大于60°的角度，手的高度大约位于腰部，上身向前微倾，手掌与对方相握，轻摇两至三下。

2. 握手的要求

（1）手位。

要握住对方的手，一般握到虎口位置即可，不可"蜻蜓点水"式地与对方刚一碰触就分开或者只握到对方的手指头也不礼貌，这样有敷衍对方的嫌疑。

与女士握手时，握手的面积不宜过大，一般握到手指根部就可以了。也不能握住一只手后，又用另外一只手覆盖住对方的手。

（2）力度。

掌控好握手的力度，力量太小，没握住对方的手，让其从自己手中掉落，显得过于随意，不重视、不尊重对方；力量过重，并不是热情的表示，紧抓住对方的手不放，或者用力过大让对方有痛感，会让你显得有点不拘小节或者给人以粗鲁的感觉。适度的力量是能够握住对方的手后不滑落为宜。

（3）时间。

握手时间的长短要拿捏得度，一边与对方握手，一边问候，时间一般为1至3秒为宜。如果时间太短有敷衍的嫌疑，不够礼貌；如果总是握住不放，尤其与女性握手时，则会有轻薄的嫌疑，会引起对方的误会。

3. 握手的禁忌

（1）忌使用左手。

尤其和外国人握手时，一定要记住：一般只用右手，通常不用左手，除非没有右手。因为，在一些国家如阿拉伯人、印度人看来，左手是罪恶之手，是不洁净的。

（2）忌心不在焉。

在握手时，面无表情或眼睛不注视对方，看其他地方或人都是握手时的禁忌。

（3）忌交叉握手。

在信奉基督教的国家，双手交叉时所形成的"十"字形状，是他们非常忌讳的。

（4）忌戴手套。

与人握手时，不要戴手套。

（二）鞠躬礼

鞠躬礼源于中国，一直沿袭至今。是人们表示尊敬和感谢的见面礼节。在我国，不管是庄严肃穆的场合还是喜庆欢乐的仪式，都经常用到鞠躬礼。在一般的社交场合，下级对上级、晚辈对长辈、表演者对观众都可行鞠躬礼。

1. 鞠躬的要领

首先，站立要直，双脚并拢或者微微分开，双臂自然下垂或者放在身体两侧。从腰部开始向前弯曲，头部、颈部、背部和腰部应该保持一条直线，眼睛应该看向地面。根据情况，鞠躬的角度可以有不同的程度。一般来说，15°左右的轻微鞠躬用于日常见面；30°表示再见，60°中度鞠躬用于表示尊重和感谢；90°的鞠躬则用于表示深切的歉意或者极高的敬意，一般不常用。鞠躬的时间不宜过短，也不宜过长。一般来说，保持鞠躬姿势约1到2秒钟。

2. 鞠躬的禁忌

（1）忌手插口袋或者双手交叉在胸前，这样显得不礼貌。

（2）忌只点头而不弯腰，这样会显得诚意不够。

（3）忌鞠躬时突然做动作，应该缓慢而有节奏。

（4）忌鞠躬时眼睛上翻或者四处张望，应该保持专注和尊重。

（5）忌鞠躬时距离对方太近，以免造成对方的不适。

（6）忌鞠躬的次数过多，以免显得过于夸张。

（三）拥抱礼

拥抱是一种亲密的肢体接触，用来表达亲情、友情、爱情或慰问。在不同的文化中，拥抱的接受程度和表现形式有所不同。

1. 拥抱的要领

正式的拥抱礼是两人面对面站立，各自举起右臂，把右手搭在对方左肩后面，左肩下垂，左手扶住对方右腰后侧。多数地区的人会先向自己的左侧拥抱，即按照各自的方位，先向各自的左侧倾斜身体拥抱，再向各自的右侧倾斜身体拥抱，最后，向各自的左侧倾斜身体拥抱，拥抱三次后礼毕。在非正式的场合可以比较随意，不必拥抱三次，持续两到三秒以后，放开对方，微笑，后退一步，稍微停顿一下开始谈话。

2. 拥抱的禁忌

（1）忌嘴巴碰触对方的面颊或领口。

（2）忌碰触对方骨盆，拥抱时手不可放于对方腰部以下。

（3）拥抱时不要用力过猛，尤其是对不太熟悉的人，以免造成对方的疼痛或尴尬。

（4）不要在商务场合拥抱，在商务环境中，拥抱通常不被视为适当的礼仪，握手是更为常见的问候方式。

（四）其他见面礼

亲吻礼是欧美国家比较盛行的一种礼仪方式。亲吻礼是熟人朋友之间表示亲密感情的一种礼节；不同身份的人，相互亲吻的部分也有所不同。但是亲吻礼在亚洲国家并不常用。特别是深受伊斯兰教影响的阿拉伯国家，亲吻异性不是一种礼仪方式，反而是一种侮辱方式，会触犯国家法律。在我国，一般在人际交往中也不会用到亲吻礼。

吻手礼是男士对于已婚女士的礼节，行吻手礼时，需要女士主动伸出手来。男士贸然去拉女士的手亲吻是不礼貌的行为。行礼前，男士一般会立正致意，女士伸出手之后，男士用自己的右手或双手轻轻地托起女士的手，以微微闭上的嘴唇亲吻女士的手背或手指背面，不可吻手腕以上。当女士身份地位较高时，男士有时还会略微屈膝或做半跪状。

合十礼又称为合掌礼，原是印度古国的礼仪文化之一，常见于亚洲信奉佛教的国家和地区。合十礼除了表示问候还可以表示"谢谢你""对不起"的意思。行礼时双掌合于胸前，十指并拢以示虔诚和尊敬。需要注意的是切不可把合着的手掌举过头顶，只有行佛礼时才会这样做。

会面礼节是我们日常生活中不可或缺的一部分。通过正确的会面礼，我们可以赢得他人的尊重和好感，为自己在社交和商务场合中树立良好的形象。因此，我们应该时刻注意自己的言行举止，以展现出最佳的自己。

五、递交名片礼节

名片，是商务交往中最为经济实用的交际工具，是一个人身份、地位的象征，是一个人尊严、价值的外显方式，被人们称为"第二张脸面"。

（一）名片的意义

名片除了具有商务场合介绍自己的作用外，还有以下意义。

1. 业务宣传

名片是公司的招牌，利用名片可为所在单位进行业务宣传，类似于广告的作用。

2. 通报身份

当拜访一些尊贵的或陌生的人时，为避免被拒见的尴尬场面，往往先请人代传自己的名片，通报身份。

3. 替代礼单

向他人赠送礼品或鲜花时，可在礼品或花束中附上名片或将名片装入一个不封口的信封中，并固定于礼品外包装的上方，这是说明"此乃何人所赠"的标准做法。

4. 替代便函

名片用来对他人表示答谢、祝贺、介绍、辞行、馈赠、吊唁、拜访等多种情况。为了表示不同的礼节，可以在名片的左下角，写下几行字或短语，以表达自己礼仪性的致意。

（二）名片的递交

1. 名片的准备

外出时，检查随身携带的名片是否够用，不够时要及时补充。名片要保持干净整洁，切不可出现折皱、破烂、污损、涂改的情况。最好准备专用的名片夹放置名片，也可以放在公文包或上衣内侧口袋内。

2. 名片的递交

递交名片的次序是先客后主、先低后高、由近及远，依次进行。客人先把名片递送给主人，地位低的先把名片递送给地位高的；当与多人交换名片时，依照职位高低的顺序，或是由近及远，依次进行，切勿跳跃式进行，以免对方有厚此薄彼之感。递名片时，原则上用双手恭恭敬敬地把自己的名片递过去，同时注意将名片上的字体的正面朝向对方便于阅读的方向。将名片递给他人时，口中应有所表示，可以说"请多指教""多多关照""今后保持联系""我们认识一下吧"等；或是先作一下自我介绍，再递名片（如图5-3所示）。

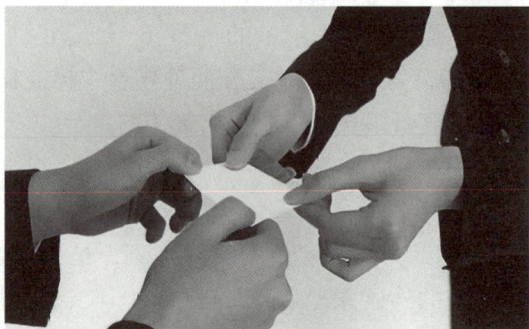

图 5-3　递送名片

3. 名片的接收

有许多人不重视接名片。对方递名片时，他忙着拿烟倒水，一个劲地招呼对方"请坐、请坐"，接过名片后随手往口袋里一塞，然后又忙着接待。虽然表现得很热情，但对方看到这样对待自己的名片，心里肯定不是滋味，可能还会反感。接过他人名片后一眼不看，或是漫不经心地随手一扔，甚至放进裤袋或裤兜里，是对人失敬的表现。接收名片要做到双手接，认真阅读并致谢对方，为了交流的方便可以暂时将名片放在桌上，但是离开前一定要将名片收好。

案例探究

2020年2月23日，新华社旗下的新华视点发布了一张3岁男孩与医护人员互相鞠躬的图片，引起外界关注。据介绍，2月22日，浙江省绍兴市中心医院隔离病房一位3岁的小患者治愈出院，向护士阿姨鞠躬致敬，护士也顺势对其回礼鞠躬，这一幕恰巧被拍了下来。该幅照片因与一百多年前杭州广济医院（现浙江大学医学院附属第二医院）院长梅藤根与小患者相互鞠躬的一张照片颇为相似，而受到网友热议，也被称为"跨越百年"的医患互敬照片。

案例启发： 一个小小的鞠躬动作，使得医患之间多了一分理解，多了一分感动，多了一分美好。有礼貌地对待任何人，是我们良好修养的基本表现，也是我们深受他人喜爱的原因之一。

🦋 实战演练

职场会面实操技能	
一、训练目的 　　本实操内容旨在帮助学生掌握职场见面、问候、介绍的基本知识和技巧，提升职场社交能力。 二、训练内容 　　以小组为单位演示职场见面与介绍礼仪。	
姓名 ＿＿＿＿＿＿＿＿　日期：＿＿＿＿＿＿＿＿	
组织与实训步骤	第一步：分组演示。内容包括职场新人问候领导和同事，并做自我介绍；男女同事之间相互介绍、问候；将你的新同事介绍给你的领导；问候你的客户，并向你的客户介绍你公司的业务。 第二步：挑选出典型小组，示范演示。 第三步：分析出现的问题，提出改善建议。
学生实训后反思 与改善	小组互相评价 优点： 不足： 改善点：
三、整体评价	自我评价： 教师评价：
实操内容注意事项： 1.在实操过程中，学生应注重动作的正确性和规范性。 2.在不同的对象和场合中，见面礼仪的要求可能会有所不同，训练时应考虑到这些变化，学会灵活调整。 3.实操过程中，注意眼神交流和问候语的运用，注意文化的差异性。	

🌿 礼仪小站

握手礼的由来

　　远古时代，人们以狩猎为生，人们手上经常拿着石块或棍棒等武器。他们遇见陌生人时，如果大家都无恶意，就要放下手中的东西，并伸开手掌，让对方抚摸手掌心，表示手中没有藏武器。随着时代的变迁，这个动作就逐渐形成了现在的握手礼，握手是我们日常生活中最常用到的礼节。

思考练习

1. 当你为他人做介绍时，你需要注意哪些细节，才能让大家都能有一种愉悦的感受呢？

2. 作为晚辈，见到长辈、领导时，在没有被主动握手前，你是如何表达你的礼貌的？

学习体悟

第二节　熟知交往惯例

情境导入

排序的难题

张红是某高职院校营销专业的学生。她的妹妹张琪今年考上了理想的学校，一家人都为张琪感到高兴，想为她办一个家宴庆祝一下。张琪提出想邀请自己的高三班主任王老师参加宴会，家人们欣然应允。到了宴会那一天，王老师如约而至，一家人热情接待，但是在入席的时候，张琪却遇到了一个难题，家人邀请王老师坐上座，但王老师却说应该请爷爷奶奶坐上座。

如果你是张红，你给妹妹张琪的建议是什么？

一、女士优先

在西方国家有女士优先这样一种不成文的规定。其首要的标准，就在于是否懂得尊重女士。西方将这一标准具体转化为女士优先的原则。

女士优先原则的核心精神是要求成年男士在任何情况下，都要在行动上尊重、照顾、帮助、保护女士。不仅对年轻的女士应当如此，对老年女士更应当如此；不仅对熟识的女士应当如此，对陌生的女士也应当如此。要是望文生义，把女士优先原则仅仅理解为女士先行，那就未免太狭隘了。

（一）演讲时

不论男士或女士发表演讲，开头总要先说"女士们"，再说"先生们"，因为首先提到的人总是最受尊敬的人。

（二）进餐时

与女士一同进餐，男士要协助坐在身旁座位的女士就座，正确做法是把椅子往外拉开，等女士站到合适的位置后再把椅子推回靠近餐桌，让她坐下。

点菜时，应请女士先点。在宴会上服务员总是先给女客人上菜，然后再给男客人上菜。进餐时，只有身旁的女士开始进餐后，男士才可以开始进餐。

（三）行走时

并排同行时，男士应走在女士的左边，使女士居右，因为右边的位置比左边位置尊贵。过马路的时候，男士要站在来车的一方保护女士安全。如果不适合并肩而行，要让女士走在前面，男士走在后面，只有当遇到障碍需要男士去排除的时候才例外。

男士与女士同行，还应主动帮助她拿除了随身小包以外的重物，不能自己两手空空而让女士拿许多东西。如果男士要求为女士效劳，遭到再三拒绝时，亦可以不必勉强。

男士在路上遇到认识的女士时要主动问候，但是不能主动握手。女士伸出手来想要握手，男士才能同她握手。

（四）上下楼梯

上楼梯时，一般是女先男后。但是如果女士身着短裙，则男士应先行一步。下楼梯时，男士应当走在前面，这也是体现尊重对方的意思。

（五）进出门

如果房间门开着，男士应站在一旁，让女士先走；如果门关着，男士应把门推开先进去，然后用手把门拉住让女士进来。当旋转门正在转动时，应让女士先进；如果门没有转动，男士应先进入旋转门内，使门慢慢转动，让女士步入他后面的隔层里。任何一个懂礼貌的男士，都会为紧随其后的女士拉住门，让其先行，除非她离他较远。当别人到来时，迎面把门关上，是极为粗野的行为。

（六）看演出

男士与女士一同去影剧院看演出时，男士应主动提前购票；而在男士去现场购票时，女士应站在一旁等候或随其男伴跟着购票队伍慢慢前行。当一同进入场内时，男士应让女士走在前面；若没有引座员，则男士应前行，为女士找座位。

（七）在车上

男子和女子一同上车时，男子应上前几步，为女子打开车门，等她上车之后，再为她关好车门；下车时则应下来，为她拉开车门，然后把手递给女伴，搀扶着她下车。

（八）撑雨伞

在男女合用一把伞的情况下，一般由男士撑伞。不论男士撑伞还是女士撑伞，都要特别小心，避免伞尖捅伤对方，也不要让伞骨或伞面碰着对方。

二、礼宾次序

礼宾次序，就是指在重要的场合对参与交往的国家、团体、个人的位次按一定的规则和惯例进行排列的先后次序。礼宾次序体现了主人对宾客应给予的礼遇及这种礼遇给予宾客符合他们身份的待遇。国家不分大小、强弱、贫富，东道主国家要一视同仁，不分厚薄。礼宾次序正是这一精神的具体体现。

礼宾次序的基本内容有以下两个方面。

（一）位次客体

即位次本身的大小、上下及尊卑。国际通用的商务礼仪中，以右为大、为长、为尊，以左为小、为次、为卑；二人同行，前者为大，右者为尊；三人并行，中者为尊，三人前后行，前者为大；二人并坐，右者为尊；三人并坐，中者为大。上楼时，前者为尊；下楼特别是楼梯陡时，尊者在后。在室内就座时，以对门的座位为尊。

（二）位次主体

一般在重要的礼仪场合，位次对象的排定有以下三种方法。

1. 按身份和职务的高低排列

按身份与职务的高低进行次序排列是礼宾次序排列的主要依据。在进行次序排列时，不同国家因为其体制的不同造成了人职务的高低不同，这就需要根据各国的规定，按照相对应的级别和官衔进行分析和安排。但是无论选择何种排列方法，都是以身份与职务的高低作为依据。

2. 按字母或笔画顺序排列

（1）按字母顺序排列。

多边活动中的礼宾次序一般按照参加国的国名字母的顺序进行排列，并且以英文字母排列居多。少数情况也有按照其他语种的字母顺序排列的。这种排列方法适用于国际会议、体育比赛等。在国际会议上，公布与会者名单，悬挂与会国国旗以及做事安排等，均以此原则最常见。

（2）按姓氏笔画顺序排列。

在国内接待中，一般以组织名称或参会者姓名的第一个字的笔画多寡由少到多依次排列。

3. 按通知、抵达或答复时间的先后顺序排列

这种排列方法多见于团体的排次，如按派遣方通知代表团组成的日期先后排列，按代表团抵达活动地点的时间先后排列，按派遣方决定应邀派遣代表团参加活动的答复时间的先后排列。

礼宾次序的排列常常不能够只按照一种排列方法进行，而是多种排列方法的交叉。比如在某一多边国际活动中，对与会代表团礼宾次序的排列首先是按照正式代表团的规格，即代表团团长的身份高低来确定；在同级代表团中则按照派遣国通知代表团组成日期的先后来确定，对同级和同时收到通知的代表团则按照国名英文字母的顺序进行排列；多边活动的各方或参加者不便按身份与职务的高低顺序排列的，可采用按字母顺序或笔画顺序排列的方法，这是一种给予各方和个人最平等礼遇的方法。

在进行次序排列时还要考虑其他的因素，比如国家之间的关系、国家所在的地区、活动的性质、活动的内容、对于活动的贡献大小及参加活动人的威望、资历等。

三、身份对等

身份对等是政务和商务礼仪的一项基本原则。它是指主人在接待来宾时，要兼顾对方的身份、来访的性质及双方的关系等诸因素来安排接待工作，使来宾得到与其身份相称的礼遇。根据这一原则，东道主方迎送来宾的主要人员应与来宾的身份大体相当，倘若宾主身份相差悬殊或身份不对等，则有怠慢客人之嫌。在安排来宾的住宿和宴请时，也应在档次和规模上与来宾的身份相称。有时，主人为强调对双方特殊关系的重视和对来宾的敬重，会打破惯例，提高对来宾的接待规格。

四、"等距离"规则

所谓"等距离"规则是指在社交场合，特别是在一些交际应酬中，对待众多的合作伙伴，应努力做到一视同仁，不要使人感觉有明显的亲疏远近、冷暖明暗之分。

在国际交往中，签订条约协定时应遵守"轮换制"，即每个缔约国在其保存的一份文本上名列首位，它的代表在这份文本上首先签字。在文字的使用上，每个国家都有使用本国文字的权利，本国文字与别国文字具有同等效力。

在握手寒暄时，应按礼节规定的顺序依次进行，不应该不讲先后顺序，跳跃式地进行。与多数人握手时，注意与每人握手的时间应大致相等。

在与为数不多的人交换名片时，应按礼节规定的顺序，依次把自己的名片递

过去。

一位男士与两位女士同行或坐在一起时，不应走在或坐在她俩中间。他应坐在或走在她们的左侧才合乎礼仪，以避免交谈时背对其中任何一方。

在招待客户时，不论是对待大客户还是小客户，都要设法照顾周到，尽量避免产生不必要的误会。到一个公司去洽谈业务或办事，进入办公室后应设法与办公室业务人员都聊上几句，以调节气氛，不能只与业务主管攀谈，冷落其他在场的人，这样别人会觉得你只同领导社交，往往会产生不好的效果。

五、以右为尊

所谓"以右为尊"，就是说在社交和商务场合中，一旦涉及位次顺序，都讲究右尊左卑，即右边的位置比左边的位置尊贵。因此，在商务活动中，我们应主动地把右侧的位置让予贵宾。例如，陪同外宾参观游览时，我们通常走在外宾的左侧，而使外宾居右；己方人士会见外宾时，可请外宾依其职务高低的顺序坐在己方人士的右侧；宴请外宾时，主人右侧的座位自然非主宾莫属；邀请外宾看电影、话剧或出席音乐会时，要安排他们坐在己方陪同人员的右侧；乘坐飞机、轿车，以及涉外合影时，也讲究右侧的座位比左侧的尊贵。

六、修饰避人

所谓修饰避人，是指维护自我形象的一切准备工作应在"幕后"进行，决不可以在他人面前毫无顾忌地去做。注意养成修饰避人的良好习惯，并不断提高自己的素质修养，把自己的最佳形象展现在他人面前。

不注意修饰避人，其不良影响主要表现在以下三个方面。

（1）不注意修饰避人，会显得缺乏教养。如在客人面前打领带、提裤子、整理内衣、化妆或补妆、梳理头发等，非但不能维护自己的形象，反而会败坏自己的交际形象。

（2）不注意修饰避人，会冷落自己的客人。当众修饰或许不会妨碍别人，但会给客人心不在焉、工作随便懒散、态度冰冷的感觉，以至于使他们感到受了冷落，并因此产生不满。

（3）不注意修饰避人，会当众出丑。在就餐时当众剔牙齿，在会谈中当众掏耳朵、鼻孔或抓头皮，这些不雅的举动，会使人感到粗俗。

尤其是女士，在社交应酬中更要注意小节，比如毫无顾忌地检查裤子或裙子的拉锁是否拉好，拉直下滑的长筒丝袜，摆弄自己的衣裙和整理鞋袜等，都应避开他人的视线。

❧ **案例探究**

李牧是某高职院校营销专业的毕业生，在酒店营销部实习的时候，有一位

VIP 客户来访，他前去接待。路上他和客户并肩往会议室走着，同时向客户介绍酒店的情况。到会客室门口时，李牧拉开门先走进去，并回头请客户进来，这时销售部的经理已经在会议室里等候多时。李牧先将客户介绍给了经理，之后又为客户介绍了自己的上司。

你认为李牧的做法合理吗？

案例启发： 李牧的做法有欠妥当之处，在酒店内部引领客户到会议室时应走在客人的左前方，边走边指引不应该并肩同行。到会议室门口时拉开门，说明门是向外开着的，应站在门外请客人先进房间，还有介绍的次序也欠妥当。

🌿 实战演练

交往惯例实操技能	
一、训练目的 　　通过训练，掌握接待礼仪中的交往惯例。 二、训练内容 　　你作为学生会主席负责接待全国劳模获得者也是学校的优秀毕业生来参加学校召开的劳模进校园宣讲活动。从预约、见面、交谈、乘坐电梯、引领到会议室、座次安排等这几个环节开展情景演示。	
姓名 ＿＿＿＿＿＿＿＿＿＿＿　　日期：＿＿＿＿＿＿＿＿＿	
组织与实训步骤	第一步：分组开展情景内容演示。 第二步：挑选出典型小组，示范演示。 第三步：分析出现的问题，提出改善建议。
学生实训后反思与改善	小组互相评价 优点： 不足： 改善点：
三、整体评价	自我评价： 教师评价：
实操内容注意事项： 1.在实操过程中，学生应注重作为接待人员的形象、语言、行为等要素。 2.在不同的环境和场合中应考虑到交往惯例的变化，学会灵活调整。	

礼仪小站

在社交场合，距离也是一种空间语言，可以表情达意。美国西北大学人类学家与心理学家爱华·霍尔博士认为，人在文明社会中与他人交际而产生的关系的远近、亲疏是可以用距离的大小来衡量的。霍尔博士将空间范围划分为四个界域：

（1）亲密距离（0 至 0.45 米）：这个空间只适宜谈情说爱或与知心朋友说话。

（2）私人距离（0.45 至 1.2 米）：是指用自己的手就可触到对方或相互能够接触到手指的距离。其中在 0.6 至 0.9 米之间，是最舒服的人际空间。

（3）礼貌距离（1.2 至 3.6 米）：亦称社交距离，通常用在处理个人事务或在正式社交和业务往来中使用。近距离社交为 1.2 至 2 米，这个空间适宜处理非私人事务，如洽谈生意，接见来访者；远距离社交为 2 至 3.6 米，这个空间适于正式的社交活动或商务活动。

（4）公众距离（3.6 米以上）：近距离社交为 3.6 至 8 米，适宜于不拘形式的会面，如教师给学生上课，上司与助手说话；远距离社交为 8 米以上，一般适用于政界要人出面，因为处在这个距离具有安全感。

与别人说话，究竟要保持多大距离，应根据与对方的关系及说话的内容，参照上述四种距离灵活把握。

思考练习

大学生日常交往中，需要注意的社交礼仪惯例有哪些？

学习体悟

第三节　运用交往媒介

情境导入

一个打错的电话

徐燕是某高职院校营销专业大三的学生，和许多将要走向工作岗位的高职毕业生一样，面临着就业的选择，但是她万万没有想到，她的就业竟然与一个错打来的电话相关联。事情是这样的：

有一天，徐燕不经意地接到了一位女士打来的电话，但她礼貌地向对方问好后，对方却说她打错了，徐燕笑着说没关系，对方不好意思地回答说对不起，打扰您了！徐燕说没关系，谁都会有打错电话的时候，电话就这样挂断了。谁知没过多久，这个电话又打过来。对方向徐燕说明自己是一家品牌公司的销售经理，现在正在招聘销售人员，她询问徐燕是做什么工作的，当她得知徐燕是应届的营销专业的毕业生正在找工作时，她问徐燕想不想到他们公司来应聘，徐燕高兴地答应了，后来经过面试，徐燕顺利地成了这家品牌公司的销售人员。

事后，徐燕才知道这家公司对员工的礼仪标准要求非常高，经常进行礼仪培训，但是还是有一些员工的电话礼仪不过关，这使得销售经理非常苦恼，当她打错电话遇到徐燕时，立刻被徐燕的礼貌所打动，所以也就有了这样的故事。

徐燕的就业经历给我们怎样的启示呢？

知识园地

一、电话礼仪

在现代社会，电话作为一种重要的通信工具，已经成为我们日常生活和工作中不可或缺的一部分。因此，良好的电话礼仪不仅体现了我们个人的素质和修养，也是展现我们职业素养和企业文化的重要方式。因此，我们应该时刻保持礼貌、热情和专业的态度，用好电话这个交往媒介更好地与他人沟通、合作和交流。

查看案例

（一）拨打电话礼仪

1. 做好通话准备

提前拟出明确的通话要点，并理出要点的通话顺序，备齐与通话内容有关的文件或资料。同时，准备好纸和笔，以便记录重要信息。必要时，还应事先想好如何回答通话对象可能问到的问题。

2. 选择通话环境

拨打电话时，应选择安静的通话环境，并考虑受话人（即自己打电话所找的人）接听电话时所处的环境，切勿在嘈杂吵闹的环境中通话。若通话中谈论到机密或敏感的商业问题，则还应确保通话环境的保密性。

3. 选好通话时间

拨打电话，要避开刚刚上班或即将下班的时间，会让对方比较从容。通常不在早7点以前、晚10点以后，以及午休、用餐时间打电话，以免影响他人休息和用餐。如果有急事不得不打扰他人时，就要在接通电话之后首先道歉。如果是拨打国际长途，要注意时差。

4. 礼貌问候并自报家门

当对方接听手机后，需要有礼貌地称呼对方，亲切地问候"您好"，并主动介绍自己"你好！我是××单位的××"。

5. 控制语速、语调

善于运用、控制语气和语调是打电话的一项基本功。打电话的语调应平稳柔和，音量适中，吐字清楚，语速比平时讲话略慢一点，如果能面带微笑地与对方交谈，可以使自己的声音听起来更为友好热情。千万不要边打电话边吃口香糖或其他东西。

6. 控制通话时间

一般而言，商务电话的每次通话时间应控制在三分钟之内。通话结束时，应当礼貌地向受话人告别，然后挂断电话。挂电话时，应轻放听筒，以免引起对方的误会。

7. 有序挂断电话

挂断电话时，通常应遵循如下规则：无论谁打给谁，都是领导、长辈先挂；男士与女士通话时，由女士先挂断；同级别的人通话时，有求于对方，则让对方先挂；上司与下属通话时，由上司先挂断。

（二）接听电话礼仪

1. 及时礼貌接听电话

来电后，通常遵循"响铃不过三声，超过五声要道歉"的原则。若不能及时接听电话，要向对方表示歉意。接通电话后，首先应当向发话人问好，并作自我介绍，然后主动询问发话人要找的受话人。若自己就是受话人，则应礼貌地应答发话人；若自己不是受话人，则应礼貌地为对方转接，并请其稍等片刻，切不可在电话旁边大声叫喊受话人的名字。遇到发话人打错电话的，则应友好地告知或提醒对方"对不起，这里是×××，电话号码是×××"。

2. 认真倾听电话内容

接听电话过程中，应仔细倾听发话人的问话和要求，并在通话过程中不时地回应对方"是的""您说的对"等文明用语，在通话的过程中，还应做好通话记录，对重要信息要进行复述、让对方确认。

3. 礼貌挂断电话

接听电话的一方不宜率先提出结束通话的要求，而应让对方先提出。若接听的一方确有急事需要中止通话，则应礼貌地向对方说明原因，请求对方谅解，并告知对方自己一有时间便马上回电。

（三）发送短信、微信的礼仪

1. 把握好时间

在别人上课、上班或繁忙的时候，不要发送非事务性信息，更不要长时间聊天，以免影响对方的学习或工作。

2. 内容健康文明

在信息的内容选择和编辑上，应该和通话文明一样重视。用词用语要规范、准确、文明、礼貌，不编发有违法规或不健康的信息，不随意转发不确定的消息，收到不良的信息可建议或告诫发送者停止发送。

3. 及时回复

如果正在与他人谈话，不应查看或编发信息。结束手边工作后，应及时回复对方。

（四）使用手机的礼仪

1. 使用手机要注意场合

公共场合中特别是楼梯、电梯、路口、人行道等地方，使用手机的同时要格外注意安全。在加油站严禁使用手机。为了自己和他人的安全，在飞机上和驾驶时也不要使用手机。

2. 在安静场合手机要调成静音或振动模式

在学习场所（如教室、机房、图书馆等）、公共场合（如看电影、听歌剧、看舞剧、听戏曲时），在演讲、典礼仪式、会议中以及与别人洽谈的时候，都应该把手机调为震动或静音模式。大声地接打电话也是极其不合适的行为。

二、电子邮件礼仪

作为现代交流沟通的便捷手段，电子邮件已经在很多领域代替了传统信函，极其普遍。在使用电子邮件时，应该注意以下礼仪规范。

（一）格式规范

电子邮件是电子化的信函，它仍然具有最原始信函的传递信息的功能。在撰写正式的电子邮件时，应当按照信函的格式来组织具体的内容。邮件的抬头为称呼与问候，中间为正文，落款为祝词与署名。大学生在给同学、朋友、亲人发送电子邮件时，可不拘一格，选择的格式视具体情况而定。

（二）简洁明了

一般来说，电子邮件的篇幅不宜过长，以方便收件人阅读。发送较大的文档或图片时，可以先压缩打包，利用邮件中的附件进行传送，以免给他人的接收带来不便。

（三）文明礼貌

电子邮件中的用语要礼貌而规范，这是对收件人的尊重，也是发件人基本修养的体现。撰写英文邮件时，不可全部采用大写字母，否则就像是对收件人盛气凌人地高声喊叫。

（四）专函专用

不可随便发送无聊、无用的邮件，也不可随意发送以广告为内容的邮件，更不可发送传播病毒、色情等内容的邮件。

（五）及时回复

凡公务邮件，一般应在收件当天予以回复，以确保信息的及时交流和工作的顺利开展。若涉及较难处理的问题，则可先以电话或短信告知收件人业已收到邮件，以后择时再回复。

三、网络礼仪

人们的生活越来越离不开网络，网络已经成为人们工作、学习、生活和娱乐的重要平台，也是真实社会生活在虚拟世界的投影。真实世界需要礼仪和道德的约束，网络生活也不例外，网络礼仪是互联网使用者在网上与他人交往的行为规范，它关系到一个人的修养和内涵。上网时遵守网络礼仪是尊重他人和自己的表现。

1. 理性相处

不管是在论坛还是在实际场景聊天时，人们难免会产生分歧，矛盾总是存在，争论也是正常的现象，但是争论要心平气和、以理服人，不要人身攻击。满口脏话、讽刺挖苦，不仅不尊重自己，而且会引起他人的反感，破坏人际关系。

2. 尊敬他人

尊重他人是获取他人尊重的前提。在进行网络交流时，务必重视个人隐私保护。电子邮件往来及私人聊天内容均应视为个人隐私的一部分。除非工作需要且获得他人同意，否则切勿擅自公开聊天记录。若知晓某人采用笔名上网，未经其本人同意，不宜揭露其真实姓名。不尊重他人隐私不仅违背网络行为规范，还可能对个人声誉产生负面影响，甚至触犯法律法规。

3. 增强辨识能力

网络是一把双刃剑，既能为人们提供知识、获取人际交往的途径，又以各类小说、游戏、电影等吸引人的情节和感官刺激赢得点击率。同时网络上也存在色情、暴力、反动等不良内容，在接触此类信息时，公众应保持冷静与理智，自觉抵制网络上的不良信息。此外，还要提高辨识能力，避免轻信他人言论，杜绝盲目跟风，以免以讹传讹。

4. 自我保护

网络空间错综复杂，因此，在网络环境中需始终保持警觉，以确保个人人身财产及隐私安全得到充分保障。

四、微博、微信礼仪

1. 遵纪守法

遵守国家法律，不发布违反国家法律的内容；把握尺度，不发无知言论和触及伦理道德边界的言论。

2. 文明有礼

不使用不文明词语作为个人昵称；包容他人的不同意见，不妄加评论，不攻击、谩骂他人，不在短时间内反复发布同一条消息，避免信息垃圾。

3. 尊重他人的"安宁权"

尊重他人，不利用微博、微信骚扰他人，不以评论、"@"他人、私信、求关注、加好友等方式对他人反复发送重复、近似、诉求相同的信息。

4. 尊重原创作品

发布非原创信息，请用"@"和"转发"功能。在信息冗杂的网络界面保持思维独立，不传播谣言和虚假信息，不以讹传讹。

5. 传递正能量

利用微博公开、即时、便捷、影响广等优势，帮助他人，传递正能量。

五、网络游戏礼仪

在虚拟的网络游戏世界里，大家同样需要遵循一些基本的社交规则，以确保每个人都能在一个友好、和谐的环境中享受游戏带来的乐趣。在享受游戏带来快乐的同时要注意自制、自律。

1. 分清现实与虚拟

网络游戏只是休闲时刻放松心情的一种选择。学生既不应该忘记自己的真实身份而沉溺于虚幻的游戏世界中，同时也不应将游戏中过分渲染的色情和暴力带到现实生活中，会耽误学业，并影响身心健康。

2. 规划时间与金钱

网络游戏，尤其是竞技类游戏，往往需要投入大量的时间和金钱。玩家应考虑自身情况进行理性的选择，量力而行，不要因为网络游戏而损害身体健康或花费过多的金钱。

3. 注重团结与互助

网络游戏通常需要众多玩家合作完成，在合作过程中，玩家应当互相理解、相互体谅、相互帮助，共同完成游戏中目标。即使遇到不如意的情况，玩家也应以坦然的心态来面对，不可以互相埋怨、恶语相向。

　　王潇是某高职毕业的学生，在汽车展厅客户服务部工作。最近因为家里突发了一些事件，心情很糟糕。这天正在上班，隔壁办公桌上的电话铃声响了半天没人接。

　　王潇很不情愿地走过去接听，"喂，谁呀？你找谁？"

　　客户说："是客户服务部吗？"

　　王潇说："你自己打哪儿你自己都不知道嘛？你到底要找谁啊？"

　　客户说："我买的车有点问题，我想咨询一下。"

　　王潇说："这事不归我管，你打售后电话问问。"随后立刻挂上电话。

　　事后王潇收到了客户投诉。

　　案例启示：电话是最便利、最通行的通信工具，在日常工作和生活中，礼貌的使用电话很关键，它直接体现一个人的修养、影响着一个公司的声誉。人们能够通过电话粗略判断对方的人品、性格。因而，掌握正确的、礼貌待人的打电话方法是非常必要的。电话礼仪也被称之为现代礼仪的基础示范，很值得学习。在电话礼仪中应运用清晰语调、愉悦心情、适中语速及友好态度，从而使双方感受到亲切、友好、得体与礼貌。很明显，王潇上述的表现是极其不应该的。

实战演练

电话礼仪实操技能
一、训练目的 　　通过训练，将电话礼仪知识化为学生的实际交际能力。 二、训练内容 　　请同学分别就不同场景模拟电话礼仪。

姓名 _____	日期：_____
组织与实训步骤	第一步：分三组开展三场情景演示。 场景一：甲同志正在和乙同志洽谈业务，突然电话铃声响起，面对眼前的客户和电话中的客户，甲同志该如何做呢？ 场景二：当领导不在时，帮领导接电话。 场景三：甲、乙同志通话中，一方通话环境嘈杂，听不清楚，该如何处理。 第二步：挑选出典型小组，示范演示。 第三步：分析演练中出现的问题，提出改善建议。

学生实训后反思与改善	小组互相评价 优点： 不足： 改善点：
三、整体评价	自我评价：
	教师评价：

实操内容注意事项：
1. 在实操过程中，学生应注重电话礼仪的正确性和规范性。
2. 在不同的环境和场合中，电话礼仪的要求可能会有所不同，训练时应考虑到这些变化，学会灵活调整。

🌿 **礼仪小站**

计算机使用的十条原则

（1）不用计算机去伤害别人。

（2）不干扰别人的工作。

（3）不窥探别人的文件。

（4）不用计算机进行偷窃。

（5）不用计算机作伪证。

（6）不使用或拷贝没有获得授权的软件。

（7）未经许可不使用别人的计算机资源。

（8）不盗用别人的智力成果。

（9）考虑所编程序带来的后果。

（10）以深思熟虑和慎重的方式来使用计算机。

🌼 **思考练习**

请试着写一封邮件给你的老师或同学，并表示期盼得到回复。

学习体悟

自测题

第六章 职场礼仪

"居处恭，执事敬、与人忠。"

——《论语·子路》

学习目标

知识目标：1.了解面试、办公室、会议及宴请礼仪的基本概念和内容。

2.熟悉面试、办公室、会议及宴请礼仪的规范要求和技巧。

3.学会面试自我设计、工作与交往、会议及宴请基本礼仪。

能力目标：1.学会求职简历及求职信简历的制作，掌握求职面试的技巧。

2.掌握办公室角色定位、办公环境与用语，学会相处礼仪。

3.熟悉会议全程接待程序及宴请用餐、座次组织安排内容。

素养目标：1.培养良好的职场素养与礼仪意识，展现专业的职场形象。

2.切身感悟涵养在职场交往中职业品格素质的重要意义。

3.塑造积极的职场交往心态，建立和谐职场交往关系网络。

本章关键词

（1）面试礼仪、制作简历、写求职信。

（2）办公室环境礼仪、仪表礼仪、行为礼仪、使用办公设备礼仪、人际交往礼仪。

（3）会议礼仪、座次安排、茶水服务礼仪。

（4）宴请礼仪、中西餐礼仪、自助餐礼仪、桌次座次安排。

第一节 了解面试礼仪

情境导入

某公司招聘文秘人员，待遇优厚，求职人员很多。来自某高职院校的小美同学前往该公司面试。她的条件非常优秀，大学三年，她当过学生会主席，策划过学院多种活动，还在大型公司实习过，英语表达也极为流利。小美外形条件也较为优越，五官端正，身材高挑，匀称。但是在面试过程中，她过于紧张，回答问题时结结巴巴，没有很好地展示自己的能力和优势。而且，她对公司的了解也不够深入，当被问到一些关于公司业务的问题时，回答得也不够准确。她在面试中没有表现出足够的自信和积极的态度，给面试官留下了不太好的印象。最终，她没有通过这次面试。

哪些原因影响了小美成功通过这场面试呢？假如是你，你打算怎样准备这次面试？

知识园地

面试礼仪是指在面试过程中应遵循的一系列的规范和行为准则。我们要做好充分准备，力求展现最好的自己。

一、面试前的准备

求职者在参加面试前要做好各种准备工作，包括简历、求职信、仪容仪表、回答问题等方面。

（一）准备求职简历

简历，就是对个人学历、经历、特长、爱好及其他有关情况所作的简明扼要的书面介绍。简历是有针对性地进行自我介绍的一种规范化、逻辑化的书面表达。对应聘者来说，求职简历是求职的"敲门砖"，向未来的雇主表明自己拥有能够满足特定工作要求的技能、态度、资质和自信。好的简历就是一件营销武器，所有内容务必真实，不可杜撰。

1. 简历的内容

（1）基本情况。

一般包括姓名、性别、出生年月、籍贯、政治面貌、健康状况、兴趣爱好、性格、联系方式等信息。确保联系电话准确并能及时接听，以免错过机会。

微课：求职面试礼仪

查看案例

（2）教育背景。

就读学校、所学专业、学历、学位、外语及计算机掌握程度等。

（3）本人经历。

入学以来的经历，主要是实践经历（社团活动、兼职、实习经历等）。实习经历通常是用人单位关注的重点，因此需在简历中列举出实习的具体时间、公司、岗位，以及你通过实习获得的收获。要用具体案例、数据增强说服力。

（4）专业技能。

专业方面的能力、专业资格证书、专业课的成绩等。

（5）所获荣誉。

三好学生、优秀团员、优秀学生干部、奖学金；各级各类技能比赛、文艺体育比赛获奖情况等。

（6）本人特长。

如计算机、外语、驾驶、文艺体育、沟通与表达、营销与策划等。

（7）岗位意向及简单的职业发展规划。

2. 简历制作的要求

（1）内容要真实、简练。

简历的内容应实事求是，绝不能虚构。可以着重体现与应聘职位相关或自己有突出表现的内容。整个简历尽量控制在一页里，逻辑清晰、设计美观，招聘主管能够在十秒左右看完内容、抓住重点信息。

（2）符合岗位需求、突出优势。

要根据每家单位、不同岗位的不同要求，有针对性地准备简历，列出自己能够胜任此职位的具体条件，巧妙突出自己的优势。那种用一份简历"通吃天下"的做法，无疑会降低应聘成功的可能性。

（3）用词通俗、行文规范。

整个简历中不要有病句、错别字和标点符号的错误，外文不要出现拼写和语法错误。这是一个人基本素质的直观表现。行文要规范，以叙述、说明为主，句式以简明的短句为好。

（4）版面设计要清晰美观。

简历的版面设计要条理清楚，标识明显，段落不宜过长，字体大小应适中，排版疏密得当，色彩简单明了。可以设计一些图标关联所学专业和应聘岗位，让人看上去赏心悦目、印象深刻。

（5）附证件照。

不管招聘单位有没有明确要求，都应附上个人证件照，特别是服务、销售、管理有关的岗位。这张照片要代表个人形象，展示良好的仪容仪表和精神状态。照片背景底色干净，纯色。不可用卡通大头照、不可身穿无袖无领的衣服。如果条件允许，可以到照相馆找专业人员拍摄。

（6）附上相关材料复印件。

在招聘会上投递简历，只投单张的个人简历即可。如遇到特别心仪的单位，或者在取得初试资格后，可以在简历后附上各种证书的复印件。打印求职材料要统一使用 A4 纸，黑白复印造价便宜，彩印造价较高，可以根据具体情况选择。但是要尽量避免不同纸型、不同纸质、不同颜色的纸张混杂在一起。图 6-1 是常见的简历模板。

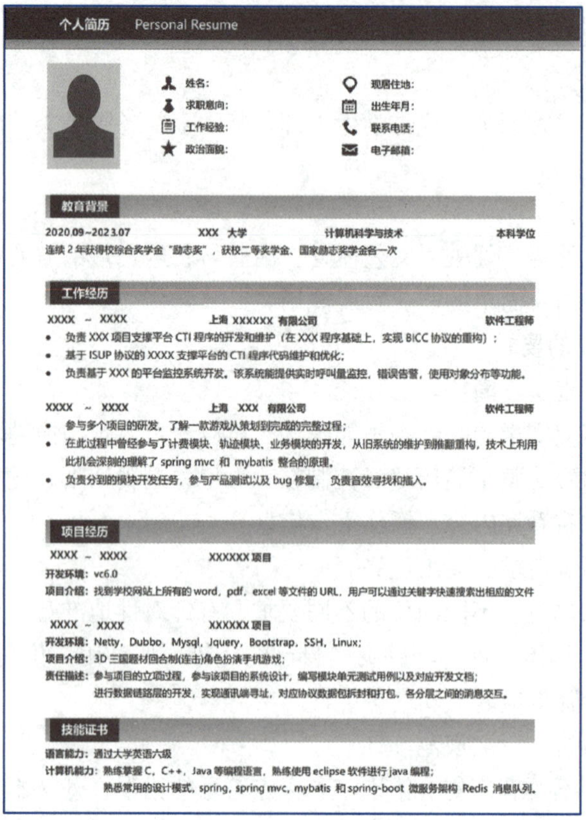
个人简历 Personal Resume

姓名：
求职意向：
工作经验：
政治面貌：
现居住地：
出生年月：
联系电话：
电子邮箱：

教育背景

2020.09~2023.07 XXX 大学 计算机科学与技术 本科学位

连续 2 年获得校综合奖学金“励志奖”，获校二等奖学金、国家励志奖学金各一次

工作经历

XXXX ~ XXXX 上海 XXXXXX 有限公司 软件工程师

- 负责 XXX 项目支撑平台 CTI 程序的开发和维护（在 XXX 程序基础上，实现 BICC 协议的重构）；
- 基于 ISUP 协议的 XXXX 支撑平台的 CTI 程序代码维护和优化；
- 负责基于 XXX 的平台监控系统开发。该系统能提供实时呼叫量监控，错误告警，使用对象分布等功能。

XXXX ~ XXXX 上海 XXX 有限公司 软件工程师

- 参与多个项目的研发，了解一款游戏从策划到完成的完整过程；
- 在此过程中曾经参与了计费模块、轨迹模块、业务模块的开发，从旧系统的维护到推翻重构，技术上利用此机会深刻的理解了 spring mvc 和 mybatis 整合的原理。
- 负责分到的模块开发任务，参与产品测试以及 bug 修复， 负责音效寻找和插入。

项目经历

XXXX ~ XXXX XXXXXX 项目

开发环境：vc6.0

项目介绍：找到学校网站上所有的 word，pdf，excel 等文件的 URL，用户可以通过关键字快速搜索出相应的文件

XXXX ~ XXXX XXXXXX 项目

开发环境：Netty，Dubbo，Mysql，Jquery，Bootstrap，SSH，Linux；

项目介绍：3D 三国题材回合制(连击)角色扮演手机游戏；

责任描述：参与项目的立项过程，参与该项目的系统设计，编写模块单元测试用例以及对应开发文档；进行数据链路层的开发，实现通讯端寻址，对应协议数据包拆封和打包，各分层之间的消息交互。

技能证书

语言能力：通过大学英语六级

计算机能力：熟练掌握 C，C++，Java 等编程语言，熟练使用 eclipse 软件进行 java 编程；熟悉常用的设计模式，spring，spring mvc，mybatis 和 spring-boot 微服务架构 Redis 消息队列。

图 6-1 简历模板示意

如今的信息化时代，在网上投递简历也是极其普遍的做法。一般有两种投递形式，一种是投递电子简历到指定邮箱，另一种是在相应网站专门的招聘系统内按要求的条目逐一填写个人情况。这也需要把自己的个人简历制作好，在系统内填写时能够更快捷有效。而系统内要求填写的条目需要逐一填写，不要有遗漏。对于自己想要突出的优势，可以在合适的地方备注说明。还可以通过增加链接的方式，将自己的参赛情况、作品等图片、视频嵌入简历中，增加求职亮点。

（二）准备求职信

在学历、工作经验缺乏竞争力的情况下，应聘者可以利用提交求职信的方式突出自身的优势。一封诚挚的求职信，代表的是求职者对应聘单位的重视和求职的诚意，在应聘者尚未到来之前就能给求职单位留下很好的第一印象。

1. 求职信的格式

求职信是应聘者写给求职单位的信函，其内容应紧紧围绕"我符合要求、我可以胜任、我有诚意应聘"来展开，重点突出和企业有直接关系的材料。既然是信件，就要符合信件的格式，要包括称呼、正文、结尾、署名、日期、附件的目录及各种附件等方面的内容。

2. 求职信的正文

（1）说清楚为什么参加应聘。

列举用人单位的吸引人之处，如应聘单位在本区域、同行业的地位，自己对单位历史、现状、未来的认识，这些会赢得用人单位的好感。但要得体、中肯，不要过分吹捧和有意讨好。

（2）说清楚自己希望应聘的岗位。

实事求是地说明本人的基本信息，说清楚自己的条件、能力，表达对胜任工作的信心。可以列举自己的专长和曾经获得的成绩、荣誉等。如果专业背景和行业背景不足，也可以从应聘岗位入手，进行分析和点评，提出自己的初步意见和建议，表明自己具备应聘岗位所需要的技能。

（3）表达意愿。

表达自己希望应聘成功的强烈愿望。希望获得面试的机会，期盼回音。

3. 求职信的附件

求职信一般都要求附材料及证件的复印件，如成绩单、推荐信、学历证书、学位证书、获奖证书、资格证书等其他能证明求职者能力的证明材料。求职者最好在正文下方列出一个附件清单，这样做，一是方便招聘单位审核，二是给招聘方留下一个条理清晰、做事周到的好印象。

4. 求职信的写作要领

（1）精心设计。

精心设计的求职信能在堆积如山的简历中脱颖而出。可以将求职信制作成动画效果或画册。如果写得一手好字，可以亲笔手写一封求职信。

（2）重点突出。

恰如其分地介绍自己的能力和特长，条理清晰，篇幅不要超过2页（约1500字以内）为宜。要针对单位性质和应聘岗位的职责要求写求职信。

（3）文笔流畅。

既要正确评价自己，充分肯定自己的特长、能力等优势；同时也要态度谦虚，做到自信而不妄自尊大、不妄自菲薄。言辞诚恳、充满热情、有人情味，不可枯燥、呆板、教条化。要确保求职信没有错字、不用网络语、文法正确、句子通顺等，以免给应聘单位造成不良印象，而错失面试机会。

（4）投递正确。

如果邮寄，最好选择需要由收件人本人当面签收的快递，保证求职信亲自到达收件人手中。如果通过电子邮箱，要确保邮箱地址正确。

（三）仪容仪表准备

面试前要沐浴、更衣。面试者的着装原则是整洁大方、线条简约、格调保守，传递给对方稳重、可靠、干净、利索的信息。男士应干练大方，女士应端庄得体。对于应届的毕业生来说，装扮方面可以保留一些学生气，要反映出学生风华正茂，有知识、有修养、有朝气的特点。特别是在针对毕业生的校园招聘上，大可不必穿着一身黑色西服、黑色套裙去应聘，整洁、干净是最重要的。衣服面料可以稍微硬挺一些，不要过于宽松肥大。另外，破洞牛仔服等是不合适的。具体内容参见前两章仪容仪表的礼仪中的内容。

应聘的时候要随身准备一个包，将个人简历、求职材料、证书原件及复印件等放在文件袋里，然后放进包里，这样可以保证文件材料的平整，可以给人留下做事有条理的好印象。

面试前，男士要理发剃须，女士要化职业淡妆。面试前五分钟最好在洗手间检查一下仪容仪表有没有瑕疵，发型有没有乱，看是否需要补妆，给自己鼓足信心，从容地面试。

（四）心理准备

1. 知己知彼

（1）了解自己，如个性、兴趣、爱好、特长、价值观、教育背景、人脉资源等。

（2）了解面试单位，如单位性质、行业地位、单位声誉、单位文化、人力资源状况、历年面试题目和面试风格等。

（3）了解面试环节，如面试官、面试时间、面试地址、交通路线、交通时长，保证能够提前 10～15 分钟到达面试地点。

2. 制定计划

综合思考、确定自己求职的意愿城市、行业、企业、岗位，之后制定求职计划。

3. 预先排练

多进行表情管理练习，对着镜子模拟真实面试场景，观察自己的表情。预先与同学、朋友、家人模拟面试场景，试着回答常见的面试问题，锻炼逻辑思维、语言表达和临场应变能力。可以着手准备以下问题尝试回答：

（1）关于公司和职位：要深入研究应聘公司的背景、业务、价值观，以及职位的要求和职责。仔细浏览公司网站，了解公司基本情况和企业文化。

（2）关于自我评价：思考自己的优势、劣势、职业目标和相关经历。尤其是自己在简历中突出的问题和特长要深入思考，熟练表达。

（3）常见问题准备：1分钟和3分钟（两种时长都要准备）的自我介绍、自己的职业规划、优点缺点等问题。

（4）关于行业知识：了解所属行业的相关知识和最新动态。

（5）准备提问的问题：面试结束如有机会，可以提出一些关于公司和职位的问题，以显示你对该公司的关注和兴趣。但是关于薪资的问题，要慎重提问。

二、面试中的礼仪

面试过程对于一个人能否被录用起着关键的作用。面试的第一印象很重要，如果礼仪得当、自信沉稳，可以为自己加分。

（一）入场礼仪

（1）进入面试考场前应提前关闭手机或开启静音模式，以免在面试过程中手机发出声响干扰面试。

（2）进入面试房间前，不管房门是否打开，都最好敲门示意一下，得到允许后再入内。

（3）进场后可以视情况与考官握手，力度要适中，太轻了显得不自信，太重了会招人反感。

（4）在座位落座后，腰背挺直，坐在椅子前端2/3处，不紧贴椅背依靠着坐。手可以自然地放在面前的桌子上。没有桌子的话，男生双腿稍稍打开与肩同宽，手放于膝盖之上；女生双腿双脚紧密并拢，双臂自然弯曲、双手交叠放于腿上。整个面试过程中，手脚不要做揉搓、抖动的小动作。

（二）交谈礼仪

1. 做好表情管理

在回答问题的过程中表情自然、保持微笑。两眼平视主考官，并与其他各位考官在目光上都有交流，目光不躲避，保持自信且谦虚有礼。

2. 做好自我介绍

（1）自我介绍要有针对性。自我介绍要详略得当，要选择与应聘职位相关的成绩或经历进行介绍，以证明自己有能力或潜力胜任该职位。

（2）口齿清晰。面试要说普通话，语速、语调要适中，面带微笑，落落大方。要避免"背诵式"或"演讲式"自我介绍。

3. 抓好问题重点

（1）采取总分总来回答问题。有一个总的观点和看法，然后用第一、第二、第三来说明，最后再次归纳陈述、强调自己的观点，给人头脑清晰、反应快、思维能力强的印象。回答完一个问题之后说一句"谢谢"，表示回答结束，可以开始下一个问题，同时也展示了自己的文明修养。

（2）听清楚问题、理解好考官的意图再回答。不要抢答，也不可问而不答。回答问题要控制好回答时间点，对方不赞同的时候不要与对方争辩，可以有礼有节地进一步说明你的想法。

（3）未能完全听懂的问题或不理解问话者的意图时，可以直截询问，而不是猜测作答、答非所问。如"抱歉，我没理解您的意思，能不能请您再解释一下？"

4. 做好常见问题应答

问题1：请你介绍一下自己好吗？

应答技巧：一般人回答这个问题过于平常，只说姓名、年龄、爱好、工作经验等简历上有的内容。其实，考官最希望知道的是求职者能否胜任工作，包括最突出的技能、最喜爱并深入学习研究的知识领域、个性中最积极的部分、做过的最成功的事、自我感觉最大的成就等。这些可以和学习无关，也可以和学习有关，但要突出积极的个性和做事的能力，说得合情合理考官才会相信。

问题2：谈谈你的缺点、谈一谈你的一次失败经历。

应答技巧：这是招聘者在探测应聘者反省、总结、改善的能力。在回答时要把握坦诚、成长的原则。应聘者回答时要注意：不要说自己没缺点。可以不简单、直接地回答自己的缺点是什么，而是从自己的优点说起，客观分析自己的缺点，重点谈自己如何认识、如何改正这些缺点，突出自己知错就改，这样回答会给主考官留下良好印象。

问题3：请谈谈你未来3～5年的规划。

应答技巧：很多学生初入职场可能都没有非常明晰的职业规划。考官的这个问题是希望挖掘你应聘的深层次动机，看你是否具有稳定性。建议回答不要过于具体，如三年成为主管，五年要成为经理。而是侧重回答你的终身学习、终身成长的意识和行动计划，如三年内考到某资格证、五年内评上某职称之类。

问题4：为什么选择我们公司？

应答技巧：从专业适配度、自己的特长、兴趣的角度入手。比如，曾经看过关于贵公司的报道，与自己的专业很匹配，与自己所追求的理念一致；贵公司在业界的成绩是有目共睹的，针对员工的培训、职业发展、晋升都制定了完善的制度等。总之，要在面试前做足功课，了解应聘公司的背景，可以让考官觉得你真的想得到这份工作。

问题5：除了本公司外，还应聘了哪些公司？

应答技巧：这个问题一般是对求职者比较感兴趣，才会问这个问题。其用意是了解应聘者的求职志向。如果不便说出其他公司名称，可以回答你应聘的是类似岗位。如果应聘的其他公司属不同业界，岗位差别又很大，容易让考官产生无法信任的感觉。

5. 慎重提问

在面试即将结束的时候，如果考官问："你有什么问题想问吗？"这也是在进一步考察求职者。这时候，求职者不要回答"我没有问题了"，会显示自己怯懦、没有深度思考。可以借机提问自己还不清楚的一些事情。比如"贵公司对新进公司的员工有什么类型的培训项目？""贵公司的晋升机制是什么样的，我可以了解一下吗？"以此表示自己对该公司、个人职业发展问题的关心，表明自己是一个追求上进的人。"公司对这个岗位的期望是什么？您觉得我跟这个岗位有多少差距？""我需要做哪些努力才能达到贵公司的用人要求？"这些问题可以体现出应聘者对公司的忠诚度和强烈的上进心。

（三）告别礼仪

当面试官示意面试结束时，面试人员应微笑起立，感谢用人单位给予自己的面试机会，然后鞠躬、道再见。面试者不要主动伸手与面试官握手，因为这是不合礼仪要求的。只有考官主动伸手与面试者握手，面试者才能迎上去相握。

离座时，不要让椅子发出声响，把椅子放回原处。如有纸杯、草稿纸等垃圾可以随身带走。出门前再次与在座考官点头致意、表示感谢。同时，面向考官后退两三步，然后再转身离开，把房门轻轻带上。

小王和小李都是刚刚毕业的高职学生，学习成绩都很突出，两人同时应聘一家旅行社的导游工作。人事经理看了简历后难以取舍，于是通知两人来进行面试。

以下是他们面试的第一个环节：自我介绍。

小王同学："我今年21岁，刚刚从某职业技术学院毕业。所学的专业是旅游管理，安徽人，父母均是高级工程师。我的爱好是音乐和旅游，性格开朗，做事认真，很希望能到贵旅行社工作。"

小李同学说："我的基本情况简历上都介绍得比较详细了，在这里我想强调两点：首先，我的英语口语不错，曾利用假期在其他旅行社做过导游，带过欧美团；其次，我的文笔比较好，我自己的短视频账号里发布的视频都是我自己写的文案，目前粉丝不算多，只有1 000多人，不过我会继续努力的，如果您有兴趣可以过目。"

最后，人事经理录用了小李同学。

通过小李和小王的经历我们可以看出，在求职面试的自我介绍时一定要抓重点，展示自己的优点和特长。

三、面试后的礼仪

1. 表示感谢

在面试结束后的两三天内，可以向招聘负责人表示感谢，可以加深负责人对你的印象，也许会增加你在同等条件下被录用的可能性。

最常用的方式是电话致谢，要在对方上班时间又不会特别繁忙的阶段打电话，如避开周一一早、对方休息时间等。通话时间不要太长，表达自己的谢意即可。其次也可以以短信、微信、QQ等通信方式进行致谢。

2. 询问结果

一般情况下，面试结束到确认录取，主考官和主管部门还要用几天时间进行讨论。求职者在这段时间要耐心等候消息，不要过早打听面试结果。若面试结束后两周还未收到答复，求职者可以进一步询问用人单位录取结果。

3. 总结失误

求职者应在面试结束后总结经验、收拾心情。倘若面试成功，就要积极为正式上岗做好准备，切勿得意忘形、沾沾自喜。倘若在竞争中失败，求职者也不必气馁，要总结经验教训，找出失败原因，针对不足重新准备，迎接下一次挑战。

案例探究

　　小水专科毕业后，在求职过程中多次与心仪的单位失之交臂，非常沮丧。父亲鼓励他说："找工作哪有一帆风顺的呢？我听说，我们当地正好有一个民营企业在招聘，这个企业是我们这里的龙头企业，专科以上学历都符合应聘条件，也需要你这个专业。咱们报名试试！"

　　面试当天，小水发现有20多人参加面试，大部分是专科生，还有部分本科生。小水平复了紧张的心情，镇定自若地参加完面试。结果，共有5位应聘者被录取，小水是其中唯一一个专科学历的学生。

　　原来，小水在校期间曾经担任过学生会干部、社团负责人，积极参加各类技能比赛和社会实践，寒暑假期间体验了多个兼职工作，他的经历和获奖情况打动了评委。这些经历让小水在面试时更加从容自信、有涵养，展示出了自己的优势。

　　案例启发：大学毕业生在求职过程中要增强竞争力，可以从多个方面着手。

　　（1）提升专业技能：深入学习专业知识，积极参与实习或项目实践，考取与职业相关的专业证书，如注册会计师证、教师资格证、建造师证等，以证明自己的专业能力。

　　（2）增强综合素质：提升沟通能力和团队协作能力，培养解决问题的能力，面对困难挑战时能够冷静分析、快速应对的能力。提高时间管理和自我驱动能力，确保工作高效有序进行。注重个人形象和礼仪，展现出良好的职业素养。

　　（3）保持积极心态：面对求职过程中的挫折和失败，保持积极乐观的心态，不断反思和总结求职经验，调整求职策略。

　　（4）精心准备比试环节：撰写简洁明了、亮点突出的简历，突出自己的专业技能和工作经验。针对不同职位准备多份求职信，表达对该职位的热爱和期望。准备面试所需的自我介绍、常见问题回答等，确保在面试中能够自信、流畅地表达。

实战演练

职场礼仪实操技能

一、训练目的

　　通过训练，让学生熟悉掌握求职面试礼仪。

二、训练内容

　　将学生分组，模拟求职面试礼仪。每组由一位主考官、两位评委、一名工作人员和四名面试者组成。同学自行设定招聘单位、应聘岗位及角色。在模拟面试的过程中，要求应聘者仪容、仪表整洁，仪态端庄大方，表情自然放松，面试时言谈得体，告别有礼。

姓名 _____ 日期: _____

组织与实训步骤	第一步: 分组开展情景内容演示。 第二步: 挑选出典型小组, 示范演示。 第三步: 分析出现的问题, 提出改善建议。
学生实训后反思与改善	小组互相评价 优点: 不足: 改善点:
三、整体评价	自我评价:
	教师评价:

实操内容注意事项:
1. 在实操过程中, 学生应注重动作的正确性和规范性。
2. 在不同的环境和场合中, 职场礼仪的要求可能会有所不同, 训练时应考虑到这些变化, 学会灵活调整。
3. 实操过程中, 注意身体的协调性和动作的流畅性, 避免生硬和不自然的动作。

礼仪小站

如何让自己在面试中更加自信

以下是一些可以帮助你在面试中更加自信的方法。

（1）充分准备: 充分了解公司和职位要求, 预测可能会被问到的问题, 并准备好清晰、有条理的回答。

（2）熟悉自己的优势: 明确自己的技能、经验和成就, 以便在面试中自信地展示自己。

（3）练习面试技巧: 包括自我介绍、回答问题的技巧等, 可以进行模拟面试。

（4）穿着得体: 合适的着装能增强自信。

（5）保持良好的姿势和面部表情: 挺直身体, 保持微笑, 展示出自信和积极的态度。

（6）提前到达面试地点: 避免匆忙和紧张。

（7）深呼吸和放松：在面试前进行深呼吸，缓解紧张情绪。

（8）积极的自我对话：给自己正面的心理暗示，相信自己能够表现出色。

（9）关注积极方面：不要过于担心可能出现的问题，而是关注自己的优势和能力。

（10）与面试官保持良好的眼神交流：展示自信和真诚。

（11）注意语言表达：清晰、流畅地表达自己的想法和观点。

（12）展示热情和兴趣：对职位表现出浓厚的兴趣和热情。

（13）避免过度紧张：如果感到紧张，可以通过短暂的停顿来调整情绪。

（14）回顾成功经历：回顾以往的成功经历，增强自信心。

（15）保持冷静和沉稳：遇到困难问题时，保持冷静，思考清晰后再回答。

思考练习

1. 请结合自身实际情况写一份求职信。

2. 请结合自身实际情况设计出一份求职简历。

3. 面试交流中应注意哪些细节？

学习体悟

第二节　掌握办公礼仪

情境导入

小李的实践与启示

小李是一名刚刚毕业的高职学生，他成功地获得了一家大型企业的实习机会。在进入公司的第一天，他感到非常兴奋，但同时也有些紧张。他担心自己的行为不符合公司的要求，尤其是在与同事的交往和沟通方面。

小李发现，在办公室里，每个人都有自己的工作区域，大家都很忙。有的人在打电话，有的人在和同事讨论问题，还有的人在认真地工作。小李想，我应该怎么做才能融入这个环境呢？

他开始在工作中耐心向同事请教问题，观察同事工作方式方法，参加一些培训课程，学习如何与人有效沟通、如何表达自己的观点、如何建立和维护专业的工作关系等。

随着时间的推移，小李逐渐适应了办公室的工作环境。他发现，掌握礼仪和沟通技巧不仅有助于建立良好的人际关系、尽快融入团队，还能提高工作效率，帮助自己在职场中获得更多的机会和成就。

知识园地

办公室作为职场人士日常工作的主要区域，在办公室内，遵循一定的礼仪规范不仅有助于塑造个人及公司的良好形象，营造和谐、舒适的办公环境，有助于维护良好和融洽的职场氛围，促进同事间的友谊，还会提升工作效率及员工的幸福感，深刻影响着个人的职业的发展。

动画：初入职场

一、办公环境礼仪

要保持办公室环境干净整洁，合力营造宜人的办公环境。爱惜办公室公共用品，私人物品不宜放置在办公室内。

1. 物品摆放整洁有序

办公桌、文件柜等要摆放整齐，尽量不要在办公桌上摆放食物、镜子、化妆品等私人物品。不要将自己的文具、文件放在别人的办公桌上。离开办公室时，应将桌面上的文件、物品收拾归位再下班离开。

2. 保持室内环境整洁

办公室要勤于打扫、维持办公室的整洁。做到地面无痰迹、纸屑、烟头，窗明几净，角落无积尘、蛛网，公共区域无乱堆杂放。

3. 保持室内空气清新

经常开窗换气，保持室内空气流通。室内可以摆放能够净化空气的植物，如吊兰、虎尾兰、绿萝、常青藤等。

4. 保持室内安静

办公室是员工办公的区域，工作期间应保持安静，不要高声喧哗。在办公室说话声音应尽量放小，以不影响他人工作为前提。

二、办公仪表礼仪

1. 总体要求

整洁、端庄、大方、神采奕奕。皮肤干净不油腻，口腔、头发、身上无异味。按要求着装，衣服要整洁、平直、挺括，鞋子应干净，无污垢。

2. 男士仪容仪表

头发长度适宜，"前发不覆额、侧发不遮耳、后发不及领"。

3. 女士仪容仪表

适宜职场淡妆，不宜浓妆艳抹，不宜香气逼人。衣着庄重、优雅、得体，有职业感，不宜过分随意或过分生活化。全身颜色不超过三种。佩戴的首饰要少而精，种类不超过三种。

4. 着装禁忌

忌衣冠不整，忌短、透、漏，忌不平整。在办公室工作不能穿背心、短裤、凉鞋或拖鞋。但是也不能过分注重自我形象，比如在办公桌上摆满化妆品和镜子，时不时照镜子、补妆，会给人不专注工作、工作能力低下的感觉。

三、办公行为礼仪

最基本的要求是遵守工作纪律、恪守职业道德，还要做到仪态大方、举止有礼。

1. 按时上下班

不迟到早退，有良好的时间观念。在工作期间要做到身到心到、专心致志、全力以赴、优质高效。

事假、病假要按程序请假或补假。向直属领导请假，优先选择当面沟通，电话请假次之，不要通过短信、微信或 QQ 留言的方式请假。休假要提前申请，不宜在工作业务最繁忙的时候申请休假，在有人接手工作后方可离岗。休假结束后，按时返回工作岗位，并向领导和同事表达诚挚的歉意与谢意。

2. 勤勉工作

在上班的时候要勤勉认真，不做与本职工作无关的事情，如吃零食、刷手机、聊天、看小说、玩游戏、炒股、看影视剧、打电话聊天等。

3. 勇于担责

自己的岗位职责要勇于承担，不要推诿扯皮。自己或所在团队做错了事情，要勇于担责，不推卸给他人。不在办公室打扰别人工作，需要交流工作问题时，要简洁明了、及时结束。

4. 举止有礼

在办公区域接打电话要轻声。进入别人的办公室之前，要轻轻地敲门，得到允许方可入内。开门、关门的动作要轻。不能用脚踹门、关门。不在办公室里吸烟。

5. 仪态大方

走路时身体挺直，速度适中，步子稳重，给人以正派、积极的印象。

查看案例

办公室坐姿应端正，不要趴在桌上，不能把脚跷到桌上，这是很不文明的表现。女士坐姿要端正，注意双膝双脚要并拢。

四、使用办公设备礼仪

1. 电话

办公电话不做私人之用，如接到私人电话，应向对方表明现在是工作时间，另约时间，尽快挂断电话。上班期间不打电话闲聊。

2. 办公用品

办公物品在使用时应公私分明，不能将办公用品拿回家或将打印机等物品用作私人用途。公共物品使用完毕后及时放回原处，以免影响他人使用。

3. 传真

在工作场合发传真时，要注意以下事项：

（1）在传真文件上标明发件人的信息，方便对方回应。

（2）内容简明扼要，不要一次发送过多纸张，这样会影响对方接受其他传真。

（3）机密文件不能用传真发送。

（4）彩色部分、字体小的部分需要特别注意。

（5）如有重要事项，传真后还应电话和对方确认。

4. 节约能源

在使用水、电、纸张等办公用品时要有节约意识。空调温度设在 26℃ 为宜，不要过低或过高，不要开着空调同时大开门窗。下班离开办公室，要随手关掉电灯、空调、电脑、饮水机等设备。

五、办公人际交往礼仪

在职场中，妥善处理人际关系至关重要。办公室礼仪最核心的就是要协调处理好各种人际关系，构建和谐的人际关系。

（一）与同事相处的礼仪

1. 互相尊重

相互尊重是处理好人际关系的基础。与同事相处要以礼相待：见面时，主动打招呼；外出时，主动告知同事；同事不在或未经同事允许，不可擅自动用他人的物品，如文件、电脑等。关系好不等于可以不讲礼貌、随便开同事的玩笑。不给同事起绰号，不把同事的错误当笑料，更不能随意传播同事的隐私。

2. 互相帮助

当有同事外出时，若有人来访或电话找人，应主动接待来访者，及时转达电话内容，不会冷漠对待或草率回应。当同事有情绪、有压力的时候，及时给予安慰、劝导、鼓励；当同事有困难时，对力所能及的事应尽力帮忙；当同事取得成功、获奖或升迁时，给予衷心的祝贺，这会让同事感到温暖，会增进双方之间的感情，使关系更加融洽。自己某方面超越同事时，应该主动帮助同事共同进步，不要以自己的长处作为炫耀的资本来打击同事。

3. 以礼相待

同事间的交往应当秉持君子之交的原则，相互尊重，诚实待人，遵循礼仪。切勿以虚伪的礼仪待人，否则将失去他人的信任，伤害同事之间的感情。在沟通交流时，不应过分强调自我，自以为是，更不应将个人想法强加于人。在工作中，要避免将个人情绪带入工作，遇到不满时，不宜对同事发泄脾气，亦不宜四处诉苦，这是自我控制能力不足的表现。

当与同事存在分歧时，应耐心倾听，设身处地，寻求共同点。同时，避免在同事间飞短流长，以免破坏单位内部的人际关系，影响团结协作。

（二）与客人相处的礼仪

1. 热情接待

对于来访者要热情欢迎，以礼相待。在会见的过程中要细心聆听、耐心解答、热情交流。

2. 一视同仁

对所有来访者要平等对待，一视同仁，不要对来访者分三六九等、亲疏有别，更不可凭个人的好恶对来访者区别对待。

3. 善始善终

当客人离开时，要起身相送，善始善终。

（三）与上级相处的礼仪

1. 了解上司

了解上司的教育背景、工作习惯、指导思想及工作风格，这有利于与上司进行良性沟通，有利于提升自身能力，也有利于自身事业发展。

2. 不得越位

在工作中要明确自己的职责范围，对上级交代的工作应认真负责，对不属于自己的职责范围之内的工作不得擅自越位。在急需做出工作决策与表态时，应及时请示汇报，不可自作主张为上级代劳。做好自己的分内事，认真、及时完成自己的本职工作，会提高自己在上司心目中的地位。

3. 积极工作

在能力一定的条件下，一个人的工作积极性越高，则工作效率越高。具有强烈责任心的员工，会持有积极的、进取的工作态度，这样才可以将事情做得更为完美。即使在面对挫折和失败时，也很少使用"困难""危机""挫折""无法完成"等消极词语，而把困难当作挑战，以切实的行动迎接挑战。

4. 树立边界感

和上司要保持一定的距离，树立边界感，和上司走得太近，容易失去恭敬心，并且也容易引起同事的嫉妒、猜忌。特别是女性下属与男性领导相处时更为敏感，更加要注重礼仪和界线，尽量不单独和男性领导相处（吃饭、出差等）。

（四）与异性同事的相处礼仪

1. 注意身体距离

美国心理学家霍尔的研究表明，60 厘米以外才是正常的社交距离，所以，同事间的身体距离应该控制在 60 厘米以上，以避免尴尬。

2. 交往有边界

异性同事之间不宜过多倾诉，避免交流太多私人话题，把握好交往边界。

3. 玩笑讲分寸

在同事前开玩笑，要注意分寸。玩笑话题无伤大雅、不伤自尊，切忌将低俗不良、不堪入耳的笑话带入办公室。

案例探究

公司新来的员工小胡是个性格开朗、热情大方的小伙子，喜欢和人交朋友，平时和同事交谈时喜欢搂着对方的肩膀，和对方靠得很近，有时甚至会凑到同事的耳边说话。可是，一段时间后，小胡发现同事们有些不愿意和他说话，老远看到他就找个借口离开故意躲避他。小胡很纳闷，不知道自己出了什么问题。

案例启发： 通过小胡的经历我们看出，在办公室与同事们相处时，一定要注意社交距离。

"远距不疏情，近距不失礼。"以距离为尺，可量出社交的优雅；以尊重为笔，可绘出情谊的长卷。

实战演练

职场礼仪实操技能
一、训练目的 　　通过训练，熟悉掌握办公室礼仪。 二、训练内容 　　将学生分组，模拟办公室场景。每组由一位男性领导、一位女性领导，四名普通员工组成。同学自行设定办公室场景。通过模拟办公室对话和互动，演练办公室礼仪和沟通技巧。在模拟办公室相处礼仪的过程中，要求办公室工作人员面对不同的群体，要有不同的办公室相处礼仪。

姓名 _____	日期：_____

组织与实训步骤	第一步：分组开展情景内容演示。 第二步：挑选出典型小组，示范演示。 第三步：分析出现的问题，提出改善建议。

学生实训后反思与改善	小组互相评价 优点： 不足： 改善点：
三、整体评价	自我评价：
	教师评价：

实操内容注意事项：

1. 在实操过程中，学生应注重动作的正确性和规范性。

2. 在不同的环境和场合中，办公室礼仪的要求可能会有所不同，训练时应考虑到这些变化，学会灵活调整。

3. 实操过程中，注意身体的协调性和动作的流畅性，避免生硬和不自然的动作。

礼仪小站

办公室不可不知的七种礼仪

1. 尊重他人

尊重他人是建立良好工作关系的基础。在办公室中，要尊重每个人的观点、隐私和空间，不干涉别人的工作和个人生活。

2. 适当的着装

在办公室中，要穿着符合行业和公司规定的适当服装。避免穿着过于暴露或不得体的服装，要形成整洁、干净的形象，展示出职业素养。

3. 礼貌用语

使用礼貌用语是在办公室中与同事、上司和客户交流的基本要求。例如，对于不同级别的人员要使用适当的称呼，如"先生""女士"，并在需要时称呼对方的名字。

4. 注意言行举止

在办公室中要注意自己的言行举止，保持文明礼貌。避免大声喧哗或使用粗俗语言，保持谦和、友善的态度。

5. 礼貌接听电话

接听电话是办公室中常见的工作任务，要注意礼貌接听电话并提供专业服务。接听电话时要先自我介绍，使用礼貌用语，并尽量快速、准确地解决对方的问题或转接至正确的部门。

6. 形成良好的沟通习惯

在办公室中，良好的沟通能力是十分重要和必要的。要学会倾听他人的意见和建议，提供清晰、准确的信息，并尽量避免使用含糊不清或冲突的语言。

7. 管理时间和任务

有效管理时间和任务是办公室工作的关键。要合理安排工作时间，做好任务规划和优先级排序，遵守约定的截止日期，以确保工作的高效完成。

思考练习

1. 办公室职员礼仪的具体要求是什么？
2. 谈一谈与不同身份的同事相处，都需要注意哪些礼仪？

学习体悟

第三节　学会会议礼仪

情境导入

小王学的是人力资源管理专业，高职毕业后应聘到一家房地产公司工作。除了本专业方面的工作，她还要负责一些文秘的工作，如会议组织、会务服务等。有一天，公司高层要召开一个重要会议，定了第二天早上9点开始，但小王起床晚了，不仅没吃饭、没化妆，而且在8点50才匆匆赶到会场，会议材料没复印，话筒不响，会议推迟了20分钟开始。领导们很不满，会后严厉地批评了小王。

你从小王的这次错误经历中获得了哪些教训？

知识园地

会议是指有组织、有目的、有领导地召集人们商议事情、交流信息、解决问题的集体活动。它通常是为了讨论特定议题、做出决策、协调工作而举行的，对于一个组织来说具有非常重要的作用。

会议按性质可以分为多种类型：大会，就是参与的人数较多，议题可以涉及政治、经济、科技、决策、单位前景等重大的领域；代表大会，是指各团体单位组织等选派代表召开的大会；小组会议是指小组的全体成员参加交流信息、技能及对问题的见解，通常穿插在大会或代表大会以及日常的工作中；专业性的会议是为讨论某个领域的专业问题或交流专业方面的信息而召开的会议；论坛与研讨会是非正式的开放性的会议，它的特点是反复深入地讨论，有发言人向听众们发表自己的看法、见解观点。

会议礼仪是指在各类会议中，参与者应遵循的礼貌、尊重和专业的行为规范。办会人员和参会人员在会前、会中、会后都应注意相关礼仪规范，以维护会议的秩序、氛围，确保会议顺利进行。遵守会议礼仪是个人良好素质修养的表现。

冬季时装展示会

某服装集团为了开拓冬季服装市场，拟召开一个服装展示会，推出一批冬季新款时装。实习生小李拟定了一个会议方案，内容如下。

（1）会议名称："2024××服装集团冬季时装秀"。

（2）参加会议人员：上级主管部门领导2人；行业协会代表3人；全国大中型商场总经理或业务经理及其他客户约100人；主办方领导及工作人员20名。另请模特公司服装表演队若干人。

（3）会议主持人：××集团公司负责销售工作的副总经理。

（4）会议时间：2024年6月20日上午9点至11点。

（5）会议程序：来宾签到，发调查表。展示会开幕、上级领导讲话。时装表演。展示活动闭幕，收调查表，发纪念品。

（6）会议文件：会议通知、邀请函、请柬、签到表、产品意见调查表、服装集团产品介绍资料、订货意向书、购销合同。

（7）会址：服装集团小礼堂。

（8）会场布置：蓝色背景帷幕，中心挂服装品牌标识，上方挂展示会标题横幅。搭设T型服装表演台，安排来宾围绕就座。会场外悬挂大型彩色气球及广告条幅。

（9）会议用品：纸、笔等文具，饮料，照明灯、音响设备、背景音乐资料，足够的椅子，纪念品。

（10）会务工作：安排提前来的外地来宾在市中心花园大酒店报到、住宿。安排交通车接送来宾。展示会后安排工作午餐。

组织一次会议很不容易，小张做了非常充分的会议筹划。

大家仔细看看这个会议方案中还有没有疏漏和需要改进的地方？

一、会前——充分做好会前准备

1. 会议筹备与通知

在筹备会议时，要制定方案、计划，准备好会议需要用到的各种文件材料、音响设备、样品、礼品、茶水等。

提前做好参会通知，可以文件形式、电话通知、微信通知等方式。通知应传达清楚会议日期、时间、地点、议程安排、会务工作以及参会人员等。要确保所有与会者都收到会议通知。为确保信息的传达到位，使用电子邮件或短信通知后，可视情况进行电话确认。

2. 会议签到与引导

会议当天，应有专人负责签到和接待工作，并提供必要的指引标识。签到人员应热情友好，帮助与会者解决入场问题。对于大型会议来说，首次参会的嘉宾或外来人员，需安排专人进行引导。

3. 座位安排

会议室的座位安排应根据与会者的身份和职务进行，以确保主持人和重要嘉宾的座位安排得当。一般采用以下几种座位安排方式。

一是环绕式排位。就是不设立主席台，把座椅、沙发、茶几摆放在会场的四周，不明确座次，与会者在入场后可自由就座。这一安排座次的方式，与茶话会的主题最相符，也最流行。

二是散座式排位。散座式排位，常见于在室外举行的茶话会。它的座椅、沙发、茶几可自由地组合，甚至可由与会者根据个人要求而随意安置。这样就容易创造出一种宽松、惬意的社交环境。

三是圆桌式排位。圆桌式排位，指的是在会场上摆放圆桌，请与会者在周围按顺序就座。圆桌式排位又分下面两种形式：一种是适合人数较少的，仅在会场中央安放一张椭圆形会议桌，请与会者在周围就座。另一种是在会场上安放数张圆桌，请与会者自由组合。

四是主席台式排位。是指按照职位、身份、年龄的不同有较严格的座次安排，要遵循"以中为上""以右为尊""前优于后""远门为上""面门为上"等原则。注意"以右为尊"是指以在座或在站者自己的角度，两个人中，以右边的位置为尊位。这就要由主办方提前放置好席卡，以便参会人员尽快找到座位。具体座位安排如图 6-2 至图 6-4 所示：

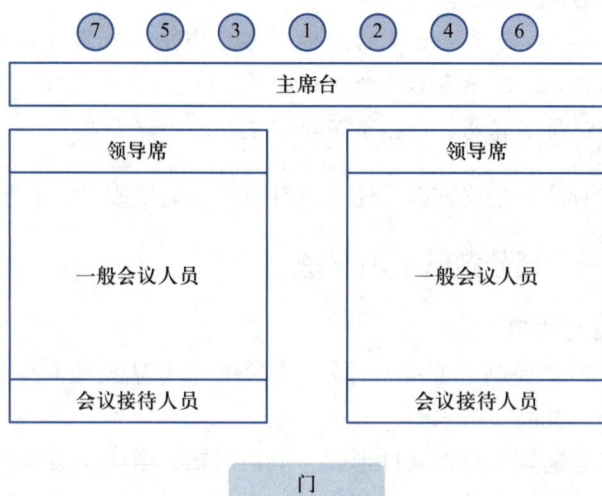

图 6-2　主席台式座位示意图

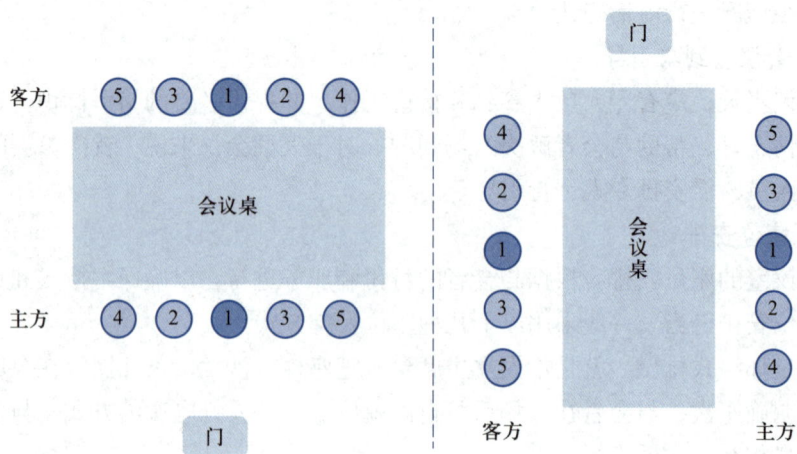

图 6-3　主客对坐示意图

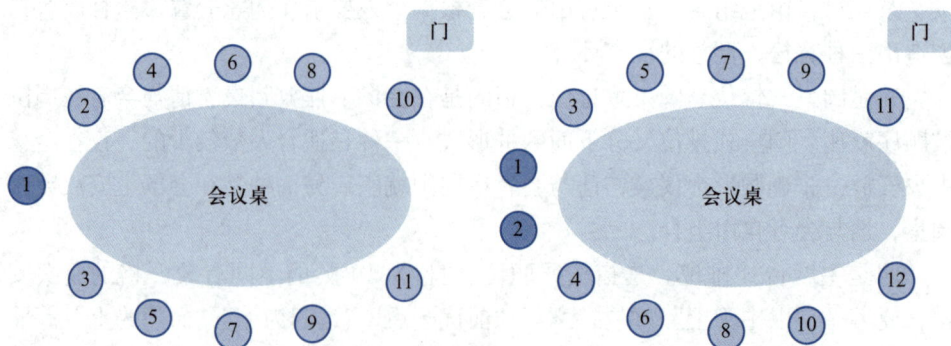

图 6-4　圆桌式座位示意图

二、会中——各司其职，各安其位

1. 会议参加者礼仪

会议参加者应衣着整洁，仪表大方，准时入场，进出有序，依会议安排落座。

（1）入场与就座：在入场时，应按照指示牌或工作人员的指引有序进入会场，并按照座位安排（遵照席卡）就座。

（2）保持安静：在会议进行过程中，应全程保持安静，避免私下交谈或打瞌睡。手机应调至静音或振动模式。

（3）尊重发言者：在他人发言时，应保持专注，认真倾听，避免打断他人发言。如有异议或建议，可在合适的时机提出。

（4）遵守时间：按时参加会议，确保不迟到、不早退。如有特殊情况，应提前告知主办方。

（5）保持整洁：保持个人仪表整洁，不乱扔垃圾，保持会场卫生。

2. 会议发言人礼仪

会议发言有正式发言和自由发言两种，前者一般是领导报告，后者一般是讨论发言。

正式发言者应做到以下方面。

（1）衣冠整齐，走上主席台应步态自然，刚劲有力，体现一种成竹在胸、自信自强的风度与气质。

（2）发言时应口齿清晰，讲究逻辑，简明扼要地表达观点。

（3）如果是书面发言，要时常抬头扫视一下会场，不能旁若无人地低头读稿。发言完毕，应对听众的倾听表示谢意。

自由发言就比较随意，但也应注意发言的顺序和秩序，不能争抢发言；发言应简短，观点应明确；与他人有分歧时，应以理服人，态度平和，听从主持人的安排。

如果有人提问，应礼貌作答，对不能回答的问题，应机智而礼貌地说明理由，对提问人的批评和意见应认真听取，即使提问者的批评是错误的，也不应失态。

总之，会议发言人的礼仪是保证会议顺利进行的重要因素之一，不仅体现了个人的专业素养，也反映了对会议内容的尊重和对听众的敬意。

3. 主持人礼仪

各种会议的主持人，一般由具有一定职位的人来担任。

（1）着装和仪态：会议主持人应保持衣着整洁，大方庄重，精神饱满，走路步伐稳健有力，速度适宜，符合会议的性质。无论是站立还是坐姿主持，都应保持良好的姿态。站立时，双腿并拢，腰背挺直；坐姿时，身体挺直，双臂前伸，两手轻按于桌沿。

（2）言谈举止：主持人发言应清晰、思维敏捷、简明扼要。根据会议性质适当调节气氛，可以是庄重、幽默、沉稳或活泼。在会议进行期间，不宜与他人打招呼或闲谈，以保持会议的专业性和正式性。会议开始前或休息时间可以用点头、微笑等方式致意。

（3）控制时间与尊重听众：主持人应合理控制时间，确保会议流程顺畅进行，同时给予发言者足够的尊重和倾听的机会。灵活应对会议中出现的各种情况，有效地引导会议进程的推进。

（4）结束礼仪：在会议结束时，主持人应确保所有的程序都已经完整执行，包括感谢参与者的贡献以及宣布会议正式结束等环节。

总的来说，会议主持人不仅要有专业的知识背景，还需要具备良好的礼仪素养，这对于提升会议效果和形象至关重要。通过遵守这些礼仪规范，会议主持人可以更好地履行自己的职责，使会议达到预期的目的。

三、会后的礼仪——善始善终、整理归纳

会议结束后的礼仪同样重要，以下是一些关键点。

1. 礼貌送客

工作人员应在会议结束前提前站在会场通道门口做好送客准备，及时拉开通道门，微笑礼貌地与参会者道别。如果有电梯，需提前按好电梯键，目送客人离开后再转身离开。充分体现对参会者的尊重和礼貌。

2. 检查会场

会议结束后，需要做好会后收尾工作。检查会场是否有参会者遗落的物品，如果有，及时联系物主并归还。同时，回收好会场遗留的会议材料、文件和物品，保持会场的整洁和有序。

3. 设备检查与归还

检查会场设备设施是否完好无损，整理好会议临时用品，如插线板、激光笔、笔记本电脑等。及时关闭灯光、空调、门窗等，切断电源，确保安全措施得到落实。此外，借用的设备应及时归还。

4. 会议记录整理

会议记录人员需要在会后尽快整理出会议记录（纪要），并报经领导审阅签字后，按要求发布或传阅。在小范围内传阅时，需要在签字单上签字确认以便备查。

总之，会议结束后的礼仪体现了对参会者的尊重和对会议内容的重视。通过遵循这些礼仪规范，可以展现出组织者的专业素养和良好形象，并为未来的合作打下良好基础。

某商贸集团公司总经理告知秘书小周，下午2点召开各部门经理会议，讨论下个月的工作安排，协调各部门工作。小周立即拟好并发布了会议通知，内容如下："各部门经理：兹定于1月18日下午2:00在一楼会议室召开各部门经理会议。请务必准时出席。"

下午2点的时候，会议已经开始了，还有个别经理没到齐。经打电话提醒、参会人员到齐之后，总经理要求各部门经理汇报下月工作安排。各部门经理面面相觑、瞠目结舌，说事先不清楚会议议题，都没有做准备。总经理非常恼火，责备秘书小周发送会议通知后没有及时提醒，通知里也没有写清楚会议主题；同时还批评了各部门经理安排工作没有超前意识。

案例启发： 本案例中，秘书小周没有充分做好会前准备工作，导致部门开了一次没有效率的会议。临时需要召开会议时，因为时间紧急，秘书人员需要迅速而有序地完成会前准备工作，以确保会议的顺利进行。具体来说要注意以下几点。

（1）确定会议议题和目的：与会议组织者沟通，明确会议的主题、目的和预期成果。

（2）制定会议议程：根据会议议题，制定会议议程，包括会议时间、地点、参会人员、讨论内容等。

（3）确定与会人员：列出会议参与者的名单，包括内部员工和外部嘉宾，并确认他们的出席情况。

（4）发送会议通知：通过邮件、短信或内部系统等方式，向与会人员发送会议通知，包括会议时间、地点、议程等信息。

（5）预定会议室：根据会议规模和要求，选择合适的会议室，并提前预订以确保可用。

（6）准备会议材料：包括会议议程、背景资料、相关文件等，确保每位与会者都能获得所需的材料。

（7）布置会场：根据会议需要，选择和布置会场，包括摆放桌椅、安装音响设备、设置指示标识等。

（8）安排接待工作：对于需要接站的外部嘉宾，应提前安排好接送车辆和接待人员。

（9）做好后勤服务准备：包括茶歇安排、餐饮预订、住宿安排等，确保与会人员的基本需求得到满足。

此外，秘书人员还要在会中做好服务工作，如会议签到、会议引导、会议记录、技术支持、茶歇与餐饮服务；在会后做好整理工作，如整理会议记录、清退会议资料、整理会场、反馈与总结。做好以上工作，可以确保会议的顺利进行和圆满结束。

实战演练

会议礼仪实操技能	
一、训练目的 　　让学生掌握会议礼仪中需要注意的问题，掌握会议礼仪实操技能。 **二、训练内容** 　　某公司日常管理比较混乱，有一次，公司及合作方经过几次协商，双方签署了一个工程的合作意向。不久，双方约定再次商谈并签订正式文本。然而，当需要签署意向书时，实习生小李作为会议记录人员，无论如何也找不到文件。当合作方听说此事后，中止了与该公司的合作。请结合所学知识谈一谈，为避免出现此类情况，你今后走上相应的工作岗位遇到这类情况将如何做？	
姓名 ＿＿＿＿＿＿＿＿　　　　　　日期：＿＿＿＿＿＿＿＿	
组织与实训步骤	第一步：分组开展情景内容演示。 第二步：挑选出典型小组，示范演示。 第三步：分析出现的问题，提出改善建议。
学生实训后反思与改善	小组互相评价 优点： 不足： 改善点：
三、整体评价	自我评价： 教师评价：

实操内容注意事项：
1. 在实操过程中，学生应注重动作的正确性和规范性。
2. 在不同的环境和场合中，会议礼仪的要求可能会有所不同，训练时应考虑到这些变化，学会灵活调整。
3. 实操过程中，注意身体的协调性和动作的流畅性，避免生硬和不自然的动作。

礼仪小站

会议倒水的礼仪

倒水是会议中的一项基本服务工作，以下是一些注意事项。

（1）准备工作：确保水杯、水壶或饮水机已经清洗干净。根据需要，准备好冷水和热水，或者瓶装水。

（2）倒水时间：通常在会议开始前为参会者备好茶水、在座位上放置好。如需在会议进行中倒水，应选择恰当的时机，尽量在会议议程比较松弛的阶段倒水，以减少对会议的干扰。如会场上谈笑风生的时候，而不是产生歧义、进行辩论的时候。

（3）倒水顺序：从最高级别的官员或有重要地位的客人开始，按照顺时针或逆时针方向进行。

（4）倒水方式：右手提水壶，左手轻托水杯底部，不能碰到杯口，这样更显礼貌和专业。要控制水流速度，避免溢出或溅到桌面及文件资料上。水量控制在水杯的七八分满为宜，以免过满不便饮用或容易溢出。

（5）注意细节：倒水时应尽量避免发出声响影响会议进行。要留意与会人员的水杯情况，及时续水。如果与会者自行倒水，确保其方便拿取水壶并随时关注是否需要协助。

（6）完成倒水：完成倒水任务后，应静默离开会议室，尽量减少引起注意。续水服务应待合适时机。

总之，会议中的倒水服务应尽量做到不引人注意而又周到体贴，体现服务的细致和专业。

思考练习

1. 假如领导安排你负责某次会议的组织工作，你在会前、会中、会后分别要注意哪些方面？

2. 假设你所在的单位要召开一次座谈会，有八位领导参会，请你安排合适的座位顺序。

学习体悟

第四节　活用宴请礼仪

情境导入

小李是一家物流公司的员工。一次，老板要和当地一家电子商务公司开会洽谈物流合作协议，会后要宴请对方团队成员。老板让小李安排宴请相关事宜并且陪同老板一起参加宴会，做好招待工作。

小李犯了难，他从学校毕业后仅工作半年，从来没参加过工作场合里的宴请接待工作，对于招待工作无从下手。宴请合作方，不仅要体现个人的素养，还要展示良好的企业形象，促成双方的合作。为此，他赶紧请教了同事前辈。

如果你是小李，你准备如何安排宴请相关工作？

知识园地

宴会、聚餐是社交活动和商务活动的一种重要形式，人们参加宴会或聚餐的目的不仅仅是为了吃饭，而是通过就餐巩固人际关系，树立良好的个人形象和公司形象。因此，商务人士在商务宴请活动中要遵守各种礼仪规范，小心谨慎，举止优雅得体，不要因为一时的失误而损害了个人形象和公司利益。

一、宴请的种类

宴会种类复杂，名目繁多。从规格上分，有国宴、正式宴会、便宴、家宴；从餐别上分，有中餐宴会、西餐宴会、中西合餐宴会；按主题分，有欢迎宴、答谢宴会；按形式分，有鸡尾酒会、冷餐酒会、茶会、招待会等。不同的宴会，要遵循不同的礼仪。以下选择几种典型的宴会形式，就其中的礼仪进行介绍。

1. 国宴

国家元首或政府欢迎外国元首、政府首脑来访或庆祝重要节日而举办的宴会。宴会厅内悬挂国旗，设乐队，奏国歌，席间致辞，菜单和席卡上印有国徽。宴会的规格最高，盛大隆重，礼仪严格。

2. 正式宴会

正式宴会是一种隆重而正规的宴请，它往往是为宴请专人而精心安排的、在比较高档的饭店或是其他特定的地点举行的大型聚餐活动。对于到场人数、穿着打扮、席位排列、菜肴数目、音乐演奏、宾主致辞等都有十分严谨的要求和讲究。

3. 便宴

便宴即便餐宴会，用于非正式的宴请。一般规模较小，菜式有多有少，质量可高可低，不拘泥于严格的礼仪、程序，随便、亲切，多用于招待熟悉的宾朋。

4. 家宴

在家中、以私人名义举行的宴请形式。一般人数较少，不讲究严格的礼仪，菜式多少不限。家宴最重要的是要营造亲切、友好、自然的气氛。使赴宴的宾主双方轻松、自然、随意，彼此增进交流、加深了解、促进信任。

5. 茶会

茶会又称为茶话会，是一种比较简单的招待方式。多为民间组织举行纪念和庆祝活动所采用。席间一般只摆放茶点、水果和一些风味小吃。宾主共聚一堂，饮茶尝点，漫话细叙，形式比较随便自由。有时，席间还会安排短小的文艺节目助兴，使气氛更加喜庆、热烈。

6. 西餐宴会

采用西方国家举行宴会的布置形式、用餐方式、风味菜点而举办的宴请活动。其主要特点是：西餐台面，吃西式菜点，用刀、叉、匙进食，采取分餐制，常在席间播放音乐。

7. 鸡尾酒会

西方传统的集会交往的一种宴请形式，它盛行于欧美等国家和地区。鸡尾酒会规模不限，灵活、轻松、自由。一般不设主宾席和座位，绝大多数客人都站立进食。人们可互相倾谈、敬酒。鸡尾酒会有时与舞会同时举行。

8. 冷餐酒会

西方国家较为流行的一种宴会形式。其特点是用冷菜、酒水、点心、水果来招待客人。它可分为立餐式和座餐式两种形式。菜点和餐具分别摆在菜台上，由宾客随意取用。酒会进行中，宾主均可自由走动、敬酒、交谈。

二、中餐礼仪

（一）确定宴请的目的和对象

宴请的目的一般很明确，如节庆日聚会、贵宾来访、工作交流、结婚、祝寿等。根据不同目的来决定宴请的对象和范围，即请哪些人、请多少人，从而列出客人名单。在确定邀请对象时应考虑到客人之间的关系，以免出现不熟悉、不好交谈的尴尬局面。宴请的规格一般根据最高出席者的身份、人数、目的、主宾情况等因素确定。规格过低，会显得失礼、不尊重；规格过高，又会造成浪费。

（二）确定宴请的时间与地点

1. 宴会的时间

根据人们的用餐习惯，依照用餐时间的不同，分为早餐、午餐、晚餐三种。确定正式宴请的具体时间，需要遵从民俗惯例，讲究主随客便，优先考虑被邀请者，尤其要先和主宾协商一下，方可确定宴请时间。

动画：中餐礼仪

2. 宴会地点

宴请不仅仅是为了"吃东西"，也是"吃文化"。要根据宾客的组成、宴请的规模选择合适的地点。清静、优雅、卫生条件良好和交通便利的地点是宴会的首选。

（三）发出邀约

邀请的形式有两种：一种是口头的，另一种是书面的。口头邀请就是当面或者通过电话把活动的目的、主办者及邀请的范围、时间、地点等等告诉对方，然后等待对方答复，待对方同意后再做活动安排。书面邀请也有两种方式：一种是比较普遍的发"请帖"，还有一种就是写"便函"，书面邀请的方式目前使用较少。也可短信、微信等邀请。书面邀请应注意以下礼仪规范。

1. 掌握好发送时间

国内邀请按被邀请人距离的远近，一般以提前3～7天为宜。过早发送，客人可能会因日期长久而遗忘；太迟发送，使客人措手不及来不及准备，难以如期应邀。

2. 发请柬的方法

请帖上面应写明宴请的目的、主办者、时间地点等，然后发送给客人。请帖发出后，应及时落实出席情况，做好记录以安排并调整席位，即使是不安排席位的活动，也应对出席率有所估计。

（四）确定菜单

点菜礼仪方面，如果是主人点菜，要根据宾客的组成和宴请的规模，本着吃饱、吃好、量力而行的原则点菜，尽量安排"双方都满意"的菜单。有些情况下也可以请主宾优先点菜。客人点菜忌乱点、多点、非议他人点的菜。

1. 优先考虑的四类菜肴

一是有中餐特色的菜肴。宴请外宾的时候，可以从粤菜、川菜、徽菜等中国主要菜系着手考虑。像北京烤鸭、东坡肘子、金华火腿等，都是具有鲜明中国特色的菜品，受到很多外国人的推崇。

二是有本地特色的菜肴。比如西安的羊肉泡馍、湖南的毛家红烧肉、上海的红烧狮子头、北京的涮羊肉。当宴请外地客人时，安排一些特色菜，要比千篇一律的菜品更受好评。

三是本饭店的特色菜。很多饭店都有自己的特色菜。上一份餐馆的特色菜，能说明主人的细心和对被请者的尊重。

四是主人的拿手菜。举办家宴时，主人一定要做自己最拿手的菜，能让对方感觉到主人的尊重和友好。

2. 饮食禁忌

在安排菜单时，必须考虑来宾的饮食禁忌，特别是主宾的饮食禁忌。

一是宗教禁忌。例如，穆斯林通常不吃猪肉以及用猪油烹饪的食物，并且不喝酒。国内的佛教徒不吃肉、蛋等荤腥食品。

二是健康禁忌。出于健康考虑，对于某些食品也应有所禁忌。例如，患有心脑血管疾病、动脉硬化、高血压和中风后遗症的人，不适合吃太油腻的食物、动物内脏及饮酒。痛风患者不能吃海鲜、喝啤酒等。

三是地区禁忌。在不同地区，人们的饮食偏好往往不同，在安排菜单时要兼顾来宾的饮食习惯。例如，湖南、四川、云南等省份的人爱吃辛辣食物，不爱吃甜食。如果饭桌上没有麻辣口味的菜，他们会觉得没有食欲。

四是职业禁忌。有些职业在餐饮方面往往也有各自不同的特殊禁忌。例如，国家公务人员不准随便吃请，在工作日不能饮酒；在公务接待时要按照规定，不准超过用餐标准。驾驶员工作期间不得喝酒。

3. 菜肴数量

菜肴安排时，要以够吃且不浪费为原则，一般可用 $n+1$ 或 $+2$ 的原则，n 指宴请人数，菜肴数量按照中国人的习俗一般是双数。还可以参考以下因素：

一看人员组成：人均一菜是比较通用的准则，如果是男士较多的宴席可适当加量。

二看菜肴组合：一桌菜最好是有荤有素、有冷有热，尽量做到全面。

三看宴请的重要程度：如果宴请的对象是比较关键的人物，那么可以安排几个较高档的菜。

（五）安排席位

餐席位的排列关系来宾的身份和主人给予对方的礼遇，所以是一项重要的内容。宴会现场布置中一定要注意桌次排列和座次排列两方面。总体要遵循"居中为上""面门为上""观景为上""以右为尊"等原则，并灵活掌握。

1. 桌次排列

商务宴请一般采用圆桌布置菜肴、酒水，如果人多，需采用多张圆桌，就涉及两桌或多桌的桌次排序问题。如图 6-5 所示，两桌排序按照"以右为尊"和"远门为上"的规则。注意"以右为尊"是在面对门的方向上，以两桌自身的视角，以右边这一桌为上（如图 6-5 所示）。

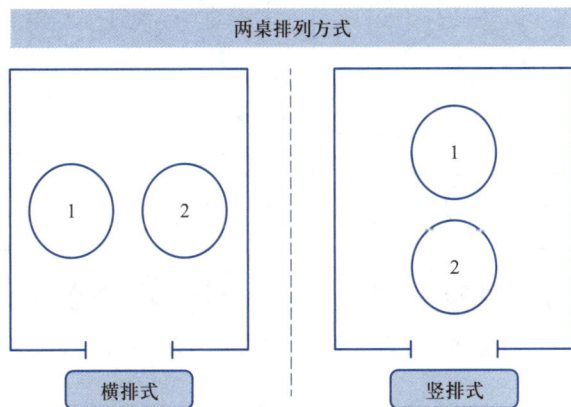

图 6-5　两桌排列方式示意

在安排多桌次宴请时，除了要遵守"远门为上""以右为尊""居中为上"的规则外，还应按照与主桌的远近排定桌次，即离主桌越近，桌次越高；离主桌越远，桌次越低（如图6-6所示）。

在安排桌次时，各桌除了主桌可以略大，桌布颜色可与其他餐桌有所不同。其他餐桌的大小、形制、菜肴都要一致，不能区别对待。

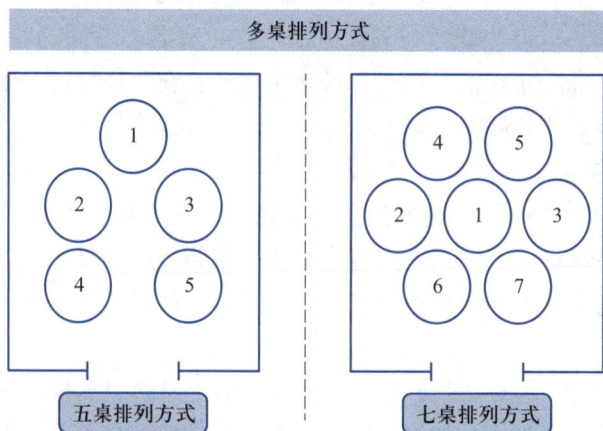

图 6-6　多桌排列方式示意

2. 位次排列

宴请时，每张餐桌上的具体位次也有主次的分别。仍然要遵循"以右为尊""面门为上""观景为上"等原则。主人应在主桌就座，面对正门而坐。如果主宾年长位尊，也可请主宾坐主位。其他宾客的座次根据距离该桌主人的远近排布，以近为上，以远为下。注意，如果是多桌宴请，每桌都要有一位主人的代表在座，负责协调、招待事宜（如图6-7所示）。

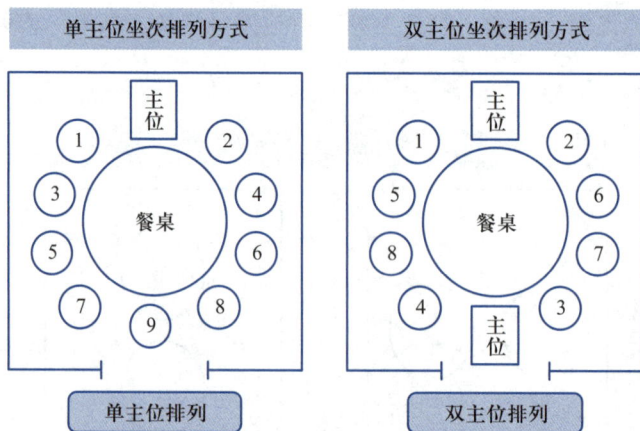

图 6-7　单主位、双主位排列方式示意

"观景为上"原则是指，在一些高档餐厅、特色餐厅里，室内外往往有优美的景致或文艺戏曲类演出供用餐者欣赏。这时候，观赏角度最好的座位是上座。在大厅里用餐时，一桌之内通常以靠墙的位置为上座，靠过道的位置为下座。

（六）赠送礼品

商务礼品所表达的是一种职业联系，既是友好的、礼节性的，又是公务性的。在与客户交往中，礼品既可以成为见面礼也可以作为告别礼。这类礼品一般不必迎合收礼人的兴趣爱好。商务礼品的标准往往较为统一，只要是业务量相等的客户，收到礼品的种类和价值可能都一样。有时赠送礼品不必直接交到收礼人手中，可在公司宴请时放在每个人的座位上。

1. 送礼的时机

一般在双方谈生意前或结束时赠送礼品，最好不要在交易进行中送礼。在确定送礼物的对象时必须谨慎，如果只能送一件礼物，要送给对方职位最高者，同时可以表明赠送这件礼物是为了对各位的帮助表示感谢。如果送多人礼物，要注意对同等级别的人，送上的礼品也应该相同。

2. 送礼品的方式方法

可以直接将礼品带去客户公司送给本人，也可以约客户出来坐坐，同时送上礼品；或将礼品交给秘书、前台代转（要注意包装好），交与客户关系亲密且放心的第三方代送，当然也可以快递。

3. 礼品选取的原则

礼物轻重要得当。一般讲，礼物太轻，意义不大，不足以表达诚意。但是，礼物太贵重，又会使接受礼物的人有受贿之嫌，特别是对上级、同事更应注意。因此，礼物的轻重选择以对方能够愉快接受为尺度。

4. 了解风俗禁忌

送礼前应了解受礼人的身份、爱好、民族习惯。送礼时，一定要考虑周全，以免节外生枝。

礼物是感情的载体。最好的礼品应该是根据接受礼物者的兴趣爱好选择的，富有意义、耐人寻味、品质不凡却不显山露水的礼品。因此，选择礼物时要考虑它的思想性、艺术性、趣味性、纪念性等多方面的因素，力求别出心裁，不落俗套。

（七）赴宴礼仪

1. 仪表整洁

赴宴要注意仪表修饰，尽可能穿着整齐、干净、美观地赴宴。

2. 准时赴约

赴宴要遵守时间，既不要过早，给人急于就餐的感觉，也不能迟到，这对主人和来客不礼貌。

3. 与人打招呼

当走进主人家或宴会厅时，应首先跟主人打招呼。同时，对其他客人，不管认不认识，都要微笑点头示意或握手问好。对长者要主动起立，让座问安，对女宾要举止庄重，彬彬有礼。

4. 席位听从安排

入席时，自己的座位应听从主人或招待人员的安排，不要随便乱坐。如果座位没定，应让身份高者、年长者及女士先入座，然后自己再找适当的座位坐下。

5. 开席礼仪

入座后，坐姿要端正，脚应放在本人座位下，不要任意伸直或两腿不停摇晃，手肘不得靠桌沿或将手放在邻座椅背上。入座后，可以和同席客人简单交谈，不要旁若无人，也不要眼睛直盯盘中菜肴。在主人发话或邀请主宾用餐之后才算正式开席，在这之前不能提前开始端杯、动筷。

6. 用餐礼仪

查看案例

（1）安静就餐：用餐的时候，不要高声谈笑、敲敲打打、比比画画；不要吃得摇头晃脑、汤汁横流、响声大作；不要清嗓子、擦鼻涕、吐痰。这些行为不但失态欠雅而且破坏别人的食欲。

（2）文明取菜：取菜的时候，最好使用公筷；不要左顾右盼、不要对菜品翻来覆去和挑挑拣拣，要注意相互礼让、依次而行、取用适量。够不到的菜，可以请人帮助，不要起身甚至离座去取。

（3）礼貌布菜：可以劝别人多用一些，或是品尝某道菜肴，但不要不由分说，擅自做主地为别人夹菜、添饭，这会让人很为难。

（4）举止得体：用餐期间，不要吸烟、不要当众梳理头发、化妆补妆等。如有需要，可以去化妆间或洗手间进行个人方面的修饰。

（5）敬酒有度：喝酒的时候，一味地给别人劝酒、灌酒，特别是给不胜酒力的人劝酒、灌酒，都是失礼的表现。

（6）离席有礼：宴会没有结束，不要随意离席，要等主人和主宾餐毕先起身离席，其他客人才能依次离席。

三、西餐礼仪

动画：西餐礼仪

随着世界文化的交流和相互渗透，不仅中国的饮食文化在世界各地广泛传播，西餐也以其独特的文化魅力和异国风情在我国普及起来。由于中西方文化背景的不同，人们的饮食习惯也存在差异，西餐宴会同样有着严格的礼仪规范，因此，商务人士了解西餐文化，掌握西餐礼仪很有必要。

（一）西餐基本礼仪

1. 事先预约

在预约时，首先要说明人数和时间，其次要表明是否要有吸烟区或视野良好的座位。如果是生日或其他特别的日子，可以告知宴会的目的和预算。

2. 按时到达

在预定时间内到达是基本的礼仪，有急事时要提前通知，取消定位一定要道歉。

3. 仪表规范

在高档西餐厅，男士不宜穿牛仔衣和短裤，女士要穿晚礼服或套装和高跟鞋，不宜穿休闲服饰。

4. 举止有礼

到餐厅后，应该让女士或者客人先行，来到预订的餐桌旁，服务生会拉开座位，主人可以邀请对方入座，从座位的左侧入座，除非左侧靠墙。男士或者主人应该坐在靠过道的座位，让女士或者客人靠墙，让对方有安全感。

（二）席位安排

要遵循"以右为尊""面门为上""女士优先""（男女）交叉排列"等原则（如图6-8至图6-10所示）。

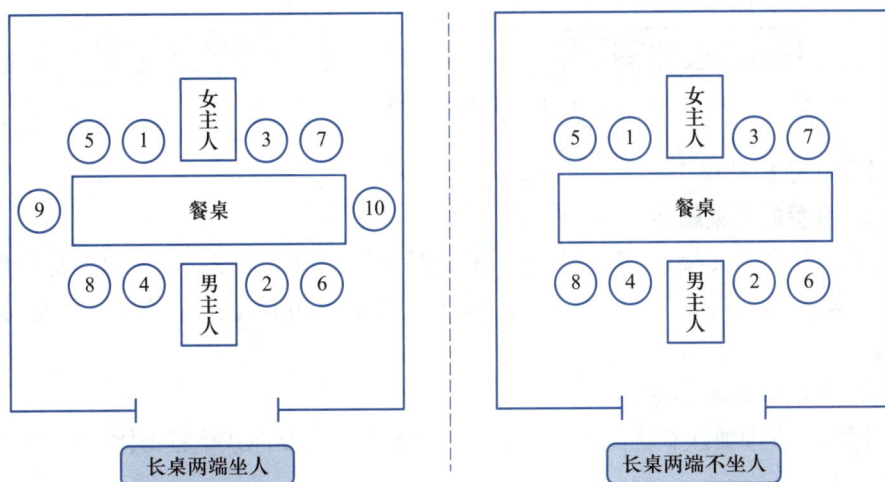

图 6-8　长桌席位示意

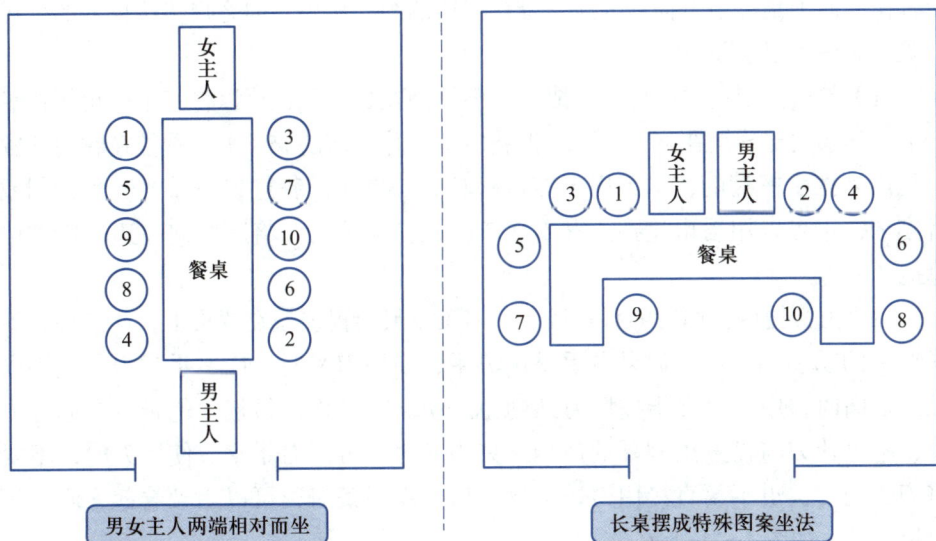

图 6-9　长桌及特殊席位示意

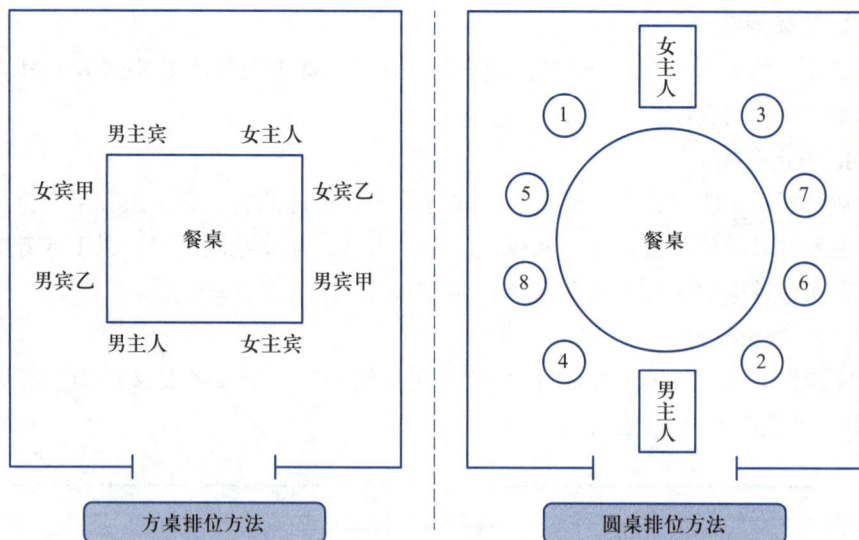

图 6-10　方桌及圆桌座次示意

（三）进餐礼仪

1. 西餐的上菜顺序

第一道菜是头盘，又称开胃菜、开胃品；第二道菜是汤；第三道菜是鱼类，也称副菜；第四道菜是肉禽类菜肴，又称主菜；第五道菜是甜品；第六道菜是饮品。

2. 优雅得体地进餐

用餐过程中要注意言谈举止，不论男士女士，都要注意优雅得体，同时要主动热情地与人交流。

特别是在和客户吃饭的时候，用餐目的主要是联络感情、巩固人际关系、洽谈合作，而不是大饱口福。因此，维持得体的个人形象，向客户传达良好的公司形象就显得十分重要。

（1）餐巾使用：餐巾可以折成大三角平铺在腿上，也可以将其中一角垫在盘子下，其余的部分铺在腿上。不要把餐巾塞在脖子前的衣领下、垂挂在胸前。餐巾是用来擦手擦嘴的，不可用于擦拭餐具。如果在进餐过程中需要吐骨、刺或者剔牙，也可以用餐巾遮挡。忍不住咳嗽、打喷嚏时，将脸侧向一边，用餐巾遮掩。

（2）刀叉使用：西餐的餐具较多，刀叉一般会提前摆在餐桌上，注意各种不同餐具的功能和用法。如果右手是优势手，使用刀叉时，应右手拿刀，左手拿叉。切肉时，用两手食指按压刀叉助力。切肉时动作要缓慢、优雅，掌握好力道，不可让刀与盘发出刺耳的声响。只用叉时，可用右手拿。使用刀时，不要将刀刃向外，更不要直接用刀送食物入口。吃面条时，可以用叉卷起来吃，不要挑，具体如图 6-11 所示。

（3）进餐姿势：进餐时身体要坐正，不可过于向前倾斜，也不要把两臂横放在桌上，以免碰撞旁边的客人。

（4）取食物：取菜时不要一次盛得过多，盘中食物吃完后可以再取。如遇本人不能吃或不爱吃的菜肴，当服务员上菜或主人夹菜时，不要打手势，不要拒绝，可取少量放在盘内，并表示"谢谢，够了。"对不合口味的菜，勿显出难堪的表情。

（5）进食：吃东西要文雅，要细嚼慢咽、小口吃、闭着嘴嚼，不发出声音，不与人对话。需要与人交流的时候，要先咀嚼好咽下去之后再与人交流。喝汤时不能对着碗直接喝，而要用汤勺在碗中由内向外舀起来，在碗边刮掉勺子底部的汤汁之后，再送到嘴边。慢慢喝，不要发出声音。如汤菜太热，可稍待凉后再吃，切勿用嘴吹。嘴内的鱼刺、骨头不要直接吐在桌子上，而是用餐巾掩饰，用手取出，或轻吐在叉上，再放入盘内。

（6）离席：用餐过程中不随意离席，如因接听电话、剔牙、补妆等原因需要离席，要与人说"抱歉"。离席时，将餐巾用盘子压住一角，让它从桌沿垂下，或者将餐巾叠放于本人座椅的椅面上；刀叉呈"八"字形分别放在盘子上，如果把刀叉并排放在餐盘上就代表用餐完毕。

盐和胡椒：
两者通常同时传递，即使他人可能只需用到其中一种，不要在给食物调味之前试着品尝它们的味道。

高脚杯（玻璃杯）：
玻璃杯一共是4种。酒应该从杯子的右侧倒入，千万不要溢出来。

水杯

红葡萄酒杯

席次牌：
主方一经排定就不会再更改座位布局。

面包碟和黄油刀：
将面包撕成一口大小放在面包碟中，再用黄油刀挨个抹上黄油，然后吃掉面包。

甜点勺和甜点叉：如果甜点同时配备了叉和勺，则用叉固定甜点，用勺舀着吃。

白葡萄酒杯

香槟酒杯

银器：
使用的正确顺序是由外而内，餐具一旦开始使用，就不应该再放回到桌子上。

餐巾摆放：
入座后，等主人先拿起餐巾，然后客人再跟着行动，把它平铺在自己的腿上。

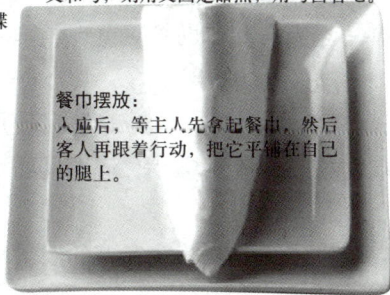

沙拉用叉　鱼用叉　肉用叉

餐具：
银器的数量表明了将会有几道餐点。正式的西餐晚宴有7道餐点，按顺序分别是：汤，鱼，沙冰（或爽口饮料），红肉或禽类主食，沙拉，甜点和咖啡。

切肉刀　切鱼刀　沙拉刀　汤勺

图 6-11　西餐用具及使用方式

四、自助餐礼仪

自助餐是一种非正式的西式宴会，当下也极为普遍。它是将一些烹调好的冷菜、热菜、点心、饮料等预备在长桌上，由客人按照个人的喜好、口味、食量来选取食物，其主要特点是表现出一种随意性和自主性（如图 6-12 所示）。自助餐礼仪是指人们安排或享用自助餐时要遵守的基本礼仪规范。

图 6-12 自助餐

在享用自助餐时，应遵循以下礼仪。

1. 排队取菜

在取菜时自觉排队，保持公共秩序，不要拥挤或插队。

2. 循序取菜

了解合理的取菜顺序，如先取冷菜、汤、热菜、点心、甜品和水果，然后循序渐进。

3. 少量多次

取菜要量力而行，应少量多次取用，不够再加，避免浪费。

4. 保持风度

不要占用餐具或餐位。食相优雅，尊重他人，言语文明。如宴请或聚会，应等同桌人都取完菜落座后再一起用餐。自助餐只可现场享用，不可打包外带。

5. 注意卫生

取菜时尽量避免说话、咳嗽、打喷嚏。选取食物时使用公共夹子或勺子，共享健康。不要直接用手抓取食物。用餐完毕及时清理桌面、把餐具带到收餐台。

6. 尊重服务员

尊敬服务员，向服务人员表示感谢，营造和谐的用餐环境。

案例探究

车磊陪同客户参加商务活动。在进行商务自助餐时，车磊发现了自己很喜欢的食物，于是迫不及待拿了满满一大盘，还一边拿一边和旁边的同事客户说：

"赶紧多拿一点，免得一会儿没有了。"结果到用餐结束，车磊盘子里的食物还剩了很多没有吃完。

请从商务礼仪的角度思考车磊的行为有何不妥。

案例启发： 中国素有"礼仪之邦"的美誉，讲礼仪是我们世代相传的美德。随着时代的发展和社会的进步，礼仪不仅成为一个国家、一个民族文明开化程度的重要标志，也是国民素质高低的具体表现。文明细节虽小却是"天大的小事"，唯有从点滴小事做起，我们才能让文明在全社会蔚然成风，文明才能真正成为一种感染力、凝聚力、推动力，进而升华为一种城市的名片，一种国家的形象，一种民族的精神。

实战演练

职场礼仪实操技能

一、训练目的

　　通过训练，能够掌握宴请的组织过程。

二、训练内容

　　你公司为了感谢 A 公司的合作和支持，需要在高级酒店举行宴会。请各自按照抽取的身份分工进行宴会组织的模拟。

办宴方成员：董事长、人事处处长、办公室主任、财务处副处长、项目经理

A 公司成员：董事长、业务部总经理、财务处处长、项目经理、业务员

姓名 _____	日期：_____
组织与实训步骤	第一步：分组开展情景内容演示。 第二步：挑选出典型小组，示范演示。 第三步：分析出现的问题，提出改善建议。
学生实训后反思与改善	小组互相评价 优点： 不足： 改善点：
三、训练结果	自我评价：
	教师评价：

实操内容注意事项：

1. 在实操过程中，学生应注重动作的正确性和规范性。

2. 在不同的环境和场合中，宴请礼仪的要求可能会有所不同，训练时应考虑到这些变化，学会灵活调整。

3. 实操过程，注意身体的协调性和动作的流畅性，避免生硬和不自然的动作。

礼仪小站

自古以来，茶是待客常物，也是待客珍品，宴请中，不管什么场合，选取一款好的茶叶，端出一杯热气腾腾的茶水，并加以茶道礼仪，还是非常适合的。

（一）中国十大名茶

西湖龙井、六安瓜片、黄山毛峰、君山银针、安溪铁观音、信阳毛尖、洞庭碧螺春、都匀毛尖茶、武夷岩茶、祁门红茶。

（二）茶道礼仪

1. 茶具要清洁

家里宾客来访，先让座，后备茶。冲泡茶前，一定要把茶具清洗干净。清洗干净后最好再用开水烫一下茶壶、茶杯。这是礼诚待客最基本的礼仪规矩。

2. 茶水度要恰当

泡茶，茶叶用量要适当，不宜过多，也不宜太少。茶叶过多，茶味过浓：茶叶太少，泡出的茶没有味道。泡茶前，可以先询问宾客的饮茶习惯，再根据客人的口味浓淡习惯冲泡。

3. 茶满欺客，七分茶三分情

俗语说：七分茶，三分情，茶满欺客。倒茶给宾客，无论是大杯小杯，都不宜倒得太满，以倒七分满为宜，留下三分人情给客人是礼法。

4. 端茶要得法

中国的传统习惯是只要两手健全，就必须用双手给客人端茶。此外，双手端茶也要有讲究，有杯耳的茶杯，一般是用一只手抓住杯耳，另一只手托住杯底，把茶端给客人。

5. 添茶要及时

要时刻关注客人的杯子，及时添茶。添茶时，必须先给客人添茶最后再给自己添。

思考练习

1. 对主桌 10 位宾客进行排位，他们分别是：经贸团团长、副团长、团长顾问、团长助理、客方司机，市长、常务副市长、主管副市长、经贸局局长、主方司机。

2. 想一想，你在吃饭时，可能有哪些不符合礼仪的行为，归纳出来，并逐一克服。

学习体悟

自测题

审 美 篇

第七章　审美初体验

"素朴而天下莫能与之争美。"

——《庄子·天道》

学习目标

知识目标：学习美的基本概念和基本特征，了解中国常见美的表现形式。

能力目标：提高对美的敏感性和欣赏能力，能够感知和领略不同的艺术
形式、文化风格和创意表达中的美感。

素养目标：发展积极的审美情感，能够欣赏、喜爱和体验美，提升生活
品质和幸福感。树立正确的审美意识和审美情趣。

本章关键词

美、审美、优美、崇高、中和之美、意境之美。

第一节　美，无处不在

情境导入

怀着对大学生活美好向往的小艺，在经历了一段时间的生活与学习后，对于大学生活渐渐熟悉，但每天的生活是教学楼、宿舍、食堂三点一线，让她觉得生活枯燥、无趣。她跟室友小美说："日子每天都这样简单、重复又单调，一点意思都没有，总说大学生活很美好，现在感觉还不如上高中那段奋斗的时光美好呢。"

如果你是小美，你怎么开导小艺？

知识园地

一、美的含义

查看案例

校园里，春花争艳，春燕呢喃，柳芽在微风中起舞；夏荷飘香，蛙声阵阵，星星也调皮地眨着眼睛；秋风送爽，银杏金黄，大雁整齐地飞过落霞；冬雪扑面，银装素裹，雪花簌簌地倾诉着衷肠。

细雨中，有学子跳跃的身影；花丛间，有少年青涩的笑容；教室里，有老师期望的眼神；操场上，有健儿们奋进的步伐。一个善意谅解的微笑，一串取得胜利后激动的泪珠，夜晚，道路上跳跃闪烁的灯光，同学和老师的一句诚挚真切的祝福都是校园里的美。只要你愿意去感受，就会发现校园生活中存在着各种各样的美。

我们确信美是无处不在的，但美与不美又受制于人的审美趣味，正所谓"萝卜青菜各有所爱"。一般说来，广义的美，是指凡能引起主体愉悦性情感体验的价值关系，无论是有形的还是无形的，都可谓之"美"。狭义的美，是不以内容为依托的，能引起情感体验的一种感性形式，即形式美。

二、美的基本特征

（一）具体形象性

图7-1的画面中，一枝白玉兰倾压低垂，新枝上挺立的花朵悠然绽放，如同一位温婉的佳人轻轻俯身，芳香袭人。花枝上，一只亮丽的黄鹂抬头仰望，倾

听着同伴的呼唤。鸟语花香的春日图景给人以美妙祥和的感受。通过欣赏这幅画，赏画之人能够感受到春天晴空万里、鸟语花香的和谐氛围。

无论自然美、社会美，还是艺术美，它们的内容都要通过一定的形、声、色等物质材料所构成的外在形式表现出来。瓷器之美（图7-2）通过瓷器的釉色、纹饰、器型等多种方式展现出来；京剧脸谱（图7-3）通过脸谱的色彩、图案、线条等表现手法，勾勒出世间百态，彰显出戏剧艺术的魅力。

图 7-1　于非闇绘画作品　玉兰黄鹂

图 7-2　青花山水人物纹瓶

图 7-3　戏剧脸谱

（二）真挚感染性

美不是直接诉诸人的理智，而是诉诸人的情感，比如，红色，单独来看，无所谓美或不美，但当我们提到五星红旗，红色就有了美的含义。美作为内容与形式的有机统一，不光具有一种感性的具体形态，也有情感体验。

《义勇军进行曲》由田汉作词、聂耳作曲，诞生于中华民族生死存亡关头，凝聚着中华儿女"不做亡国奴"的怒吼。它以集合号的旋律激发了中国人民的觉醒意识，唤起了民众对于民族危亡的认识。这首歌曲通过其激昂的音乐力量，激励了人们的精神，成为当时鼓舞士兵们的革命歌曲之一，之后被定为中华人民共和国的国歌，全国各族人民同唱这一首国歌，会不断激发出爱祖国、爱人民、一往无前、自强不息的精神，增强民族凝聚力，激励中华儿女为中华民族伟大复兴不懈奋斗。

（三）自由创新性

美是主体从事创造性实践的特殊结晶，是自由创造的象征，具有自由开放、变化创新的特性。人类认识世界、改造世界的能力在不断提高，美也在不断地被创造、被丰富。一个时代有一个时代的美，美在不断地创造之中迭代、更新。

一滴水墨，化成黄河之恢宏气象，近三层楼高的冰立方稳稳升起。绚丽的激光打在冰立方上，冰球运动员与影像冰球击打互动，冰立方渐渐碎裂，晶莹剔透的奥运五环于碎冰中徐徐升起。这一行为过程被定义为"破冰"。"破冰"的行为在中国文化中代表打破隔阂、化解矛盾、走近对方、互相理解。激光雕刻的五环打开了璀璨琉璃的冰雪世界。这是北京2022年冬奥会开幕式上惊艳的一幕——奥运五环"破冰而出"（图7-4）。这就是中华传统文化之美，是中国式的浪漫，也充满了科技感。现场观众为之惊呼，将开幕式气氛推向高潮。

图 7-4　北京 2022 年冬奥会开幕式五环造型

三、美的表现形式

美的形式多种多样，有优美、崇高之美、中和之美、意境之美等。

（一）优美

当你到西湖游览，漫步于苏堤、白堤之上，柳浪闻莺、花港观鱼、三潭印月、平湖秋月等美景尽收眼底。湖水清澈，山峰环绕，还有独特的湖岸景观。春天的湖景，乱花迷人眼；夏日的湖景，荷花别样红；秋风习习下的湖景，疏林红叶；冬日的湖景，雾凇沉砀。四季变换，每个季节都有不同的风景，让人心驰神往，带来美的享受。

静态的美感让人沉醉，动态的美丽亦让人沉迷。水下舞蹈《洛神水赋》（图7-5）的舞者化身洛神，翩若惊龙、宛若游龙，远而望之，皎若太阳升朝霞，迫而察之，灼若芙蕖出绿波，整个舞蹈使端午祈福的美好愿景与惊艳众人的视觉效果高度统一。

图7-5 水下舞蹈作品 洛神水赋

优美是美的一种最常见、最普遍的表现形态。优美建立在人与客体世界的最终和谐共存关系中。形式与内容的水乳交融、和谐统一，是优美的核心所在。审美主体一旦去感知对象，就会在瞬间油然而生一种亲切、宁静、轻松、愉悦的快感，并迅速渗透于主体的整个身心。

优美广泛存在于自然、社会和艺术之中。"五岳归来不看山，黄山归来不看岳"的黄山风景是优美的；温柔多情的性格，温文尔雅的举止，礼貌待人的态度是优美的；徐志摩的《再别康桥》和戴望舒的《雨巷》也是优美的。

（二）崇高之美

有人形象地概括道，如果说优美是"杏花春雨江南"的美，那么崇高之美则是"骏马秋风冀北"的美。崇高主要指对象以其粗犷、博大的感情形态，劲健的物质力量和精神力量，雄伟的气势，给人以心灵的震撼，使人惊心动魄，心潮澎湃，进而受到强烈的鼓舞和激励，引发人们产生敬仰和赞叹的情怀，最后在自我心灵的升华里获得巨大的审美愉快。

毛泽东不仅是一位伟大的革命家，也是一位伟大的诗人。他的《沁园春·长沙》不仅内容丰富，而且气势磅礴、画面壮阔、意象壮美、意境高远。此词上阕主要写景，描绘了一幅宏大壮阔富有生机的湘江寒秋图，并即景抒情，提出了苍茫大地应该由谁来主宰的问题。下阕着重抒情，但也不乏情中含景之处。"恰同学少年，风华正茂；书生意气，挥斥方遒"这四句激昂顿挫，节奏鲜明，刻画了一群青春年少、满怀理想与热血的青年革命家雄姿英发的战斗风貌和豪迈气概。"中流击水，浪遏飞舟"，也是一幅奋勇进击、劈波斩浪的宏伟画面。全文壮丽的意境、浩荡的气势以及坚定的信念让读者体会到崇高感，带来了心灵上的震撼。

自然界的崇高首先以其数量与力量的巨大引起人们的惊讶和敬仰，如汹涌的波涛、直泻的瀑布、奔腾的长江、咆哮的黄河、峻峭的山峰，这些大自然的惊人景象是崇高的。在社会生活中，艰难曲折的革命斗争显示出人格的崇高感，展现出符合客观规律的社会实践的伟大力量和它不可阻挡的历史发展的必然前途，显示出真与假、善与恶、美与丑相对抗、相斗争的深刻过程。艺术领域的崇高比起自然领域和社会领域，则更具集中典型性。琴曲《高山流水》、词作《满江红》、雕塑《人民英雄纪念碑》，都具有崇高的风貌和神韵。

（三）中和之美

"中和"是中国最传统，也是最有特色的美学范畴之一。其基本内涵是协调适中，不偏不倚，刚柔并济。是中华思想和文化的基本精神，是具有主导意义的审美理想。

"动而不过、动而适度"的美学思想，这就是"中和"。"中和之美"最经典论述就是中国园林景观植物设计中最核心的审美形态。儒家"中和"的美学思想在中国园林景观设计审美与艺术上产生了深刻影响，如苏州拙政园。

拙政园（图7-6）的布局疏密自然，以池水为中心，楼阁轩榭建在池的周围，其间有漏窗、回廊相连，园内的山石、古树、绿竹、花卉，构成了一幅幽远宁静的画面。拙政园形成的湖、池、涧等不同的景区，把风景诗、山水画的意境和自然环境的实境再现于园中，富有诗情画意。拙政园园林植物设计和营造，成了真正的"动而不过，动而适度"的美学典范，让人获得了"中和之美"的体验。

图 7-6 拙政园航拍图（摄影）

"尚和"的前提在于承认事物的多样性和差异性的存在，能够以对立的眼光看待万物是中和理念的基本特征，所以古代思想史上的诸多范畴都是成双成对出现的，它们不是彼此对抗，而是阴阳相合、刚柔相济、互动相生、彼此点化，出入尚中致和之境，其中所蕴含的精神智慧不仅形成了中华民族思想品格的固有特色，更是中国古代各类艺术的源泉。在中国画中，我们几乎找不到像西方画中的激烈情绪的表现，大多以平和、宁静为美；中国古代的戏曲常常会通过悲喜交加的手法和大团圆的结局，来使人们的情感得以"中和"，求得欣慰；绘画理论中动静结合、书法理论中肥瘦相合、诗论中以虚实相生等命题，都是中和思想培育下普遍和谐精神的表现。

（四）意境之美

　　意境是中国古典美学中最具民族特色的重要范畴。意境是情景交融，寓无限于有限，在具体意象间蕴含无穷无尽的象外之象和言外之意。"境"作为美学范畴，最早出现在王昌龄的《诗格》里面。他把"境"分为物境、情境、意境三类，物境是指自然山水的境界，情境是指人生经历的境界，意境是指内心意识的境界。"境"是情产生的基础，这里的"境"并非单指景物，而是涉及生活环境，意义比景物要广阔得多。

　　马致远的《天净沙·秋思》是一曲千古绝唱。短短二十八字，刻画出一幅非常真实生动的秋郊夕照图。枯藤、老树、昏鸦、小桥、流水、人家、古道、西风、瘦马，这些有形的、可感的事物，具有明显的深秋色彩，与无形的、抽象的凄苦之情有相通之处，在苍凉的背景上勾勒出孤旅之人漂泊不定而又忧愁的情怀。以景托情，景中生情，作者创造性地将孤立的自然之物精巧地组合在一起，使整个画面富有流动感和生命感。

　　情景交融是意境的美学特征。景是客观的景，是造境的基础；情是主观的情，是造境的主导。景中含情，客观景物蕴含主观感情；情中有景，主观感情依附于客观景物。主客观统一，既统一于"意"，又统一于"境"。"意"并不是单纯的主观意识，它包括客体进入主体的思想所形成的各种"意象"；同时，"境"也不是客观物象和环境，它和"意"本来就是一体的。意是境中之意，境是意中之境，主观和客观的统一是情景交融的完美境地。倘若没有"情"的渗透，再美好的景物也只能是大自然中纯粹的景物，不会成为艺术创作的对象。同样，没有"景"作为情的载体，"情"也不会被艺术欣赏者所理解和接受，不能与受众产生共鸣，艺术创作的目的也就无法达到。比如杜甫的"感时花溅泪，恨别鸟惊心"，描绘的是春天的花儿是鲜艳夺目的，春天的鸟儿应该欢呼雀跃，给人以愉悦，但此刻都因人而具有了怨恨之情，"感时""恨别"都浓聚着杜甫因时伤怀，苦闷沉痛的忧愁。

游园不值

宋·叶绍翁

应怜屐齿印苍苔，小扣柴扉久不开。

春色满园关不住，一枝红杏出墙来。

案例启发：《游园不值》是宋朝诗人叶绍翁的一首名诗。"应怜屐齿印苍苔，小扣柴扉久不开"描述了诗人满怀期待去游园，却未能进入园中的情景。这本来是一件扫兴、不值得介意的小事。然而作者却由此入笔，写得别有情致。这既体现了诗人的失落，又巧妙地展示了园主的珍视，不愿让屐齿破坏青苔，破坏了园中的宁静与美丽。而"春色满园关不住，一枝红杏出墙来"则是诗中的点睛之笔，用意外之笔写出了意外的感受。虽然未踏入园中，但一枝开得正旺盛的红杏，伸过墙头，向诗人展示出满园春色的美景，表达了生命的顽强与美好。这两句诗不仅富有哲理，也充满了诗意，让人感受到春天的生机与活力。

《游园不值》是一首富有情趣和哲理的诗。它告诉我们，美是无处不在的，眼前"春色"是锁不住的，"红杏"必然会"出墙来"，这是宣告春天来临的景象。同时，这首诗也表达了诗人对生命的热爱和对美的追求，让人读后回味无穷。

实战演练

"天地有大美而不言"，请以同学们的"寻味生活，发现美好"为题，写下自己的经历，拍一些照片，和同学们一起分享。

生活中处处都是美，如春天来了，学校里的樱花开了，一阵春风吹过，樱花轻轻诉说着衷肠；室友过生日，大家围着他唱着生日快乐歌，烛光映着笑脸，青春的音符在跳动；决赛现场，各位选手神采飞扬，他们自信大方、音色优美、气势昂扬，用奋斗精神描绘青春底色等都是美的体现。

训练目的

通过以上训练，学会发现生活中的美。

实战启发

本次活动需要学生观察生活、细细体味生活，通过学习和实践丰富自己的生活，这样才能发现生活中的美。

在"寻味生活，发现美好"的整个活动中，学生可以发现日常生活中的自然之美、情感之美、奋斗之美、文学之美。因此，这次训练能够培养学生的审美意识、提高学生的审美能力，让学生们感悟人生之美、享受人生之美、创造人生之美。

春江花月夜

唐·张若虚

春江潮水连海平，海上明月共潮生。

滟滟随波千万里，何处春江无月明！

江流宛转绕芳甸，月照花林皆似霰。

空里流霜不觉飞，汀上白沙看不见。

江天一色无纤尘，皎皎空中孤月轮。

江畔何人初见月？江月何年初照人？

人生代代无穷已，江月年年望相似。

不知江月待何人，但见长江送流水。

白云一片去悠悠，青枫浦上不胜愁。

谁家今夜扁舟子？何处相思明月楼？

可怜楼上月裴回，应照离人妆镜台。

玉户帘中卷不去，捣衣砧上拂还来。

此时相望不相闻，愿逐月华流照君。

鸿雁长飞光不度，鱼龙潜跃水成文。

昨夜闲潭梦落花，可怜春半不还家。

江水流春去欲尽，江潭落月复西斜。

斜月沉沉藏海雾，碣石潇湘无限路。

不知乘月几人归，落月摇情满江树。

张若虚的《春江花月夜》以独特的艺术手法展现了春江月夜的唯美景象，不仅赞美了自然美景，还融入了诗人对人生和宇宙的深刻思考，创造了一个深沉、寥廓、宁静的艺术境界。诗歌以其清丽的语言、空明的意境、奇特的想象和婉转悠扬的韵律，展现了诗人对离情别绪的真挚表达和对人生哲理的深刻感悟，被视为唐诗中最顶尖的作品之一，其影响力和地位不仅体现在诗歌领域，也对后世的音乐创作产生了深远的影响。其深厚的意蕴体现在以下几个方面。

（1）自然之美：描绘了春江、明月、花海等自然景象，展现了大自然的美妙和恢宏。

（2）人生思考：引发了对人生短暂、时光流逝的感慨和思考。

（3）爱情主题：蕴含着对爱情的向往和思念。

（4）宇宙意识：表现出对广阔和神秘宇宙的探索。

（5）哲理意味：包含了对人生、自然和宇宙的深刻哲理。

（6）审美价值：具有极高的审美价值，语言优美，意境深远。

（7）文化内涵：体现了中华传统文化中对自然、人生、情感的关注和表达。

（8）情感共鸣：能够引起读者的情感共鸣，让人感受到其中的美好和哀愁。

（9）生命意识：唤起人们对生命的珍惜和对美好生活的追求。

（10）艺术魅力：以其独特的艺术魅力，成为中国文学史上的经典之作。

思考练习

1. 很多人认为，大学主要是以专业课的学习为主，美育靠的是天生的喜好和平时的积累，自学就可以了，对此，你怎么看？

2. 生活中哪种美令你向往？

3. 选择一首你喜欢的诗词，分析其意境美。

学习体悟

第二节　丰富审美体验

情境导入

春天到了，校园一时之间争奇斗艳。三位同学在校园里散步，看见一棵桃树，树上的桃花一簇簇开得正可爱。文学专业的同学脱口而出："去年今日此门中，人面桃花相映红。人面不知何处去，桃花依旧笑春风"；艺术设计专业的同学走到树下，精心挑选了不同的角度拍摄照片，发到朋友圈，盛赞美丽校园和满园春色；农学专业的同学心想：这棵桃树会不会结果呢？要怎么管理，才能让它结满果子，体验硕果累累的喜悦？

面对同一棵桃树，三位同学表现出不同态度。为什么会出现这样的情况呢？面对美的事物，美感到底从何而来，而审美又是怎样一种情感体验呢？

一、审美的含义

审美，是一种主观的心理活动过程，是欣赏者对具有审美价值对象的一种主观感受、理解和评价，即人们对美和丑做出评价的过程。通过审美，人们可以丰富自己的物质生活和精神家园，以达到愉悦自己、完善自身的目的。审美的基础是美感。美感是在审美活动中主体对于美的主观感受、观照、体验、欣赏和评价。没有美感作为基础，审美便是空中楼阁；没有审美作为主导，美感便不能升华。如果说美感是一种"高级的快感"，那么审美就是一种"高级的美感"。

2024年中央电视台龙年春晚的创意节目《年锦》亮相后，汉服迅速冲上热搜，持续成为网络热议话题。《年锦》上演了一场人从画中来的"古代时装大秀"。节目选用了汉、唐、宋、明不同朝代寓意吉祥祝福的代表纹样，与华丽的舞美技术相融合。四位演唱者分别身着汉代的深衣、唐代的襦裙、宋代的褙子和明代的袄裙，演绎着历朝历代服饰的流行经典。将四套华服逐帧定格，放大局部，可以发现很多细节都充满玄机。该节目通过歌曲与虚拟合成技术相结合的方式，织出一幅跨越千载的纹样变迁图卷。

"巍巍华夏，泱泱大国"，五千年中华文化源远流长。从"敦煌飞天"到"霓裳羽衣"，华夏服饰作为中华文化的重要承载，其端仪大气之美，是中华文明的延续，凝聚着高度的文化自信，令世界为之倾倒。

其实，汉服很多年前就开始流行了。在各地的春游图景中，汉服格外亮眼。它们多以中国古代各朝代的服饰为蓝本而设计，透着浓浓的中华传统韵味。它们形式多样、风格多变，展现出我国传统服饰文化的灿烂。汉服也渐渐融入日常生活，显示出青年一代对中华优秀传统文化的热爱及审美观的变化。

二、审美源于对形象的直观感受

高山耸立有形体美，百花争艳有色彩美，欢歌笑语有声韵美，鱼翔浅底有动态美，万山红遍有静态美。所谓审美直觉，也是对美的形态的直接感知，也是对审美对象的整体把握。人们获得这种审美感受时，既没有经过理智地思考，也没有进行逻辑地判断和推理，而是刹那间做出的判断。这种直觉性贯穿于美感的一切形态之中。

事实上，美感的直觉性并不是单纯感觉上的概念，而是感性与理性的统一。例如，在我们欣赏长城景观的壮丽时，实际上已带上它的理性因素——建筑之艰难、工程之伟大及中华民族的象征等，感性和理性的结合我们才能领悟它震撼心灵的崇高之美。因此，审美的直觉性是融理性于感性之中，表面上不假思索，其实理性的因素在审美过程中已不知不觉地渗透了进来。

秦始皇陵兵马俑（图7-7），其规模之大，形象神情之妙，无疑是我国古代雕塑史上的珍品，也是世界陶俑艺术中的瑰宝。这些兵俑，高大魁梧、雄健有力、浓眉大眼、宽额厚唇，有关中大汉的形态。而这些兵俑又各具神态，体现出古代武士的阳刚之美，让人想象出秦兵横扫南北，纵横天下，统一中国时叱咤风云的气势。

图 7-7　兵马俑

三、沉浸在愉悦的审美体验中

我们欣赏乐曲《二泉映月》时，二胡拉出那缓慢、低沉而悠扬的旋律时，我们立刻被激发出一种凄婉哀怨的情绪，仿佛一人孤身坐于冷月清泉之地，回首往事，痛苦不堪。随着主题的展开，旋律慷慨激昂起来，那悲愤的控诉、不屈的抗争和孤傲的人格立刻在我们心里激起共鸣，愤怒、同情、钦佩等诸多情感，它们在我们心中交织着、洋溢着、沸腾着。直至曲终，我们的心绪仍然久久不得平静，这就是一种审美情感的体验和态度。

审美感受的愉悦性是指在审美活动中，审美主体总是充满感情色彩，"感时花溅泪，恨别鸟惊心"，花、鸟、万物皆着我之颜色。面对美的事物，审美主体若能全身心地去感受，就会被深深地打动，从而感到愉快、喜悦、惬意、舒畅、满足。"登山则情满于山，观海则意溢于海"，说的就是人的主观情感与客观自然景物相互交融，化为一体的情景。

审美愉悦有益于人的身心发展，可陶冶人的美好情操。歌曲《我和我的祖国》能鼓舞人们的斗志，激发热爱祖国的美好情感。再如，听冼星海的音乐，读张若虚的诗，登巍峨的泰山等都可以获得审美愉悦。这种愉悦感来自身心与能力的和谐运动，令人感到一种怡然自得、轻柔流畅、游刃有余的自由。

四、给审美插上想象的翅膀

刘禹锡的《乌衣巷》写道："朱雀桥边野草花，乌衣巷口夕阳斜。旧时王谢堂前燕，飞入寻常百姓家。"诗中的"野草""夕阳""燕"等是实景，而六朝古都的繁华是虚景。可我们不难想象出当年桥头车水马龙、宫殿歌舞之盛、美人之多、珍宝之富，如今却野草遍地，荒凉无比，昔盛今衰、物是人非的历史沧桑感便油然而生。

独特的想象是创作的灵魂，艺术家的想象，在于创造新的表象使之成为自己的思想和情感的完美体现者。要表现"竹林桥外锁酒家"的诗意，画家只需画"旌幌"，要表现"深山藏古寺"的画意，只需画打水的"和尚"。在这里，"旌幌""和尚"是实，"酒家""古寺"是虚，在虚与实之间有一座桥梁，那就是欣赏者的想象。而读者需化实为虚，化景物为情思。哪怕是一块普通石头，在审美者的眼里都有可能是一尊精美的雕塑。

在审美活动中，想象是渗透着情感的想象，情感是渗透着想象的情感。如南国红豆的相思，依依杨柳的别情，红烛的垂泪，杜鹃的啼血等，这些饱含情感的意象往往特别持久、强烈、鲜明，也最容易激起人们的想象。审美情感渗入想象，不但成为审美想象的推动力，而且成了意象构成的中介力。在情感的作用下，主体的审美需要与客体的表象相互作用，最终主客融合，物我同一。正是情感推动想象，将表象加工制作组成新的意象、意境，主体的审美理想才得以实现。同时，审美想象在受到主体审美情感的推动下，可以高度发挥欣赏主体的主观能动性，超越时空，自由翱翔。

五、距离产生美

懂得审美的人，总是追求一种恰到好处的美感距离。好的美感距离，是一种不远不近、不即不离、不轻不重的理想审美距离。在这种美感距离下，审美主体的审美感官能得到极大调动，从而会对审美对象保持完美、良好的印象，让人难以忘怀。

当我们站在地球上看月亮，她皎洁清澈，在夜幕的映衬下熠熠生辉；她神秘莫测，激发人们无穷无尽的想象力。嫦娥、玉兔、吴刚、桂花树、广寒宫，这一个个美丽的神话，多少文人骚客为之倾倒、吟咏，多少异乡游子用其寄托思乡情思。然而，当人类的宇宙飞船登上了月球，无情地抹去了人与月亮之间的"心理距离"，充满诗情画意的月亮在人们心目中只剩下荒凉、沉寂、毫无生气。人们真应该感谢这个空间距离，它使人们无法用肉眼精确地认识月球，却能够让人们以审美的眼光欣赏月亮。可见，实际的空间距离在主体的"心理距离"的产生中发挥了一定的作用。

从审美的实际距离看，太近、太远都会破坏美感，达不到良好的审美效果。距离太近，就容易发觉审美对象的白璧微瑕，在审美态度上也易失之于轻慢，有时在心理上就会产生"不过如此"的想法。距离太远，没有准确清晰地观赏到审美对象，势必影响美感的产生，审美效果肯定不佳。雾里看花虽美，但若看不清花容月貌，那么肯定产生不了好的美感。

审美还存在"心理距离"的问题。"心理距离"是指人在审美时，由于经验功利、主观情感等的不同，而对同一审美对象产生不同的审美感受。审美"心理距离"产生于人的思想意识。审美，需要一定的"心理距离"，不能太过或不及。人对审美对象太熟悉，习以为常，容易产生视而不见，闻而未听的效果，肯定影响美感的产生。譬如，一个久居黄山的农人，在他心目中，黄山上的奇松、怪石、云海、飞瀑过于平常。这是他们的审美心理距离太近的缘故。

案例探究

我爱这土地

艾青

假如我是一只鸟，

我也应该用嘶哑的喉咙歌唱：

这被暴风雨所打击着的土地，

这永远汹涌着我们的悲愤的河流，

这无止息地吹刮着的激怒的风，

和那来自林间的无比温柔的黎明……

——然后我死了，

连羽毛也腐烂在土地里面。

为什么我的眼里常含泪水？

因为我对这土地爱得深沉……

案例启发：1938年10月，武汉失守，日本侵略者的铁蹄猖狂地践踏着中国大地。作者满怀对祖国的挚爱和对侵略者的仇恨写下了这首诗。诗的第一节以一只鸟生死眷恋土地作比，形象地抒发了作者深沉真挚的爱国情感，诗中写实和象征交织，描绘了土地、河流、风、黎明，暴风雨等一系列内涵丰富、意象鲜明的对象。"歌唱"也不是轻柔空灵的，而是无比凝重深沉，因为祖国就是诗中描绘的"暴风雨所打击着的土地"，正在惨遭蹂躏、面临沦亡。最后，诗人以小鸟之死，把诗情升华到顶点，死后也要与祖国的土地浑融合一，是诗人赤诚之心的真实写照。要想与作者产生情感共鸣，读者必须要了解本诗的时代背景，这样才能够拉近与作者的心理距离，在爱国主义的大主题下心灵呼应。

朗诵范仲淹的《岳阳楼记》,并分析其审美价值。

训练目的

通过训练,提升进行审美体验的能力。

实战启发

《岳阳楼记》包含了丰富的审美意蕴。

(1)自然美:描绘了洞庭湖的壮丽景色,展现了大自然的美妙。

(2)意境美:通过对岳阳楼景色的描写,营造出深远、高雅的意境。

(3)人格美:作者范仲淹以高尚的人格魅力,表达了"先天下之忧而忧,后天下之乐而乐"的思想。

(4)情感美:蕴含着丰富的情感,如忧国忧民、豁达超脱等。

(5)语言美:文字优美,表现力强,具有很高的艺术价值。

(6)哲理美:传达了一些深刻的哲理,如得失观、忧乐观等。

(7)文化美:体现了中国传统文化中对自然、社会、人生的思考和感悟。

(8)结构美:文章结构严谨,层次分明,具有一种整体的美感。

(9)历史美:成为历史的一部分,承载着特定时代的文化和精神。

(10)教育美:对后人具有教育意义,激励人们追求高尚的品德和价值观。

这些审美意蕴使得《岳阳楼记》成为中国文学史上的经典之作,对后世具有深远的影响和价值。

🌿 **审美小站**

苏轼是我国文学史上一位成就卓著的文学家,也是一位写月亮的名家。苏轼的诗词中对于月意象的运用尤为频繁,他常借月写景、抒情。面对同一轮明月,有时候寄托对故乡亲人的思念,如"人有悲欢离合,月有阴晴圆缺,此事古难全。但愿人长久,千里共婵娟"(《水调歌头·明月几时有》);也有折射澄明的心境和高洁的品格,如"明月如霜,好风如水,清景无限"(《永遇乐·明月如霜》),"过溪沙急,霜溪冷,月溪明"(《行香子·过七里濑》),"月明风露娟娟,人未眠"(《醉翁操》)等;还有象征知己或化身自我,如"多情明月邀君共,无价青山为我赊。"(《次韵送徐大正》);更有表达对人生无常的感慨,如"璧月琼枝空夜夜,菊花人貌自年年。不知来岁与谁看"《浣溪沙·菊节》,"此生此夜不长好!明年明月何处看"(《阳关曲》)"中秋谁与共孤光"(《西江月》)。

面对同一轮明月,苏轼产生的情感是不同的,这正说明审美情感离不开人的情感活动。

🌼 思考练习

　　每当我们看到一处秀丽迷人的自然景观，听到一首悦耳动听的乐曲，欣赏一幅诗意盎然的绘画作品，或赏玩一件巧夺天工的工艺品时，就会情不自禁地发出由衷的赞叹：真美！具体说说在你的成长过程中，你自己印象最深刻的审美体验。

学习体悟

自测题

第八章　感悟真善美

"至美素璞，物莫能饰也；至贤保真，伪文莫能增也。故金玉不琢，美珠不画。"

——《盐铁论·殊路》

学习目标

知识目标：理解自然美的文化价值、艺术美的独特魅力、科技美的日新月异、文化美的博大精深和社会美的时代要求。

能力目标：具有发现并感受自然美、艺术美、科技美、文化美和社会美的能力，能够感知和领略不同艺术形式、文化风格和创意表达中的美感。

素养目标：提高对美的敏感性、欣赏力、创造力，自觉投身创造美的实践。

本章关键词

自然美、艺术美、科技美、文化美、社会美。

第一节　发现自然美

小水进入大一后，面对校园里众多的学生社团，一时间不知道要加入哪个。小利作为他的老乡和学长，学校摄影协会的会长，向小水介绍了学习摄影的感受和好处。

小利非常热爱摄影，美好的自然风光、富有朝气的大学生都是他热衷的拍摄对象。小利告诉他加入摄影协会，不仅能提升拍摄和后期制作的技术水平，还能提升审美能力，增强个人自信心，为生活增添乐趣。并且在活动中提升沟通、表达、团队合作的能力，结识志同道合的朋友，拓展社交圈子。

小水听了小利学长的介绍后，果断地加入了摄影协会。

知识园地

一、自然美的含义

自然美是指自然界中存在的各种美好事物和现象，如山水花鸟、日月星辰等。

一般说来，自然美的存在可分为两大类。一类是存在于未经人类劳动改造过的自然物和自然现象上，如海洋、瀑布、原始森林、雨雪风霜等纯自然状态下的事物。另一类则存在于经过人类劳动加工的事物上。这种自然美的存在又可以分为一般加工和艺术加工两种：前者有开垦后的农田、人工绿化的荒山等，它们直接体现了人的劳动创造能力和心灵智慧，因而引起人们的喜爱和喜悦；后者有盆景、插花、园林景观等，它们本身就是一些为直接满足人的精神生活需要与审美享受而存在的艺术性劳动过程及其结果，因而审美特征和审美效果更为明显和强烈。

我国著名的五岳，地质结构相似，但外形特征迥异：东岳泰山，形体厚重，主峰高耸；西岳华山，四壁陡立，山脊高窄；南岳衡山，形似大鸟，云雾缭绕；北岳恒山，逶迤起伏，绵延不绝；中岳嵩山，没有高峰，如眠龙状。因此，人们以人的五种姿态来形容五岳的各不一样的形象美：泰山如坐，华山如立，衡山如飞，恒山如行，嵩山如卧。正是由于自然物和自然现象有着复杂多样的自然属性，自然美才会显示出千般动人的景象，人们也才能从自然界中感受到丰富多彩的美。

（选自仇春霖主编《大学美育》，高等教育出版社 2010 年版）

自然物和自然现象都有一定的自然属性，如形状、线条、光泽、色彩、姿态、比例、对称、声音、质料等特征，这是构成自然美的前提条件和物质基础，也是自然美区别于其他种类美的根本特点。可以说，离开了自然物的自然性也就没有了自然美。高山有高山的险峻，大海有大海的辽阔；鲜花有鲜花的姿态，小草有小草的风韵。一切自然美景，都有它自身的特征和自己独特的美。尤其是由于这种自然属性的存在，使得人们在自然的审美过程中，能够真正感受到自己作为一个自主而完整生命存在的意义，充分享受大自然赐予的天然乐趣，产生一种返璞归真、超尘脱俗、洗尽人世烦恼而心旷神怡的体验。

二、发现自然美

（一）多姿多彩的自然美

中国古代画家在不同的季节观察树木、池水、天空等色彩变化，发现了各种形式的美。水色是春绿夏碧，秋青冬黑；天色是春黄夏苍，秋净冬暗；树木是春英夏荫，秋毛冬骨。春英是指叶细而花繁，有一种萌芽的美；夏荫指叶密而茂盛，有一种浓郁的美；秋毛指叶疏而飘零，有一种疏朗之美；冬骨指枝枯而叶槁，有一种树干挺劲的美。

自然美的内容很宽泛，缺乏确定性，但它的形式却是清晰而鲜明、具体而生动的。如花的色彩缤纷、鸟的千啼百啭、湖的碧波万顷、山的陡峭险峻，诸如此类，自然美似乎成为与内容无关的、相对独立的形式美。自然物往往以它鲜艳的色彩、悦耳的声响、生机盎然的姿态等感性形式直接唤起人的美感。当人们面对某个自然物时，往往被它的形式所吸引和陶醉，而不是首先顾及它所表现的社会性内容或其他性质。如一只蝴蝶、一片森林、一座山峰、一条河流，只有在特定条件下，人们才能明确体会到它们的社会意义，而在直观过程中，它们只是以自身的色彩、线条、形体、声音等形式因素，与人的视觉、听觉、触觉、嗅觉等活动相和谐，使人获得适心随意、悦目悦耳的审美享受。

同是圆形天体，太阳因燃烧而释放出高度的热能，使人感到温暖、热烈与光明；而月亮只是反射了阳光，在黑夜里，朦胧清凉的光线使人感觉到一分清爽、亲切、宁静的安全感和如梦般的柔情。同样都是流动奔腾的江河，黄河由于泥沙含量高，望之时仿佛有一团团固体在推挤着我们往后退却，质地凝重而力量强大；而长江则因泥沙较少而有一定的透明感，所以，对人显得真诚而富有亲和力。同是山花，杜鹃只有一层简单的花蕊绽开，各色杜鹃缀满枝头、遍山怒放而显得朝气蓬勃、笑意单纯且略有几分野趣；而金银花则择地而生，以一簇簇小棒状的金色和银色花蕊绽放在藤蔓上，散发出沁人的馨香而又显得清纯羞怯。

自然美千姿百态、变幻无穷，造就了其具有多层次、多侧面的特征。首先，自然物及其属性的无限丰富，向人们呈现着变幻多样的美。同一自然物随着季节、时令及天气的变化，会呈现出不同形态的美，给人以不同的审美感受，这才有了旭日东升的朝气蓬勃和夕阳西照的悲壮肃穆，春风拂面的融融暖意和秋风扫叶的肃杀之气。其次，因为自然物与人的关系的多样性，也使自然物具有美的多面性。同一自然物从不同的角度、不同的距离去欣赏，往往会得到不同的美感。即所谓"横看成岭侧成峰，远近高低各不同"。自然美的多面性，还表现在许多自然风景区都很难以一字穷其全貌，而是各种形态美的综合体。最后，由于审美主体的文化背景不同，也使自然美具有多面性。

宋代的周敦颐用莲表示自己的洁身自好，唐代骆宾王则用蝉表示自己未被人理解的高洁，陈毅赋《青松》展示革命者的坚强不屈，毛泽东作《咏梅》抒发革命家的坚强意志和坦荡胸怀。中国人素来称松、竹、梅为"岁寒三友"，将梅、兰、竹、菊为"四君子"，或作画、或写诗来赞美它们，同样是因为这些植物的审美外观象征了人所珍视的品质：松的挺拔清高，象征了仁人志士和长者的高风亮节；竹的虚空有节，象征了谦虚和有气节；而梅的悠远孤清、风华超绝，则象征了高洁的志趣。可以说，自然物与现象作为审美客体所具有的象征性，极大地提高了其审美价值。

自然景物正是以这种独特的形式，与人缔结了各种各样的关系。当人们看到一些自然景物具有与人类社会生活的美相类似的特征时，就会不仅感觉它美，还会赋予它思想品质。蜜蜂筑巢、春蚕吐丝，只是出于动物本能的劳作，但人们却用"勤劳酿造美好生活""春蚕到死丝方尽"来表达自己的情感。

自然美的某些特征还可以与人的某些性格品质相似。这种自然美虽非由人的劳动直接创造，但由于它同人的美以及人创造的美有相似的特征，经过人的审美意识的加工改造，即所谓"托物言志""借景抒怀"，从而使人浮想联翩，达到情景交融，获得美感。甚至连对人有害的自然物，人们也可能赋予它美的情感。如大海怒涛可以覆舟，狂风暴雨会毁屋伤苗，但是"四海翻腾云水怒，五洲震荡风雷激"却成了革命斗志高涨的象征。这一切都说明，自然物的美已不是"自在之物"，而是"为我之物"了。由于这些自然物本身客观存在着与人的社会生活中的美好事物相类似的特征，人们通过联想、想象、创造，将这些相似特征联结起来，从而就赋予自然一定的社会内容，因而产生了美。

（二）绿色审美新形态

绿色审美是一种以绿色为核心的审美观念和价值取向。这种观念是顺应时代要求的，这种观念重视自然，强调对自然环境的尊重和保护，强调欣赏自然的美丽和生态价值；倡导环保，关注环境保护，反对对自然的破坏和污染；追求简约，倾向于简洁、朴素的设计和生活方式；注重可持续性，考虑资源的合理利用和未来的发展；强调人与自然的和谐，认为人与自然应相互依存、和谐共生。

工业社会发展了几百年，人们以破坏自然的方式来征服自然，茂密的森林、广袤的草原、碧绿的田野虽然依旧存在，却范围都在一步步缩小。于是，人们开始重新审视自己，重新思考自己和自然的关系。

绿色审美在当今现代化城市进程中，成为重要的审美形式，在审美教育中发挥着独特的作用。城市中的绿色主要体现在三个方面：（1）以建筑为主体的绿色景观。建筑是城市的名片，优秀的建筑就像优美的画卷一样给人带来美的享受。若将建筑辅以绿色植物，掩映于绿色中，或藏或露，可以创造有意味的审美情境。（2）以街景为主体的绿色景观。城市道路的规划，常用绿色隔离带、行道树将不同的车道隔开，挺拔的白杨、苍劲的国槐、茂盛的梧桐、扶风的垂柳等，这些绿色的植物在视觉上给人柔和而安静的感觉。各种花木随着季节而变换颜色，展现自然更替，还躁动的城市以安宁祥和，并给城市带来生机。（3）以园林为主体的绿色景观。公园和广场是城市中开放性、大众性、休闲性的场所。林荫大道、楼台亭阁、小桥流水、人造沙滩、湖塘池鱼等，都构成了颇具自然生趣的景观，使人们在钢筋混凝土筑就的单调城市里找到心灵的栖息地。

（三）人与自然和谐共生

习近平总书记在党的二十大报告中强调："中国式现代化是人与自然和谐共生的现代化""必须牢固树立和践行绿水青山就是金山银山的理念，站在人与自然和谐共生的高度谋划发展"。在2023年全国生态环境保护大会上，习近平总书记深刻阐释生态文明建设在党和国家事业发展全局中的重要地位，"把建设美丽中国摆在强国建设、民族复兴的突出位置""加快推进人与自然和谐共生的现代化"。

近年来，我们大力推进生态文明建设，按下绿色发展的"快进键"。从持续增绿，创造"全球新增绿化面积的四分之一来自中国"的奇迹；到大力治沙，不断实现从"沙进人退"到"人进沙退"的转变；再到持续减排，让蓝天白云成为生活的常态。我国生态文明建设发生历史性、转折性、全局性变化，天更蓝、地更绿、水更清，万里河山更加多姿多彩，美丽中国建设迈出了重大步伐。这是为当代计，也是为万世谋。

自然是生命之母，人与自然是生命共同体，人是自然存在物，是自然进化的产物。大自然是人类赖以生存发展的基本条件，人与自然的关系是人类社会最基本的关系。尊重自然、顺应自然、保护自然，促进人与自然和谐共生，是中国式现代化的鲜明特点。我们挥毫泼墨，书写生态画卷，让天蓝、地绿、水清的生态之美从理想照进现实，让绿色发展理念不断浸润美丽家园。人与自然和谐共生的美好画卷正在徐徐展开。

案例探究

中华人民共和国成立后，三代塞罕坝人在"黄沙遮天日，飞鸟无栖树"的荒漠沙地上艰苦奋斗、甘于奉献，创造出荒原变林海的人间奇迹。现今，塞罕坝草长莺飞，是绿色明珠、人间天堂。在半个多世纪的耕耘与坚守中，塞罕坝人也用热血和汗水铸就起牢记使命、艰苦创业、绿色发展的塞罕坝精神，在人类生态文明建设史中写下了浓墨重彩的一笔，并在绿水青山间、座座望火楼中谱写出一曲曲英雄壮歌。2017 年 12 月，塞罕坝林场建设者获得联合国环保最高荣誉——地球卫士奖；2021 年 2 月，塞罕坝机械林场荣获全国脱贫攻坚楷模荣誉称号。

（选自 2023 年第 8 期《党建》杂志）

案例启发：治愈人类对大自然的伤害，首先要充分尊重和顺应自然，给大自然足够的时间和空间进行休养生息，依靠自然的力量维护生态系统平衡。而塞罕坝机械林场建设的生动实践充分证明，对生态受损严重、依靠自身难以恢复的区域，要充分发挥人的主观能动性，采取科学适度的人工修复措施，为自然恢复创造条件和环境，加速恢复进程、提升恢复效能。

实战演练

在班级开展"我的大自然之旅分享会"活动，通过认真选择目的地、放松身心、慢下来、保持专注、利用感官、记录印象、与他人共享等多个环节逐渐学会欣赏自然美。

训练目的
通过训练，掌握"欣赏自然美"的方法，学会欣赏自然美。

实战启发
通过图文视频资料的准备、言语的组织表达、受众的反应评价等维度来检验自己是否掌握了欣赏自然美的方法。

审美小站

大自然的美首先体现在自然性上，还体现在形式上，自然美的形态多种多样，各具特色，各具形态。自然美不仅可以寄托人的情感，启发人的智慧，还可以愉悦人的精神，陶冶人的情操，涵养人的品行。比如在黄山，可以聆听田园交响的静谧、享受生活乐章的悠扬、感受青春协奏的回响。

黄山景观丰富，尤以奇松、怪石、云海、温泉堪称"四绝"，令海内外游人叹为观止。举凡泰山之雄伟、华山之峻峭、南岳之烟云、北岳之粗犷、庐山之飞瀑、雁荡之巧石、峨眉之清凉，黄山莫不有之。黄山的美最为突出的还是奇。黄山的奇是多姿多彩的。黄山的峰，奇在幻；黄山的石，奇在巧；黄山的松，奇在怪；黄山的云，奇在变；黄山的路，奇在险；黄山的泉，奇在灵；黄山的瀑，奇在折；黄山的湖，奇在幽。

黄山有名可数的七十二峰，或崔嵬雄浑，或峻峭秀丽，布局错落有致，天然巧成。青松在悬崖上争奇，怪石在奇峰上斗艳，烟云在峰壑中弥漫，霞彩在岩壁上流光，自然的美在这里汇聚、在这里升华，自然美赋予了它超凡脱俗的品质，塑造出它威武雄壮的气概。在黄山的面前，时空变得狭小，沧桑变得平淡，它是大自然的骄子，独领天下奇山的风骚。难怪徐霞客盛赞："五岳归来不看山，黄山归来不看岳。"

🌼 思考练习

1. 如何更好感受大自然的美？
2. 向同学们介绍自己最喜欢的家乡自然风景。
3. 走出校园，用手机或相机记录身边的美丽大自然。

学习体悟

第二节 欣赏艺术美

情境导入

在大学生文化交流活动中，来自不同国家的大学生一起参观故宫博物院，他们对中国的历史、文化和艺术珍品充满好奇。

如果你在现场，你会如何介绍中国的文化、艺术？

知识园地

艺术是人类认识世界、再现世界和评价世界的一种特殊形式，其丰富的表现形式把我们带入美的世界。艺术美之所以感人肺腑，是因为艺术是"美的集中表现"，较之其他各类美的形态，艺术美更为集中、更为强烈、更为普遍、更为纯粹，因此也是更为理想的美。

一、艺术美的含义

艺术的形式多种多样，按使用的物质媒介和表现手段来分，有语言艺术、实用艺术、表情艺术、造型艺术和综合艺术等。舞蹈、文学、建筑、书法、绘画、雕塑、音乐、戏剧等，都是大众喜爱的艺术形式。

艺术美是指在艺术作品中所体现出的美感和审美价值。艺术美可以通过作品的形式、色彩、线条、构图、节奏等方面来表现，同时也与作品所传达的情感、思想、内涵等密切相关。不同的艺术形式和风格都有其独特的美学标准和审美取向，因此，艺术美是多样化的，艺术美可以因人而异，也受到历史、文化、社会背景等因素的影响。艺术美有形象性、独特性、典型性的特点。

（一）形象性

《墨虾》是我国齐白石先生 1942 年创作的一幅作品（图 8-1）。这幅画中的虾灵动且呈半透明质感，疏密有致，浓淡相宜，情态各异，惹人喜爱。虾的眼睛也由原来的小黑点变成横点儿，这样更好地表现了虾的神情。此图虽然没有任何背景陪衬，却仍能令观者感受到群虾在水中畅游的怡然自得之情，其旺盛的生命力跃然纸上。

艺术作品中所表现出的形象特征和形态美，可以是具体的人物、动物、景物等，也可以是抽象的符号、形状等。形象性是艺术家表达思想、情感和主题的重要手段之一。形象性强的艺术作品能够通过丰富的视觉语言和艺术技巧，使观者产生情感上的共鸣，从而赋予作品更深层次的意义和价值。饱含艺术魅力的形象呈现不仅仅是一种视觉享受，更是一次心灵的旅程。

抗日战争时期，徐悲鸿为了表达对日寇的憎恨和"忧心如焚"的爱国激情，画了一幅风驰电掣的作品《奔马》（图8-2）。马的躯体远小近大，给人一种欲放先收、由远及近的感受，表现出奔腾的气势；而马尾、马鬃用笔粗犷、激荡、有力，焦墨与湿墨并用，表现画家忧心如焚的情感。飞动的马尾、马鬃象征着画家胸中燃烧的怒火；从马的高昂的脖子延伸到左腿形成一条垂直线，在奔腾中又显得稳健；马的下方则用淡青色渲染，上方空白，使马头在强烈的黑白对比下显得很精神。

图 8-1　齐白石作品　墨虾

图 8-2　徐悲鸿作品　奔马

徐悲鸿巧妙地勾勒出生动逼真的骏马形象，将内心的情感表达得淋漓尽致。在艺术家的作品中，情感不仅是表露，更是思想的投影。艺术之美，是审美意识的凝聚，承载着创作者深沉而强烈的情感。

艺术的独创性呈现了多样的流派和风格。诗词中有李白的飘逸豪放、白居易的朴实清新、王维的淡雅空灵；画中有大卫的严谨典雅、德拉克洛瓦的浪漫活力、凡·高的稚拙狂怪；戏剧中有梅派的瑰丽端庄、尚派的清新俏丽、程派的婉约绵长。由于艺术的独创性，同一流派、同一体裁、同一主题下的作品也会呈现出迥异的面貌。如王羲之、颜真卿、苏轼留下了令人震撼的三大行书作品；贝多芬、勃拉姆斯、门德尔松和柴可夫斯基创作了永恒的四大小提琴协奏曲；米兰大教堂、科隆大教堂、巴黎圣母院等哥特式建筑展示了无与伦比的建筑艺术。

（二）独特性

艺术风格体现了艺术家在创作过程中的独特见解和精湛技艺，凸显了其对艺术的独到理解和深刻追求。这不仅仅是技术上的高超表现，更是对于艺术表达的深层思考和创新。

在创意与想象力方面，艺术家能够以别出心裁的方式诠释主题或表达情感，使作品具有独特的视觉效果和情感共鸣。

在技术与工艺方面，独具匠心的艺术风格需要艺术家具备精湛的技术和工艺水平。

在情感与表达方面，艺术家通过作品表达自己内心深处的情感和思想，使观众能够感受到作品背后对人性、生活和世界的深刻思考。

在风格与个性方面，独具匠心的艺术风格体现了艺术家独特的个性和审美追求，他们在作品中展现了鲜明的个性特征和独特的艺术语言，使作品具有强烈的辨识度和感染力。

（三）典型性

典型性指的是通过突出某一角色的特定特征或行为来代表某种类型或人物群体，从而使读者能够更容易地理解和认同这个角色。艺术典型是共性与个性的辩证统一，既有独一无二的个体品质特性，又有类型群体的共同特征。

《西游记》是我国四大名著之一，其中孙悟空、猪八戒、沙僧和唐僧等每个人物都具有独特的个性和艺术形象。孙悟空具有非常强烈的个性化和戏剧性，他机智、勇敢和幽默，常常被用来象征人性的矛盾与斗争，以及对自由、正义的追求。猪八戒虽然经常做出愚蠢的行为，但心地善良，是一个充满幽默感和人情味的角色，他的形象不仅展现了人性中的欲望和贪婪，也反映了人们对于美好生活的向往和追求。沙僧的形象体现了一种沉稳和坚韧的气质，展现了他对信仰的忠诚和不畏艰难的精神。唐僧善良、勇敢和坚持不懈的品质，体现了中华传统文化中对于道德与信仰的追求和尊重。

二、欣赏艺术美

（一）音乐

音乐是一种有组织、有节奏和旋律的声音艺术。它是通过演奏或演唱来表达情感、传递信息或创造美感的艺术形式。音乐艺术的语言包括节奏、旋律、和声、复调、速度、力度、音色、调式和曲式等。音乐是所有艺术中最直接、最强烈、最细腻、最充分表现情感的艺术之一，它被誉为"声音的尽头"。

叶小纲的《长城交响曲》是一部充满雄壮气息和历史沉淀的音乐作品。这部交响曲通过音乐的表现力，将中国古老而伟大的长城之美展现得淋漓尽致。通过音乐的力量，将长城这一中华民族的象征展现得深沉而悠远，让人们对古老的长城和伟大的中华文明产生了更加深刻的认识和理解。

首先，这首交响曲在音乐结构上展现了巧妙的构思和丰富的想象力。曲调中融入了中国传统音乐的元素，如古老的旋律和鼓点，也融入了西方交响乐的编曲技巧，使得音乐在表现长城的威严和壮美时，又不失流畅和和谐。其次，曲中的乐章设计充满变化和张力。从开篇的宏伟气势到中段的波澜壮阔，再到结尾的庄严肃穆，整个乐曲犹如一幅生动的长城画卷，将观众带入到历史的长河中，感受到了长城的雄伟和壮观。最重要的是，这首交响曲在表达情感上极富感染力。音乐中流露出的激情和豪情，让人仿佛能够看到长城的筑造者们顽强不屈的精神，感受到他们对祖国的深厚热爱和无私奉献。

（二）舞蹈

舞蹈是人体的造型艺术，是通过有节奏、有组织和经过美化的流动性的人体动作进行表演的艺术，被称为"活的雕塑""正在动作的绘画""看得见的心灵旋律"。

舞蹈艺术的语言有舞蹈动作、步法、手势、姿态、节奏，以及舞蹈场面等。舞蹈的特点是动作性、节奏性和抒情性。舞蹈的动作，要求动得自如、动得优美、动得绝妙、动得有情感。我们要善于欣赏舞者的身姿美、律动美，要善于欣赏舞者的虚拟美、形式美，最后上升到领悟舞蹈的情感直至舞蹈的意境意蕴。

舞蹈诗剧《只此青绿》（图8-3）以古典文学的叙事方式，融合了传统艺术的现代表达，通过舞蹈的流动，构建起全剧的精神世界。通过人物的虚实交错、情感的古今交融，给悠远绵长的传统文化意象注入了无限的生命力和想象力。观众也随着舞剧被带入了富有传奇色彩的中国传统美学意境之中，漫步于文化的海洋，感受着古老而又深刻的舞蹈艺术之美。

图8-3 舞剧作品 只此青绿剧照

舞剧《李白》（图8-4）是一部新创的中国故事舞剧，整部舞剧分为序、一至三幕以及尾声五个单元。以李白的家国情怀和他对山水的热爱为主题。通过探索李白的内心世界，展现了他在"入世"与"出世"之间的挣扎和抉择，深刻地表现了李白的热情、才情和豪情，突显了他在家国情怀与寄情山水之间的内心挣扎。

图 8-4　舞剧作品　李白剧照

（图文源于"中国歌剧舞剧院官网"，内容有删减）

（三）绘画

绘画是运用线条、形体、色彩、明暗、笔触等造型语言在二维平面上塑造艺术形象，以反映生活，表达人的思想感情、审美理想的艺术。绘画被人称为"无声的诗""自然的女儿"。

《清明上河图》（图 8-5）是中国宋代画家张择端创作的一幅长卷，采用全景鸟瞰式，运用了"散点透视法"组织画面，描绘了清明时节北宋都城汴京（今河南开封）东角子门内外和汴河两岸的繁华热闹景象。整幅作品长而不冗、繁而不乱，全画严密紧凑。为后人研究宋代社会、经济、文化等方面提供了重要的资料。它的艺术魅力和历史价值使其成为世界文化遗产和中国国宝级的绘画作品。

图 8-5　清明上河图（局部）（图片来源：故宫博物院官网）

绘画艺术最主要的语言是线条、色彩、造型和构图。中国画不同于讲究焦点透视、力求逼真再现的西洋画，中国画特别注重在画面上留白，任读者去自由想象。鉴赏绘画作品，应该注意结合绘画艺术语言，从绘画审美的造型美、静态美和意蕴美中找到切入点。

（四）雕塑

雕塑是一种立体艺术形式，通过在材料上雕刻、塑造或构建来表现出物体的形象和结构。它是一种以立体形式为主的艺术形式，用来表现人物、动物、景物等各种形象，也可以用来表达抽象的概念和情感。雕塑常用的材料包括石头、木头、金属、陶瓷、玻璃等，也可以使用混合材料或现代材料进行创作。雕塑作品可以是立体的，也可以是浮雕的，它具有丰富的形态和表现手法。雕塑被誉为"立体的画作""凝固的舞蹈"和"具象的诗歌"。

龙门石窟位于河南省洛阳市，是世界上造像最多、规模最大的石刻艺术宝库，被联合国教科文组织评为"中国石刻艺术的最高峰"，位居中国各大石窟之首。其中"大卢舍那像龛"（图8-6）是龙门石窟开凿规模最大的摩崖像龛，也是龙门唐代雕刻艺术中最有代表性的作品。

图8-6　大卢舍那像龛

在鉴赏雕塑艺术作品时，需要理解雕塑擅长抒情，而非叙事；它能捕捉瞬间，却难以呈现过程。一个出色的雕塑家常常会着眼于这些短板，使得艺术形象不仅能够叙述故事，还能够具备过程和动态的感觉。

（五）文学

文学是语言的艺术，其主要体裁有诗歌、散文、小说和剧本。

1. 诗歌

诗歌是用凝练的语言、丰富的想象和深沉的情感，高度集中地描绘社会生活和人的内心世界的艺术之作。它注重纵向排列，节奏规整，尤其是古典诗歌更注重押韵。

2. 小说

小说是一种以完整的故事情节和具体环境的描写为手段，创造出丰富多彩的人物形象，广泛而多方面地反映社会生活的语言艺术。它借助艺术的虚构，绘制出完整的故事情节，描绘出具体细致的环境，刻画出典型的人物形象及其活动过程。

3. 散文

散文主要分为记叙、议论、抒情三种类型。它的特点是结构自由、简约，不受束缚；语言优美、清新流畅，充满生活的气息；取材广泛，包罗万象，样式和手法多姿多彩。散文艺术的内在美在于情感、思想、意境的表现，常常是在平凡中见奇妙，在微小中见伟大。

4. 剧本

剧本是为戏剧、电影、电视所创作的语言艺术，作为演出或拍摄的蓝本。俗话说："剧本如人，一剧之源"。剧本既为戏剧和影视服务，又以自身独特的文学风格存在。欣赏剧本这一艺术时，可以从它的可读性、可视性、可表演性等方面发现其独特的价值所在。

（六）建筑

建筑是以物质材料和技艺手段为基础，根据实用或审美的需要而建造的空间造型艺术。人们称之为"凝固的音乐""无声的诗篇"和"石头书写的历史"。

故宫（图8-7）拥有庞大的建筑群，气势磅礴，整体布局为典型的中国传统的宫廷建筑风格，体现了对传统文化的尊重和继承。其建筑格局严谨有序，依照天人合一、阴阳调和的理念，展现出儒家追求秩序和和谐的思想。故宫的建筑风格虽然豪华庄重，但在整体设计上又很简洁、内敛。

图 8-7　故宫建筑群

建筑艺术是实用性和审美性的统一，所以具有物质性和精神性双重属性。建筑艺术的语言有：面、体形、体量、空间、群体和环境。优秀的建筑物应该是两者的有机统一。像赵州桥两边的拱洞、哥特式教堂边侧的飞扶壁及中国古建筑的飞檐、斗拱，都是既实用又美观的典范。我们鉴赏建筑艺术时，要从其功能美、材料美、结构美、工艺美和环境美中找到美与善、美与真的统一，要从最基本的建筑安全感、舒适感上找到美感和更高层次的文化感染力。

（七）电影

电影被人们称作"第七艺术"，是由艺术与科学结合而成的一门综合艺术。它以画面为元素，并以音响和色彩共同构成基本的语言和媒介，在银幕上创造直观感性的艺术形象和意境。蒙太奇和长镜头是电影中常用的艺术语言和表现方法。

《建国大业》（图8-8）这部影片采用了精湛的摄影技术，通过镜头语言和画面构图，再现了不同历史时期的场景和环境。在表现抗战时期的战争场面时，采用了震撼人心的特写镜头和广阔的画面视角，表现了战争的残酷和惨烈；在表现解放战争时期的人民群众运动时，采用了大规模群众场景和全景拍摄，来展现了人民大众参与抗争的宏大场面。

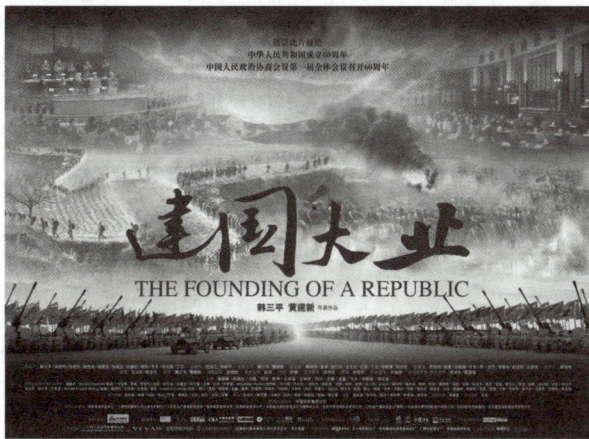

图 8-8　电影作品　建国大业海报

作为现代科学技术的产物，电影经历了从无声到有声、从黑白到彩色、从普通银幕到宽银幕，再到 3D 电影的变化过程，并且在其自身发展过程中不断完善。电影吸收了其他艺术种类的多种元素，集时间艺术与空间艺术、视觉艺术与听觉艺术、造型艺术与动态艺术、再现艺术与表现艺术于一身，极大拓展了电影艺术的创造力和表现力，成为二十世纪最具影响的一种大众化艺术。随着科学技术不断为电影提供更先进的物质技术条件，电影语言也在不断地完善和发展。

（八）书法

书法是以汉字为基础，通过点画运动来表现一定情感、意蕴的艺术。它是实用性与审美性兼在的表现性空间艺术，被称为"心灵的艺术"和"汉字的舞蹈"。书法的艺术语言主要有用笔、用墨、结字、章法、气韵。认识各书法作品所属的书体、流派及其应有基本规范，进而审其法度，看用笔、结字、章法的面貌；观其神采，看主观感受是否得气韵、精神和天趣；再识其独创，看作品是否有鲜明的个性和时代特征。

王羲之书法的主要风格特点是妍美，这种妍美没有涂脂抹粉的造作，而是出于自然的天性、人格的风采的美。体现这一气质的代表作是《兰亭集序》（图 8-9），概言之：一是"博涉多优"，兼蓄众美；二是"欲断还连"，以侧取妍；三是笔势遒劲，富有力度；四是"万字不同"，变化多样；五是变化统一，尽善尽美。王羲之的书法风格在妍美的主调中又富有对应变化，这使得俊秀妩媚之中有强健、有质朴、有粗犷，整体显得非常和谐。《兰亭集序》虽然变化如此巨大，但又达到了非常和谐的程度，真是令人叹为观止。

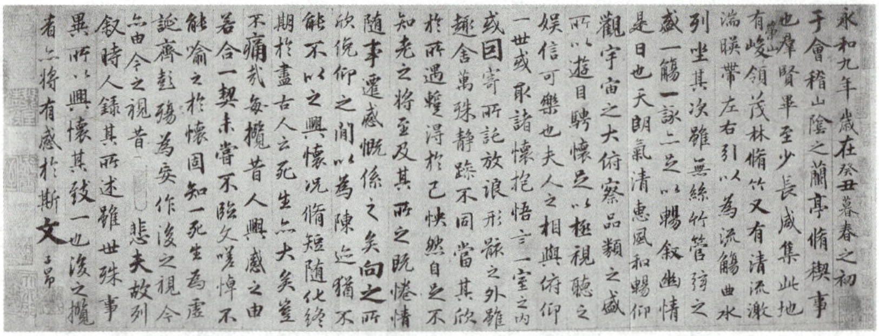

图 8-9　王羲之书法作品　兰亭集序（局部）

案例探究

央视大型纪录片《大敦煌》凝结了雕塑、绘画、建筑、音乐等多种艺术种类。

在《大敦煌》的镜头里，夕阳西下，鼓声四起，羌笛悠悠，伴随着声声驼铃，樊锦诗先生缓缓地诉说着敦煌莫高窟"和而不同，美美与共，天下大同"的璀璨历史。古朴的色彩在夕阳的映照下更显神秘。壁画中的人物栩栩如生，神情肃穆，一幅幅栩栩如生的佛像和神话故事在观众眼前徐徐展开。箜篌琴、垂手雕塑、飞天舞姿，这些千年的艺术标本，凝固在画笔下的悦耳遗音，跨越着时空的瑰丽星空，展现着书画、音乐、文学、雕塑、建筑等不同的艺术品类。

悠扬的旋律回荡在敦煌沙漠之间，似古代敦煌人民的歌声。观众被音乐所感染，垂目想象置身于古代敦煌之境，感受古老而又神秘的氛围。导演通过精美的画面、动人的音乐和科技的动画等手段，展现着千年敦煌的辉煌与智慧的艺术本体。又以一个个动人心魄的故事，思接千古，使得人们感受到敦煌艺术的超越性，这也是艺术的伟大之处。

案例启发：每个人眼中的敦煌都是不一样的。影视剧作品是综合的艺术形式，可以给人带来丰富多样的艺术感受。同学们可以结合敦煌的历史背景，查找文献资料，体会产生的情感共鸣，总结艺术感悟。

实战演练

请同学们进行分组实训演练。各组选择一件有一定代表性和知名度的艺术品，结合所学知识，从不同角度进行解读和分析，深入挖掘作品所蕴含的艺术意义和美学价值。并尝试进行创作实践，分享创作心得和体会，互相学习和借鉴，共同提升艺术水平。

训练目的

通过实战演练，帮助同学们培养对艺术美的敏感性和理解能力，提升艺术欣赏水平，增强对不同艺术形式的欣赏能力。同时，通过团队合作和交流讨论，促进学生的思维发展、个人成长和沟通表达能力。

实战启发

对艺术品的鉴赏，主要是对艺术作品的质量（技术水平），其艺术表现力、技巧运用、创意等方面的鉴赏。同学们通过对艺术作品进行分析解读（主要对作品内涵和艺术价值的理解程度，包括主题表达、意境把握、文化内涵等方面），可以提升审美能力、促进团队合作能力和沟通能力（包括表达意见、倾听他人、协作解决问题等方面）。鉴赏艺术作品对于创新、创作的实践也有重要意义。

审美小站

布达拉宫是西藏拉萨市红山上的一座宫殿式建筑群，也是我国著名的古建筑之一。它矗立在红山上，是西藏的重要宗教圣地。布达拉宫由白宫和红宫两部分组成，宫殿内墙壁绘有2 500多平方米的彩色壁画。整个建筑充满着藏式风情，内部收藏了历代文物和西藏特有的唐卡。布达拉宫被誉为世界屋脊的明珠，是当今世界上独一无二的文化遗产。

1. 传统绘画艺术

布达拉宫内的绘画艺术可以称为巅峰之作，既有传统的宗教题材，也有寓意吉祥的图案。这些绘画作品色彩鲜艳，线条流畅，构图严谨，展示了藏族艺术家的高超技艺。

2. 雕刻艺术

布达拉宫的建筑雕刻精美绝伦，呈现出浓厚的藏族特色。宫殿内的木雕、石雕、铜雕等宗教艺术作品，题材丰富，造型生动，堪称艺术瑰宝。

3. 创新艺术

在保持传统艺术特色的基础上，布达拉宫的艺术家们不断探索创新。他们将现代元素融入传统艺术，创作出独具特色的艺术品，为布达拉宫的文化增添了新的生命和活力。

思考练习

1. 不同的个体对同一件艺术作品为何会产生不同的美感体验？

2. 艺术美与文化、历史、社会背景之间有着怎样的关系？不同文化和时代对于艺术美的定义和理解有何异同之处？

第三节　领略科技美

🌿 **情境导入**

　　小水是一名大学生，同时也是 2023 年杭州亚运会的一名志愿者。在志愿服务期间，有一位外国观众在观赏完开幕式后对其赞不绝口，称赞开幕式非常美而且很有科技感，这位观众问起小水为什么开幕式当中有那么多"水元素"？小水回答道："我们此次亚运会的场馆（图 8-10）外观神似一朵大莲花，因为莲花是西子湖畔最具代表性的美景。杭州因水而生，因水而兴。杭州有西湖、钱塘江、大运河。所以本次亚运会开幕式正是以'潮'为题，用'水'串联，象征着流经杭州汹涌澎湃的潮水，'秋水共长天一色'的主题描绘了水是杭州的核心和灵魂。开幕式的科技感，更是和中国数千年的文明相融合，展现出独特的中国与亚洲风情。这是为国而燃的高科技浪漫美学，也是中华传统文化与科技美学的奇妙结合。"这位外国观众听完小水的讲解后频频竖起大拇指，给亚运会的开幕式点赞，

图 8-10　杭州奥体中心体育场

也给提供志愿服务的志愿者们点赞！

如果你是一名亚运会的志愿者，你会如何介绍本次亚运会的开幕式及会场呢？

🍁 知识园地

一、科技美的含义

科技美是指科技创造的过程和结果给人带来的成就感、满足感、喜悦感等美感体验。伴随着人类认识世界、改造世界的进程，科技美越来越突出，力量越来越强大。现代科技每前进一步，都会引起社会生产力的深刻变革。特别是20世纪以来，量子力学、相对论等具有划时代意义的科学成果，以信息技术和生命科学为核心的当代科学和高技术突飞猛进，使世界生产力的发展产生了革命性的变革。

在科技领域中，只有创新才有突破；只有突破，才能给科技带来发展；只有科技发展，才能带来划时代意义。创新推动了科技的发展，因而能给人一种革旧立新、开拓进取的美感。

二、领略科技美

（一）科学技术的发展丰富了审美文化的内容

科学技术的迅猛发展在很大程度上丰富了审美文化的内容，为人类创造了前所未有的艺术表现形式和体验方式。科技的进步为艺术家们提供了更为广阔的创作空间和更多的工具选择。数字艺术、虚拟现实、增强现实等新兴媒介的出现，使艺术家们能够以前所未有的方式展现他们的创造力和想象力。通过计算机生成的图像、声音和互动体验，艺术作品能够突破传统媒介的限制，创造出身临其境的感官体验，让观众们沉浸其中。

科技的进步也为艺术品的保存、传播和互动提供了新的可能性。数字化技术的广泛应用使得艺术品能够以数字形式保存。人们可以通过互联网和社交媒体欣赏到来自世界各地的艺术作品，不受时间和空间的限制，加强了各国文化交流和艺术交流的广度和深度。同时，艺术与科技的融合也催生了互动艺术和参与式艺术的兴起，观众们不再只是被动地欣赏作品，而是成为创作的一部分，可以与艺术家进行互动和合作。随着科技的不断进步，我们可以期待未来将有更多令人惊叹的艺术形式和文化体验涌现出来，为人类的审美享受带来更多的可能性。

（二）科学技术的发展为审美活动提供了更为有效的工具

现代科学技术为人类审美创造的发展带来了新的材料、方式与手段，从而打破了传统创作介质的束缚，为审美创造开拓了前所未有的想象与表现空间。例如，在现代舞台艺术中，由于旋转舞台的出现，创作者获得了更加广阔的表现空间，有了极大的创作自由，可以不再拘泥于一块固定的、不可移动的小舞台上；现代声光电技术的应用，又为舞台表演制造出绚丽多彩的效果，使艺术表现平添了许多迷人的风采。现代科学技术的发展，不仅为人类带来了崭新的审美创造和体验方式，还创造出许多新的审美形式，为人类展示了更为多样的审美内容。例如，从外太空到分子运动，现代科技让我们看到了以前所看不到的许多宏观和微观的事物，为我们提供了从未有过的审美体验。

2022 年的北京冬奥会，借助 5G 和 VR 技术，"科技冬奥"重点专项"冰雪项目交互式多维度观赛体验技术与系统"亮相冬奥会舞台，观众只要手持一部 5G 手机，便可自己当"导播"，随时改变观赛位置，轻松体验 180° 自由视角观赛。2019 年的庆祝中华人民共和国成立 70 周年晚会，3 290 块光影屏点亮主题表演，有"巍峨的长城""飘曳的风筝""展翅的和平鸽""旋转的'一带一路'地球村"，最令人不可思议的是 90 米长、60 米高的巨幅国旗。如果奇迹有颜色，那一定是中国红！新的声光电及信息技术的变革，为全球观众奉献了一场极具震撼力的视听盛宴。正是理念和科技的创新，造就了这次共和国庆典史上从未有过的联欢样式，科技美让我们的生活变得更绚丽多姿。

（三）科学技术的发展进一步优化了人类的审美条件

人类科学技术在二十世纪迈入了一个全新的时代。以信息技术、生物基因、光、电子技术、纳米技术等为代表的高新技术的崛起，不仅进一步改变着人类对宇宙及人所生活的地球的认识，同时带来了当今人类生产方式、生活方式、思维方式等的前所未有的巨大改变。可以认为，各种新科学、新技术的不断涌现，拓展了人的能力，延伸了人的感官，从而在人的面前展现了一个全新的世界。在这一巨变的影响下，人的审美意识、审美理想、审美活动的内容与方式等也产生了相应的变化。因而，科学技术不仅有着具体而独特的人性特征，还与人类审美活动、审美理想等多方面联系在一起；而且，随着现代科学技术进步不断渗透到人类生活的各个领域，人类的创造力量得到进一步肯定和弘扬，现代科学技术与人类审美活动的关系也越来越密切，并日益显现出它独特的美学价值。

虚拟现实（VR）和增强现实（AR）技术的迅猛发展正逐渐改变着我们的现实世界。随着科技的不断进步，VR/AR 已经从最初的娱乐工具逐渐延伸到各个领域，包括教育、医疗、工业等。在教育领域，VR 技术可以提供更加生动、直观的学习体验，帮助学生更好地理解各种抽象概念；在医疗领域，VR 技术可以用于手术模拟、疗效评估等方面，提高医疗质量；在工业领域，AR 技术可以用于实时监测设备状况、提供操作指导等，提高生产效率。此外，VR 技术可以让人们仿佛身临其境地体验各种场景，无论是登上珠穆朗玛峰，还是参观遥远星球，都能够通过 VR 技术实现。这种沉浸式的体验实现了人们对于更真实、更丰富的审美体验的追求。

（四）科技美和艺术美的有机结合

科技日渐渗入人们的日常生活，并起着不可低估的作用。而艺术，从其产生的那一刻起，就与人们的生活处于不可割舍的状态。这二者，在现今这个科技高速发展，艺术多样化成长的时代，在保持自身独立性的前提下，走向融合。人类在享受科技带来成果的同时，也越来越重视对科学研究和技术生产活动进行审美观照，并获得独特审美感受。科技美让我们的生活变得更绚丽多姿。

2021年4月，习近平总书记在考察清华大学时强调："美术、艺术、科学、技术相辅相成、相互促进、相得益彰。要发挥美术在服务经济社会发展中的重要作用，把更多美术元素、艺术元素应用到城乡规划建设中，增强城乡审美韵味、文化品位，把美术成果更好服务于人民群众的高品质生活需求。"这一重要论述阐明了科技与艺术的关系，为推动科技与艺术的融合创新指明了方向。

近年来，中央美术学院等"科技艺术"相关专业获批普通高等学校本科新增专业。"科技艺术"是艺术创作与科技创新深度结合的交叉专业，是秉持人文精神和社会关怀，积极面对科技发展所带来的崭新人类经验和社会问题，创造性地运用新的科技发展成果，以丰富艺术冲击力与感染力的实践和研究学科。中国美术学院从2021年开始与之江实验室围绕"科艺融合，协同发展"开展战略合作，联合共建"科艺融合研究中心"，在融媒体智能创作平台建设、多维感知艺术表达研究、科艺融合新学科建设、智能制造产业设计、未来社区打造等领域开展合作，推动科学与艺术的跨界融合与领域创新，培养跨学科、跨领域的交叉研究人才，打造全球科艺融合研究与创新高地。

科技与艺术的融合是一个不可扭转的发展趋势。试看当今的影视艺术、音乐艺术与网络文学的发展，科技始终贯穿其中并起着举足轻重的作用。影视艺术中的飞檐走壁、急速飙车、摘星探月等，都是计算机处理技术的成果。使用现代科学技术设计建造的音乐厅、歌剧院，让人们能在喧嚣的城市中辟出一方心灵的净土，发达的卫星技术使世界各地的人们都可以透过一块显示屏，共享音乐盛宴。科学为艺术的创作提供了技术支持，科学技术拓展了艺术的发展空间，促进了艺术表现形式及风格的多样性及创新性。

与此同时，艺术对科技的影响也日益突出，人们在追求科技进步和提高物质生活水平的同时，也对科技产品的外形、科技活动的影响有了艺术的审美方面的要求。建筑师在设计房子的同时不光要注意房屋外形的漂亮，还要创建富有情感的环境；电器产品不仅具有使用价值，也要注意其美观的外在特征；交通工具不仅能够缩短到达目的地的时间，同时还得考虑其美的外观要求等。先进国家的城市建设、园林建筑、日用工业品乃至航天飞船的设计，无不体现着现代人的美感直觉和审美情趣，诸如优美雅致的韵律、流畅明快的节奏、丰富独特的内蕴等。

而且，从科技实践中正在逐渐形成的工程美学、实用美学、建筑美学等各学科互相渗透融汇，在建构着科学和技术美学的完整的学科体系。

总之，现代科技的发展广泛而深刻地改变着我们这个时代的生产、生活和思维方式。科学的进步、技术的创新改变着人类的审美方式和审美水平，同时也给人们的生活带来了翻天覆地的变化，给艺术活动带来了新素材、新观念、新形式和新手段。当然，科技是把双刃剑，也带来新挑战和新问题。我们要充分重视和有效利用现代科学技术中对人类审美活动有利的因素，在积极克服现代科学技术发展所带来的消极因素的同时，利用现代科学技术提供的手段，加大精神文明建设的力度，使人类审美活动的发展走向一个新的、符合时代特点的高度。

案例探究

由故宫博物院主办的故宫《石渠宝笈》绘画数字科技展，采用混合现实（MR）技术、全息多媒体技术、AI智能人脸识别等数字科技手段，对中国经典画作：《千里江山图》《西山雨观图》《浴马图》《韩熙载夜宴图》《月曼清游图》《货郎图》等进行创意诠释，该展览将画作按内容分类的逻辑打造了六大主题数字体验区，将名家画作意境转变为美轮美奂的感应空间，打破了文化、艺术和科技的界限，让观众沉浸在中国传世名画的意境之中，与古人进行了一场超越时空的文化对话体验。通过传统艺术的数字活化，将江山图各部分动态化、数字化，分别以古人与今人的视角对作品重新审视与建构。以大观小、旷观、神游、浸入式等的视觉体验、散点透视与焦点透视的自由切换，让观众在现代与传统、科技与艺术之间穿梭，在形式上通过光学镜面反射的原理，将空间向外延展，从而形成一个无限延伸的广阔空间，让观众仿佛置身于千里江山之中，感受着壮丽山河中所传达出自信与气势。

案例启发：想象一下，当你站在一幅幅传世画作面前，画中的人物和风景跃然生动地"活"了起来，让你近距离地感受到人物的流动、树木的摇曳、江河的奔腾，是一种怎样的神奇体验？本次展览正是将传统书画作品与数字科学技术融合，打破文化、艺术、科技的壁垒，让观众沉浸在中国传世名画的意境之中，让观众与古人进行了一场跨越时空的"对话"。可见，数字科学技术为观众带来了多维度的互动体验，让观展变得轻松而沉浸。

实战演练

图 8-11、图 8-12 为北京冬奥会国家速滑馆——"冰丝带"，请你通过认真观察图片并查阅资料，思考一下北京冬奥会国家速滑馆的设计是怎样体现科技之美的？

图 8-11　国家速滑馆外景概念图　　　　图 8-12　国家速滑馆内景

训练目的

通过训练，提升科技之美的审美能力。

实战启发

从国家速滑馆的外部结构、色彩设计、场馆功能和科技创新等角度进行分析，感受科技之美。

🌿 **审美小站**

2024年中央电视台春晚大量运用了扩展现实（XR）+虚拟制作（VP）技术，实现了虚实交融且震撼人心的艺术效果。同时，晚会还首次采用了沉浸式舞台交互系统，为受众带来人景合一的视觉感受。以下是该晚会中一些具体的高科技应用：

人工智能（AI）换脸技术：春晚在演播大厅首次引入了沉浸式舞台交互系统和自由视角超高清拍摄系统，全方位捕捉演员的动作和节目的精彩瞬间，并通过AI和增强现实（AR）技术进行制作和实时渲染。

交互投影技术：创意年俗秀《别开生面》借助先进的交互投影技术，实现了人与面条的完美融合。据春晚舞蹈组导演透露，这是历年来技术难度最大的一届春晚，大屏幕上的画面由三层画面叠加而成，分别是摆放面条的台子、舞蹈演员及特效，实时呈现的难度较大。

虚拟合成技术：创意节目《年锦》运用虚拟合成技术，仿佛将观众带入了一段古装时尚大片。四位演员分别身着汉、唐、宋、明四个朝代的服饰，并用手部动作与代表各自朝代的纹样形成呼应。通过将歌曲与虚拟合成技术相结合，这些历经千年沉淀的文化元素在春晚舞台上焕发新生。

动作捕捉技术：在XR和VP助力创意交融部分，动画版的李白与数字化的熊猫花花携手跨越时空，共同演绎了一场精彩的演出。在动画制作过程中，动作捕捉技术与实时动画预演相结合，方便了导演对动画角色的动作、走位和表情的审核。

思考练习

畅谈科技美给生活带来的变化，体会科技美与艺术美的结合给我们带来的全新感受。

1. 从日常生活中，找寻科技美给生活带来新变化。
2. 观看某场大型的文艺晚会或某届运动会的开幕式，感受科技美的魅力。
3. 讨论科技美给艺术美带来的新面貌，并从多个方面进行评价。

学习体悟

第四节　欣赏文化美

情境导入

小水是一名大一学生，他非常喜欢音乐。业余爱好研究音乐创作，在思想政治课上，他听到老师在阐述习近平新时代中国特色社会主义思想的时候，认识到中华优秀传统文化是中华民族的文化根脉，是我们中国人思想和精神的内核，要好好地继承发扬，因此，他萌生出要把中华传统优秀诗词融入音乐创作的想法，但迟迟没有思路，他有些苦恼。这时，他的室友小利给他推荐了中央电视台的《经典咏流传》节目。小水这才了解到，《经典咏流传》正逐渐成为传承创新中华优秀传统文化的现象级案例。这档节目从文化根脉上深挖中华民族特有的人文精神和智慧力量，以"和诗以歌"的原创模式进行文艺呈现，把深沉持久的文化之美、奋斗不息的生命之美、沁人心脾的艺术之美、惠及人民的时代之美展现得淋漓尽致。小水看完之后，觉得很受启发，也决心在创作乐曲时，要将中华诗词融入其中，唱响大美中华，传递向上向善的主流价值。

你看过《经典咏流传》吗？你觉得这档节目对继承与弘扬中华优秀传统文化

之美有怎样的意义？

一、文化美的含义

文化美是指不同文化背景和时代背景下的文化产品所展现出的艺术特色和审美情趣。中华文化源远流长、博大精深，包括多种多样的文化形式，如诗歌、词、曲和小说等。这些文化形式不仅体现了中国古代的古典美和历史美，也反映了现代文化的文雅美。例如，古代诗词通过语言文字的形式阐述对社会现象的不同体悟，展现了社会生活的多样性；而现代文化，如歌曲、戏剧、话剧和音乐剧等，则为人们的生活增添了乐趣，提升了思想境界。无论是古代还是现代，文化都体现了各自时代的特点和内在的美学价值，这些美学价值又体现了文化的深度和持久的魅力。

查看案例

二、欣赏文化美

中华文化，诞生于历史的传承中，温养于中华五千年的文明里，泱泱大国，中华文化源远流长。中华文化如涓涓细流，温润着每个中华儿女的心灵，又化作缥缈的烟雾萦绕在我们的生活左右。它是中国的瑰宝，历久弥新，永不褪色。

夏之陶鬲的神秘感，表现的是对自然规律的无从把握的困惑，称之为尊命文化。商之铜鼎的狞厉美，则是有意识地借助于鬼神的威吓，即所谓的尊神文化。周时，把人从神秘性和压抑性中解放出来，建立了一个以群体的人为核心的伦理哲学文化体系，称之为尊礼文化。

（一）美在人伦：先秦两汉艺术社会学

经过"先秦的理性精神"洗礼，以人间趣味和政教伦理为核心的礼乐文化审美意识，终于确立起来了。中国古代"文"的概念，在美学上不亚于"美"。它们构成了中国美学的两个基本范畴。"美"保留了实用功利的特征；"文"一开始就有超功利的倾向。孔子曰："里仁为美"，孟子用"以义为文"，补充了孔子的"里仁为美"。荀子认为："人之性恶，其善者伪也"，恶通过"礼"的引导可使其善，故"无伪则性不能自美"。墨子的观点："为乐非也"，意思是先吃饱肚子再说美的事，却被孟子痛斥为禽兽。韩非子认为："礼乐勃兴则乱法，文章奢侈则失国。"意思是艺术和审美都是治国的大敌。老子说："大音希声，大象无形"，庄子云："天地有大美而不言"，在老庄看来，真正的艺术是自然的（非人为的）"道"的创造，真正的审美是对道的体验和观照。道家的道，某种意义上是对儒家的德（仁义礼乐）的否定。它具有某种形而上的东西，但不是西方的"物理学之后"，而是"伦理学之后"。董仲舒的新儒学，建立了一个"天人合一"的神学目的论。

自此，心物交融的移情态度成为中国文人的主要审美方式，情景合一的移情手法成为中国艺术创作的主要法则，意境成了中国美学和中国艺术的主要审美范畴。所谓意境，指艺术品中的"天人合一"的境界。

（二）美在形式：魏晋隋唐艺术哲学

"魏晋风度"是一种审美的人生态度，而真正体现于美学领域的时代精神则是"文学的自觉"。"文学的自觉"，鲁迅的解释是："为艺术而艺术"。曹丕的《典论·论文》，让文学从经学中彻底独立，鲁迅把这个时代称之为曹丕的时代。嵇康的《声无哀乐论》，在中国美学史上第一次从艺术规律自身出发，以理论思辨的方式提出了客观美学和形式美学。刘勰的《文心雕龙》，中国古代美学上唯一一部称得上"艺术哲学"的鸿篇巨制，它有一种中国美学中罕见的本体论，有宏观态度和完整严密的逻辑体系，其核心是自然之道。审美情感蕴含于"意象"之中，并以之为传达的载体。

儒释道三教合流之后的盛唐之音，是中国文艺史上最为光辉灿烂的时代，但也是一个只有实践没有理论的时代。这个时期的艺术巨匠和天才们不胜枚举，有高扬儒家仁民爱物的群体意识和忧患意识的杜甫；有浪迹天涯，表现出道家物我两忘的自在精神和超然态度的李白；有大隐于朝，怀抱着释迦四大皆空的本无观念和静观感悟的王维，等等。

（三）美在心灵：宋元明清艺术心理学

这一时期，突出强调了禅意。禅意，首先是观念上超越一切外在束缚的自由精神。它较之刻板正经的儒学正统和苦行欺人的佛教正统，更有审美价值，使艺术再次从"文以载道""诗以采风"的功利框架和"形神兼备""四声八病"的形式教条下解放出来。

儒家的美学境界是"温静"，道家是"虚静"，禅宗是"寂静"。司空图认为："味在酸咸之外"，相当于"美在心灵之中"。由于他的倡导，中国美学的目光才从"象""境""意"转向个人主观的"韵""味"，以及获得此韵此味的心理途径——"妙悟"。严羽有道："诗道唯在妙悟"。李贽对"童心"的发现，让中国美学有了一点返老还童的迹象。"童心者，真心也"；"童心者，心之初也"。王夫之语："情景合一，自得妙悟"。他把美善同一的伦理框架，天人合一的哲学基础，以情观物的移情态度，以理节情的创作原则，立象尽意的艺术手法，都通过审美体验——"现量"的心理分析，高度融合为一体了。他完成了中国古典美学的体系，使传统美学达到了巅峰。他发展了儒家美学，以其体大思精、方正典雅、细致入微的体系完成了对儒家美学为主体的中国古代美学的升华。

"国家之魂，文以化之，文以铸之"，"人文化成"也始终是中华文明具有强大内生动力的基本精神。从上古炎黄，到盛世东方，源远流长的中华文化以强大的民族凝聚力和激扬向上的活力，推动着中华民族五千年文明绵延向前。

而现代文化是指人们适应现代化本质要求的文化，就是实现文化的现代转型并建设现代价值、形成现代认同、张扬现代精神并进而建设共同信仰的文化。现代文化在继承发展了中国古代文化的基础上，更是美在创新。在文化交流、利用和创新中接纳外来文化，以坚守和勤奋的方式有效、独立、准确地表达出中华民族独特深刻丰富的内涵和意境，保持清醒，坚守底线，树立文化自信，提升创造力。

三、中华优秀传统文化之美

中华优秀传统文化之美，美在它的深度、广度和丰富性。

中华文化历史悠久，承载着几千年的智慧和传承，富有哲学思想，儒家、道家、法家等，声名远播、影响深远；文学艺术作品如诗词、书法、绘画等，享誉世界，具有独特的魅力，传统节日丰富多彩，体现了家国情怀、人伦亲情。礼仪文化彰显着中华民族的优雅和谦逊。中医药文化蕴含着对生命和健康的独特认知。民间艺术形式丰富多样，如剪纸、皮影等，充满创造力和趣味性。饮食文化不只有八大菜系，口味丰富，让人垂涎。建筑风格，如宫殿、园林等展现了精湛的工艺。

中华优秀传统文化的美不仅在于其外在形式，更在于其内在精神价值，它是中华民族的瑰宝，也是世界文化的重要组成部分。

🌿 案例探究

欣赏中华优秀传统文化，对联是不可或缺的。

对联，是一字一句的独特文字形式。它言简意赅，对仗工整，平仄协调，内涵丰富，文采辉耀。古今名人，多有做对联的爱好。如朱熹的"地位清高日月每从肩上过，门庭开阔江山常在掌中"；乾隆皇帝的"二典三谟法舜之道，五凤十雨协天地之心"；孙中山的"爱国爱民玉树芝兰佳弟子，春风春雨朱楼画栋好家居"。也有专门为名胜所写的，如孔庙联"万卷藏书宜子弟，十年种木长风烟"。有励志联，如苏轼的"发奋识遍天下字，立志读尽人间书"。有喜联，如"君子悠宁于此日，佳人作合自天缘"。有寿联，如"福临寿星门第，春驻年迈人家"。有节日联，如"月满一轮辉宇宙，花香千里到门庭"。

对联可以说是中华民族最为重要的艺术文化瑰宝之一，它的历史源远流长，从五代十国开始，以明清两代为盛，发展至今已经有几千年的历史了。许多流传下来的经典，都是经过千锤百炼的智慧精华，字字珠玑。中华文化的魅力可见一斑。

案例启发：对联是中华优秀传统文化独特的艺术表达，承载着深厚的历史底蕴和文学内涵。我们在春节时贴的春联，又称"春贴""门对""对联""门贴""门联"。观察一下你家贴的春联，看看它是以怎样对仗工整、简洁精巧的文字描绘美好形象，抒发美好愿望的。

赏析元朝唐温如《题龙阳县青草湖》。

题龙阳县青草湖

元·唐温如

西风吹老洞庭波，

一夜湘君白发多。

醉后不知天在水，

满船清梦压星河。

除了诗本身的声韵之美、对仗之美，你还从这首诗作内容中感受到了什么美？

训练目的

通过训练，提升文化审美能力。

实战启发

通过赏析，我们能够从上联诗句中感受到，诗人把对历史的追忆与对眼前的自然景色的描绘出色地结合了起来，将虚无的神话化为实有之事，感受出以虚写实之美。从描绘秋风之景中体会到诗人抒发的迟暮之感与衰颓之意，感受出融情入景，借景抒情之美。

此外，我们还能够从下联诗句中感受到诗人对梦境描写的清新奇丽之美、笔调轻灵之美。诗人将梦境切合实境，船在天上与天在水中相沟通，梦无形体，却说清梦满船，梦无重量，却用"压"字来表现，含蕴丰富。此外还能感受出诗人对于摆脱尘嚣的愉悦。

审美小站

欣赏文化美可以是一种令人陶醉和充实的体验，同学们可以从以下方面入手。

（1）多渠道深入了解：研究和了解不同文化的历史、传统、民俗、价值观和信仰。

（2）参加体验活动：参与文化活动，如音乐节、艺术展览、传统节日庆祝等。

（3）欣赏多种艺术形式：包括电影、音乐、舞蹈、绘画、文学等，感受不同形式文化的表现力。

（4）品尝美食：饮食业是文化的重要组成部分，感受不同文化的独特风味。

（5）参观古迹、博物馆：了解文化的历史和遗产，体会历史的沉淀和文化的传承。

（6）旅行并与当地人交流：亲身体验不同的风土人情，了解他们的生活和思想、习俗。

（7）比较和对比：发现不同文化之间的差异和共同点。

（8）阅读世界名著：领略不同文化背景下的思想和情感。

文化美丰富了我们的生活，让我们更加开阔视野，理解和尊重世界的多样性。

思考练习

1. 中国古典诗词是中华文化的重要组成部分。它内容丰富，包罗万象，以汉语独有的韵律美感，承载着绵延千年的情感和文化。但现代年轻人往往不愿诵读经典诗词，觉得古代诗词晦涩难懂，读也没什么用处。对此，你认为我们今天是否还需要诵读经典诗词，为什么？

2. 如果你遇到一位外国留学生，他／她希望你能推荐一部中国文学作品给他，你会推荐哪部作品？

3. 课后请观看中央电视台节目《典籍里的中国》。

学习体悟

第五节　感悟社会美

情境导入

小明是高职院校的大一新生，因为热爱公益，入学后他很快加入了校志愿者协会。离学校不远的社区里有一个养老院，志愿者协会的同学经常去探望、陪伴里面的老人。有一位孤寡老人李爷爷因为性格比较孤僻、固执，情绪很不稳定，与周围人都不来往。为了更好地帮助这些老年人，小明专门学习了心理学的相关知识，并且把学到的知识应用到照顾老人中。通过多次沟通，小明终于得到李爷爷的信任和喜欢。

我们每一个人都应该积极投身到有意义的社会实践中，为社会文明进步做出应有的贡献。

🍁 知识园地

一、社会美的涵义

社会美即人类社会生活中体现出来的美，是美的本质的最直接的展现，也是社会实践的直接体现。生产劳动是美的最早的领域，因为劳动创造了世界，也创造了人自身，同时还创造了美。

社会美的表现领域十分宽广。人的美（品德、智慧、情操等）是社会美的核心，人的外在美与内在美的和谐统一是社会美的最高形态。社会关系美（和谐的人际关系、家庭关系等）、社会环境美（自然环境和人文环境等）、社会活动美（劳动、创造、奉献等）、社会制度美（公平、公正、合理的社会制度）。从优美宜人的社会环境，到造型绝妙、风姿万千的生活产品；从高尚纯洁的品德情操，到惊心动魄、气壮山河的民族精神，无不渗透并表现着生活美和现实美。

弘扬社会美，可以促进社会和谐，可以增强社会的凝聚力和稳定性。可以提高人们的精神境界，培养高尚的情操和道德品质。可以推动社会的发展进步，激发人们的积极性和创造力。

自测题

二、感悟社会美

（一）人的美

社会的主体是人，人是生产劳动和革命斗争的主体，是人类物质文明和精神文明的创造者，因此，人本身的美是社会美的重要表现形式之一。人的美有内在美和外在美。外在美指人的仪表美，包括人体美和服饰美，内在美指人的心灵美。内在美是高于外在美的。

人的内在美是指人的内心世界的美，是人的思想、品德、情操、性格等内在素质的具体体现，所以内在美也叫心灵美。正确的人生观和人生理想，高尚的品德和情操，丰富的学识和修养，构成一个人的内在美。内在美的表现形式有很多，比如善良、正直、诚实、宽容、勇敢、自信、乐观、有爱心、有责任心、有创造力等都是内在美的体现。

黄文秀是广西壮族自治区百色市田阳区人，生前在百色市委宣传部工作，是乐业县新化镇百坭村第一书记。2019年6月16日，黄文秀回家看望刚做完肝癌手术不久的父亲。那段时间，百坭村连降暴雨，由于惦记村里的防汛抗洪工作，黄文秀冒雨连夜返回工作岗位。途中，黄文秀遭遇山洪，不幸牺牲，年仅30岁，将生命永远定格在扶贫路上。黄文秀的初心，不仅镌刻在脱贫攻坚的征程中，也写入了她的人生轨迹。2016年，北京师范大学硕士研究生毕业的她，黄文秀本来有许多选择，但她毅然决定回到百色。黄文秀的父母身体不好，家境贫寒，她是在国家助学政策帮助下完成学业的。"我是从广西贫困山区出来的，我想回去建设家乡，把希望带给更多父老乡亲。"这是她内心的选择。黄文秀把一颗火热的心，奉献给了百坭村。她经常拿出自己的工资，帮助村里的孤寡老人和留守儿童，为村里的贫困学生争取各项补助；在生命的最后时刻，她还在询问灾情，特别叮嘱要关注几个重点村屯，立即组织群众防灾救灾。

（选自《中国民族报》2021年6月22日05版，有删改）

　　正确的人生观和人生理想是人的内在美的核心。衡量其美与不美，是有客观的社会标准的，也就是看是否有利于人的创造能力的发挥和人的全面发展，是否有利于人类物质文明和精神文明的进步，是否符合大多数人民的利益和要求。古今中外都赞美先人后己、为天下谋幸福的人生理想，因为它超越了"趋利避害"的生物本性，而表现了人的自由、自觉的创造本质，推动着人类社会进步的作用，因而都是美的。

　　高尚的品德和情操是人的内在美的重要内容。品德是人的自觉的道德意识，情操是由思想、感情、意志等构成的、相对稳定的心理状态。它们都受人生观的指导和制约，都通过人们的言行表现出来。我们应提倡文明礼貌、爱护公物、遵纪守法的社会公德，提倡爱岗敬业、诚实守信、回报社会的职业道德，提倡尊老爱幼、男女平等、邻里团结的家庭美德。这些对于塑造人的内在美具有十分重要的意义。

　　内在美在人的美中起着主要的决定性作用。它所形成的美感更强烈、更持久、更深刻，也更具有宝贵的社会价值。现代人既要具有美的内在精神，又要重视美的外在表现，努力达到内在美与外在美的统一，这才是我们所要追求的人的美。

（二）社会关系美

　　美丽的鲜花，因为有了绿叶的依偎，才显得清纯鲜润。蓝蓝的天空，因为有了白云的衬托，才显得静穆安详。宽广的大地，因为有了万物的呵护，才显得和平馨香。而一个家庭、一个社会，甚至一个国家，也是因为其成员互相依存，互相映衬，互相促进，共同发展，才呈现出社会关系五彩斑斓的和谐美。和谐社会的构建归根结底就是要实现人与人的和谐、人与自然的和谐、人与社会的和谐三个层面。

和谐是一种胸怀，也是一种境界。人与人之间要真诚相处，友好亲善，平等宽容，互帮互助，共同提高。和谐的人际关系非常重要，它可以使我们保持愉快的心情和饱满的精神状态，在愉快中开展工作，在工作中感受快乐，淋漓尽致地发挥自己的聪明才智，充分挖掘自己的潜能，以实现自己的人生价值，并出现共赢的结果。在和谐的氛围中，大家可以各尽其能，各得其所，才能更好地展示自己的才能；在和谐的氛围中，大家可以集思广益，畅所欲言，更容易制定出符合实际情况的战略发展规划；在和谐的人际关系氛围中，大家心往一处想，劲往一处使，就能够形成强大的向心力，自然也就能提高工作效率，并且最大限度地激发人的创造性。

八步沙林场地处河西走廊东端、腾格里沙漠南缘的甘肃省古浪县。昔日里，这里风沙肆虐，侵蚀着周围的村庄和农田，严重影响群众的生产生活。为保护家园，20世纪80年代初，郭朝明、贺发林、石满、罗元奎、程海、张润元六位村民，义无反顾挺进八步沙，以联产承包形式组建集体林场，承包治理7.5万亩流沙。20世纪90年代以来，郭万刚、贺中强、石银山、罗兴全、程生学、王志鹏陆续接过老一辈的铁锹，成为第二代治沙人。2017年，郭朝明的孙子郭玺加入林场，成为第三代治沙人。40多年来，以"六老汉"为代表的八步沙林场三代职工，矢志不渝、拼搏奉献，科学治沙、绿色发展，持之以恒推进治沙造林事业，至今完成治沙造林28.7万亩，管护封沙育林草面积43万亩，他们以愚公移山精神生动书写了从"沙逼人退"到"人进沙退"的绿色篇章，为生态环境治理作出了重要贡献。

（选自《求是》2023年第14期）

人与自然的和谐，是指人类在向大自然获取的过程中，必须以尊重自然的内在规律为基础，不以破坏生态环境和浪费资源为代价，合理有序地利用自然资源，从而实现人与自然的双赢。自然规律表明，当人类与自然处于破坏、对抗关系，以改造和征服自然为目标的时候，自然总会以极端的方式报复人类。围湖造田会造成洪涝灾害；过度放牧，大肆砍伐，会导致大量土地荒漠化，引发沙尘暴；过量燃烧矿物燃料则导致温室效应，使全球变暖，海平面上升。当人类与自然处于平等、互利、和谐关系的时候，自然也能为人类提供祥和、良好的生存和发展环境。人类要维护人与自然环境的和谐共存，这是实现人类"诗意栖居"的本源。只有与自然和谐共存，人类才可能拥有自然、自在、自由的审美空间。

人是社会的人，社会是人的社会。一个家庭、一个单位、一个社会，只有做到了人与人之间的和谐相处，才会有活力。人际关系和谐了，才能形成强大的凝聚力，产生科学的决策，提高工作效率。随着全球经济一体化、高新科技的不断发展以及国际间的竞争日趋激烈，国与国之间、企业与企业之间，乃至于人和人之间，更需要一种合作精神。从这个意义上讲，上下同心，就是要其利断金，万众一心，众志成城。"和谐"将集中地体现为一种"团队精神"，并产生一股巨大的力量。

和谐社会是把社会和谐化、审美化，从美的本质上说，和谐社会就是美的社会，和谐的关系就是美的关系，和谐的人就是美的人。和谐如同一盏明灯，可以照亮社会整体的美，照亮我们所生活的环境的美，也照亮我们一切个体的美。实现社会和谐是人类孜孜以求的一个社会理想。它需要的是：无论何种情况，人都能在不断挖掘自身潜能的同时，从不放弃对自己社会性格的完善和对自然的敬畏与热爱。

（三）社会环境美

环境美是指人们生活、学习、工作、休息所处的自然环境和社会环境的总和。宏观环境美指人类生存的自然环境和整个社会环境的美，具体环境美是指人们生活的家庭环境、工作环境的美。环境美体现个人、家庭、工作集体和一个民族、国家的文明程度，体现人们的精神面貌。它主要包括生态环境的美和人文环境的美。

1950 年至 1980 年的 30 年，全世界有一半以上的森林面积被毁，其中非洲的 1/2 林地变成不毛之地。全球绿色植被正在衰退，全球土壤流失量已增加到每年 254 亿吨，土壤沙化正以每年 5 万～7 万平方公里的速度迅速扩展。沙尘暴、洪涝、干旱及其他气象灾害的日益加剧，以及非典、禽流感等传染病的不断增加，在影响人类生存环境和生活质量，乃至危及人的生命健康时，才使人们瞪大了疑惑的双眼自问道：我们生存的空间，为何危机四伏、灾难不断？

"生态美"的本质是"生态平衡"。生态系统具有多层次性。一个特定空间，小至一滴水，大至一片森林、一座城市，乃至整个地球，都可以构成一个生态系统。在各类大小不同、相对独立的生态系统内部，生物因素与非生物因素通过相互制约、转化、补偿、交换等作用，实现能量循环和物质循环，达到生态平衡。地球是人类赖以生存的大环境。可是，地球越来越拥挤，人类科技文明的迅疾发展却使生态环境遭受惊人的破坏，资源日见匮乏。因此说，维护和创造生态环境美，是人类智慧和才能的反映，体现了人的自由、自觉的本质力量。人们治理"三废"（废气、废水、废渣），退耕还林，植树造林，保护野生动物，提倡低碳生活，等等，都为了让我们的生存环境更健康，让人与环境和谐共存。

习近平总书记强调："环境就是民生，青山就是美丽，蓝天也是幸福。"随着生态文明建设驶入快车道，人民群众对美好环境的需求和期待也在不断提升。在压力叠加、负重前行的关键期，坚持以习近平生态文明思想为指引，不断践行绿色发展理念，我们定能让良好生态环境成为人民生活的增长点、经济社会持续健康发展的支撑点、展现我国良好形象的发力点，为子孙后代留下一个更加秀丽的大美中国。

人文环境是专指由于人类活动而产生的周围环境，是人为的、社会的、非自然的。人文环境体现了特定的文化气息。人类的文明造就了"人化的环境"，而处于其中的人们又融浸于"人化环境"的气息中。不同时期、不同地域、不同国家民族的建筑群体形成了各种流派和风格，诸如古典罗马式、欧洲哥特式、欧洲文艺复兴式、欧洲巴洛克式、印度古典式、日本古典式、中国古典式，乃至当今的现代主义、后现代主义形式等。

现代文化艺术讲究自由流畅，追求简洁明快。整洁优雅的环境、方便的服务网点、高尚的文化娱乐设施、迅捷的通信系统、便捷的交通工具等，都是高质量的城市生活不可或缺的组成部分。人文环境不仅要能担负起提高生态环境质量的责任，还要更为接近自然的环境，体现天然情趣，充满自然气息。作为人们生存活动的场所，有了亲和力和认同感，才能体现"以人为本"的美的真谛。

案例探究

你过一个星期来取书

季羡林在北京大学讲授语言学的时候，一天，一个叫王民的学生来向他借一本语言学方面的书。季羡林很为难，因为王民要借的这本书是极其珍贵的孤本古籍，如果在翻阅的时候有污损，都将是不可估量的损失。面对王民渴求的目光，季羡林又不忍心拒绝，便对他说："你过一个星期来取书，你看行吗？"王民一听季老师答应了，十分高兴，连连点头道谢。

一个星期后，王民如约来到季羡林的办公室。当他接过季老师递过来的书时，感到非常意外，这根本不是一本书，而是一叠厚达几百页的装订得整整齐齐的信纸，上面密密麻麻写满了蝇头小楷。王民想问又不敢问，一副欲言又止的样子。季羡林看出王民的意思，歉疚地说："我知道你要问什么，很对不起，我没有将原本借给你，是因为原本太珍贵了，我打算以后将它捐给国家。现在这本书我概不外借，我怕万一被人损坏，以后对国家就不好交代了，我想你一定能理解我的做法。今天给你的是我的手抄本，尽管看起来有些麻烦，但是可以一用的，我可以用人格保证。"王民听完十分震撼，连连向季羡林鞠躬致谢。

（选自《演讲与口才》2016年第15期）

案例启发：在此案例中，为了让学生能够看到自己想看的书，季羡林用一个星期的时间将一本十几万字的书籍完整地抄录了下来，这背后的工作量可想而知。要有多大的耐心、多深厚的热爱啊！原来，大师并没有我们想象中的那么高不可攀，而是时时处处从"小"入手，从"细"落实，令人敬仰、敬重。季羡林先生将原本抄录给学生借阅的行为，既保护了珍贵的书籍孤本，又格外体谅学生好学之心，不让学生因看不到书而失望。从这样一件小事让我们体会到社会美的

审
美
篇

内核，让我们看到了高尚的人格带来的力量。季羡林先生身上体现出真正的社会美。

🪶 实战演练

请同学们参加一次志愿服务，提前了解志愿服务的基本原则，选择适合自己的服务项目，明确自己的责任和义务，进行充分的准备和培训，提供优质的志愿服务以及服务后的总结与分享。

训练目的

通过参加志愿服务活动，奉献社会，丰富生活体验，有助于提升个人综合能力和建立和谐社会。

实战启发

参加志愿者服务是一种积极弘扬社会美的方式，具有诸多好处。可以增加生活阅历和见识，培养、提升沟通、担当精神、团队合作能力，从帮助他人中获得满足感、成就感、自信心和快乐；结识志同道合的朋友，拓展交际范围；可以为有需要的人提供帮助，贡献社会。

🌿 审美小站

"如果我是一条小溪，就要流向沙漠，去滋润一片绿洲。"这句话出自云南丽江华坪女子高级中学校长张桂梅，一位坚守滇西贫困地区40多年的乡村教师。从照片看，她身躯瘦小，脸庞沧桑，但目光坚毅而执着。40多年来，她放弃了优越的工作条件，毅然投身深度贫困山区教育扶贫主战场，用持之以恒的无私奉献，帮助乡村女孩走出大山，去追逐属于自己的梦想。

张桂梅是新时代社会美的忠诚践行者，她迎难而上、无私付出与献身的精神深刻诠释了社会美的核心内涵。她恰似一支蜡烛，虽然细弱，但有一分热，发一分光，照亮了别人，耗尽了自己。40多年来，她笑对人生风雨坎坷，始终坚守在祖国西南边陲的教师岗位上，从寸寸青丝到头发花白，未曾改变的是对山区学子的爱心和对教育事业的信仰。

🌼 思考练习

1. 如何提升自己的外在美和内在美？
2. 积极参加一次志愿服务活动并分享活动心得。
3. 选择一张暖心的正能量照片并在班级分享这张照片背后的故事。

学习体悟

自测题

第九章 实践人格美

"古人学问无遗力，少壮工夫老始成。纸上得来终觉浅，绝知此事要躬行。"

——《冬夜读书示子聿》

学习目标

知识目标：了解审美视角下的生活方式，能够欣赏生活中的美学，了解内在美的含义。

能力目标：提升智慧美、情操美和德性美；提高审美创造力，能够进行美的创造和表达。

素养目标：养育审美之心，建立完善人格，树立崇高的共产主义理想，做弘扬中国精神的新时代奋斗者。

本章关键词

（1）人格美、外在美、内在美、理想、信念。

（2）中国精神、工匠精神、民族精神、时代精神、爱国主义、改革创新。

第一节　审美与生活

情境导入

　　王明同学在学校举办的"大学生艺术节作品展"中看到了一幅精美的山水画，他被画面所吸引，驻足欣赏。画中微风拂过，树叶轻轻摇曳，鸟儿在树梢歌唱。他的心情豁然开朗，仿佛置身于画中山水之间，体会到了一种超越现实的美好。

　　你认为审美与生活存在着什么样的关系呢？

知识园地

　　自古以来，中国人在生活上对细节极致的追求是世界闻名的。人们在物质中生活，更在精神中生活。"诗意地生存"，早已在中国人的潜意识中萌芽。审美与生活息息相关，贯穿于人与自然、人与社会、人与自我之间的关系。它不仅包含着广泛美学的范畴，亦强调将美学观念融入日常生活中，通过审美的方式来塑造个人生活方式和品位。

一、审美视角下的生活方式

　　"美的主体性"是美学领域的一个基本理论，它强调美的评价是主观的，每个人对美的感知和评价都是个体化的，且受到个人经验、文化背景、心理状态等因素的影响。大学生要树立关心自然、关爱人类自身的审美意识，学会欣赏周围的世界，重新认识自然对人类的孕育之恩。

（一）亲近自然

　　人们现在生活的节奏越快，寄情山水、在大自然中释放心情的需求就会越旺盛。当草场经过整治，重现"天苍苍，野茫茫，风吹草低见牛羊"的意境时，当一片片精心规划平整的草坪出现在城市的各个区域时，环保和审美就有机地结合在了一起。人在对自然生机进行体验的过程中，达到人和自然的精神交流与沟通，人在这个过程中对自然心领神会，寻求自然节律和生命节律的统一。

　　漫游花园和田野、草地和森林的人啊，为何不打开你们的心扉去听听大自然以无声的语言教诲你们的一切。看看被你们称为杂草的、在压力和强制中成长的、几乎捉摸不到其内在规律性的植物吧，在大自然中、在田野中和花圃中看看它吧，看看它显示出何等的有规律性以及在一切和一切外表上协调一致的多么纯洁的内在生命吧，这生命犹如从大地上升起的灿烂的太阳，一颗闪闪发光的星星。

（选自福禄培尔《人的教育》，人民教育出版社 2001 年版）

（二）低碳生活

保护环境、保护动物、节约能源这些环保理念已成为人们日常的行为准则，低碳生活则成为我们急需建立的绿色生活方式。"低碳生活"虽然是新概念，但主题却是世界可持续发展的老问题，体现出人类因气候变化而对未来产生的担忧。人类意识到生产和消费过程中出现的过量碳排放是形成气候问题的重要因素之一，因此要通过优化和约束某些消费和生产活动减少碳排放，达到保护环境的目的。对此，尽管有一些反对的声音，但低碳生活的理念顺应了人类"未雨绸缪"的原则和追求完美的心理与理想，已逐渐被世界各国人民所接受。

微信、支付宝等软件推出运动排行、打卡等功能，都与低碳生活有着密切的联系。低碳生活鼓励人们选择更环保、更健康的出行方式，如步行、骑行或使用公共交通工具出行，而不是驾驶私家车。例如，通过微信的步数排行打卡功能，用户可以记录自己步行的里程和步数，激励自己保持身体健康的同时减少碳排放。"步行"是一种零排放的出行方式，不会产生二氧化碳等有害气体，有助于减少对环境的负面影响。而且，步行也是一种简单又有效的锻炼方式，有利于提升身体健康。通过这项功能，我们可以与朋友、家人或同事进行步行比赛或互动，增加了步行的趣味性和参与度，进一步鼓励人们选择步行作为日常出行方式，从而促进低碳生活的实践。

二、审美视角下的生活场景

（一）审美化的现代城市形象

城市是文化与经济的创造基地、积存器和扩散中心。随着都市化的快速发展，越来越多的人被吸引到城市之中，城市也逐渐成为审美对象。围绕商业资源集聚度、城市枢纽性、城市人活跃度、生活方式多样性和未来可塑性五大一级维度评估的 337 座地级及以上城市，安徽省合肥市跻身新一线城市榜单（图 9-1）。现代经济发展吸收了更多文化艺术因素来提高产品的人文性和艺术性，现代经济与现代文化的双向互动就形成了文化产业。

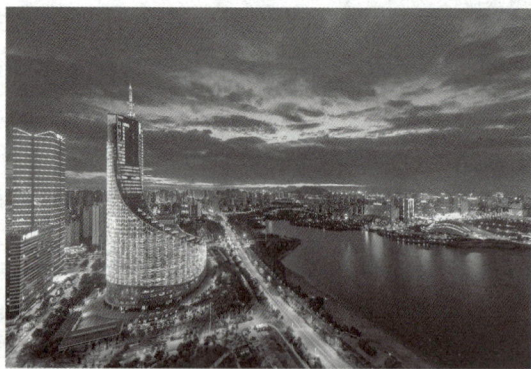

图 9-1 2024 年春节安徽省合肥市"天鹅湖"新春拜年灯光秀

上海作为中国最具活力和国际化程度的城市之一，其文化产业发展备受关注。上海举办了许多具有国际影响力的文化活动，如上海国际电影节、上海国际艺术节、上海国际音乐节等。这些活动不仅吸引了很多国内外观众，也为本地文化产业的发展提供了很好的契机和平台。上海拥有多个文化产业园区，如上海文化创意产业园、1933 老场坊、九里工坊（图 9-2）等，这些园区为文化企业提供了很大的创业和发展的空间和条件，促进了文化产业的集聚和互动，也进一步扩大和提高了文化公共空间的整体水平。

图 9-2 九里工坊产业园

（二）多元文化的生活场景

意大利有许多历史悠久的古城，如罗马、威尼斯、佛罗伦萨等，这些城市的面貌各有特色，景观之美变化多样，让人目不暇接，但只要细心观察就能发现不同的城市景观风格和环境氛围还是比较类似的。城市都以广场为中心，广场周围有钟楼、教堂、洗礼堂以及市民活动公共空间，而商店和市民住宅则从广场四周自如地伸展扩散出去，形成弯弯曲曲的街道小巷。

这种城市形象和布局特征与我国古代城市方方正正、四平八稳、以官衙府邸和钟鼓楼为中心、有条有理的景观图式有很大的不同。因此，要阅读一座城市必须了解它的过去和传统。同样，要构建城市形象的特色，也要充分把握这座城市的景观文化语境，以及形成这一语境的历史脉络。

（选自陈超南等《都市审美与上海形象》，上海社会科学院出版社2008年版）

随着全球一体化进程速度加快，各种文化相互碰撞、交流，新奇的异质文化满足着各民族求新求异的审美要求，但负面的影响是导致审美出现趋同现象，缺乏个性，民族文化、民族精神受到冲击。全球化过程中，发达地区、经济强势民族的文化涌向欠发达地区、经济薄弱地区，冲击着欠发达地区优秀的传统文化，致使其发展举步维艰。比如，现代化进程在发展中国家催生或重建了一批批现代化城市，这些城市中所建造的高层建筑、立交桥、地铁、商务中心、大超市、标准厂房等，在使用功能、内部结构甚至外观立面等方面，都具有一定的趋同性。

客观地对待民族文化和外来文化，我们要抱有"和而不同"的态度，积极扩展民族文化生存和发展的空间，对外来文化不偏激、不盲从、不全盘抵制，提倡各种多元文化共存。

三、回归本真生活

大学生要思考如何正确地对待人生，思考人生的目的、意义、价值是什么？要思考人怎样才生活得完美。思考我是谁？人的本质何在？生命的意义是什么？什么样的人生境界才是理想的境界？审美的人生是自由的人生，自由的人生不完全排斥功利生活，但它最终要以审美和艺术为基础。

（一）欣赏自我生命之美

我们在日常生活中，不仅需要物质，也需要艺术。很多物质被艺术化了，我们就感到有意味，感觉到生活很充实。审美生活的关键是要学会怎样自己支配自己的生活，将平常的生活看作艺术品的创作过程，让生活具有更优美的方式，而不是刻板地、程式化地日复一日地重复。

审美地对待生活，就是人要诗意地栖居在大地上。人生在世，不断地处于被动接受与主动选择的共同作用下，这种共同作用实现并完成了一个人的一生。学会审美地对待现实是一种选择，它使人从功利束缚中解脱出来，从精神上获得解放，获得自由，进入一种顺应自然、与天地同和的境界。

生活的意义不在别处，而在不朽……你自己知道生命有没有浪费，这就是不朽了。浪费生命就是朽坏，你自己知道你并没有浪费的时候，你就回到了生命的本体里。这是生命的体验，但是也可以是很平淡的日常生活，二者是合二为一的。最具神秘色彩的事情，基本都是从最平淡的事情开始的。不朽的岁月不过就在你一念之间转过来而已，做起来也并不难。爱惜你自己的身体有什么难？爱惜你自己的心智有什么难？爱惜你自己的灵性有什么难？……因此，寻找生活意义不是了不起的大事情，只是过一种日子，过一种砍柴提水、淘米煮饭、写字读书的日子。当你晓得这日子是有意义的时候，生活本身就不再枯燥，不再平凡，也就跟任何建大功、立大业一样的伟大了。

（节选自许倬云《中国文化与世界文化》，广西师范大学出版社 2006 年版）

人类生活的审美化具有双重性质：一方面它显示出人类生活的一种"新"的价值标尺即审美地生活，把"美"作为一种新的生活世界观，是一场生活的审美启蒙运动；另一方面由于消费主义的介入和大众传媒的炒作，它又显露出审美的混乱，审美具有感官化倾向，使得审美成为"非美"。

（二）审美的人生境界

冯友兰先生把人生境界分为"自然""功利""道德""天地"四种。人处在自然境界时，对人生的意义浑浑噩噩，不去思考或追问的生存状态；功利境界是日常生活中为名、为利、为官、为家，忙忙碌碌，或功败垂成，或稳健平淡的生存形式；道德境界表明自由意志对情感欲望的制约和规范；天地境界则表现为对日常生活和人际经验的肯定性感受和审视，是自己身心和自然宇宙的融合，是把自然、宇宙生命化，在平凡、有限、转瞬即逝的真实情感中，找到人生的归宿和终极关怀。

查看案例

19世纪初的美国著名思想家梭罗以自己的人生体验了以"简单"为生存原则的审美人生境界。他把劳动、写作、观察、倾听、体验和梦想融汇于生活之中，使自己生活的每一个环节都具有审美的特质，并把这样一种审美生存方式的经验写成了享誉世界的名著《瓦尔登湖》。他考察了历史上那些被认为是最有智慧的伟大人物的生活，他们都具有一个共同的特点：对奢侈和舒适都敬而远之。因此，梭罗的生活座右铭就是："简单，简单，再简单！把你的事情减少到两件或三件，而不是增加到百件或千件。简单，简单，再简单，使你数的数字宁可是半打，而不是百万。使你的账目简单到可用手指掐算。"

（选自陈媛《发展与审美》，社会科学文献出版社 2008 年版）

现在流行一种去物化的生活方式，被称为"极简生活"，这种生活理念主张简化生活方式，减少物质消费和精神负担，追求简单、纯粹、自由的生活状态，只保留生活中最重要、最有意义的事情和物品，摒弃多余的物质和烦琐的生活方式，以达到精神和身体的自由与平衡。极简生活追求简洁的环境和精简的生活方式，注重内心的宁静和思想的清晰。这种生活方式不仅能够减轻生活压力，提高生活质量，还有助于个人成长和心灵的富足。如果作为大学生的我们，不知道该如何简单生活，不妨尝试以下几点。

（1）减少不必要的购物：避免冲动购物和消费主义，审慎选择想购买的物品，尽量减少购物频率，避免过度消费和浪费资源。

（2）减少烦琐的活动：减少无意义的社交活动和使用社交媒体的时间，保持简单而真实的人际关系，把时间和精力放在更有意义和有价值的事情上。

（3）避免过度的压力和焦虑：面对学习和工作任务时，制定学习计划，简化工作流程和任务安排，保持学习、工作和生活的平衡，注重效率和质量。减轻学习和工作给自己带来的压力。

（4）摒弃不健康的习惯：摒弃不健康的生活习惯，如熬夜、暴饮暴食、缺乏运动等，追求健康的生活方式，保持身心健康和活力。

（5）放下复杂的思维和情绪：摆脱繁复的思维模式和负面情绪，保持简单、积极、乐观的心态，培养平和、清晰的思维方式，享受简单而幸福的生活。

在现实生活中，人生活在不同境界中，而不是仅生活在一种境界里。因为人有多重需求，人就会相应地生活在不同境界中。一般而言，人生活在自然境界和功利境界的时候比较多。但当过度的追求功利而限制个人发展，让自己感到痛苦的时候，就要进入到道德境界中。在功利境界和道德境界之间仍感到不能满足的时候，又要到天地境界中去。不同的人、不同的状态、不同的境界构成了多彩的人生。

案例探究

《桃花源记》（节选）

东晋·陶渊明

晋太元中，武陵人捕鱼为业。缘溪行，忘路之远近。忽逢桃花林，夹岸数百步，中无杂树，芳草鲜美，落英缤纷。渔人甚异之，复前行，欲穷其林。

林尽水源，便得一山，山有小口，仿佛若有光。便舍船，从口入。初极狭，才通人。复行数十步，豁然开朗。土地平旷，屋舍俨然，有良田、美池、桑竹之属。阡陌交通，鸡犬相闻。其中往来种作，男女衣着，悉如外人。黄发垂髫，并怡然自乐。

《桃花源记》是东晋时期文学家陶渊明所作，收录在他的《归去来兮辞》中。故事讲述了陶渊明偶然发现了一个隐藏在深山密林中的世外桃源，那里的人们生活在与世隔绝的环境中，与外界毫无往来。桃花源位于深山幽谷中，四周群山环抱，桃花盛开，有清澈的溪水在流淌，鱼虾嬉戏其中，这里空气清新，环境幽静。桃花源的居民过着简朴自然的生活，他们勤劳耕种，互相帮助，彼此和睦相处，没有争斗和纷争。

陶渊明在散文中描绘了桃花源的美好景象，赞美了那里的人们纯朴的生活和优美的自然环境。他认为桃花源是一个与世隔绝、幽静美丽的理想之地，是人们心灵的归宿和安乐之所。

案例启发：陶渊明无论身处怎样的社会环境，都可以通过调整心态和生活方式，追求内心的宁静与平和。桃花源的居民们虽然过着简朴自然的生活，但是与大自然和谐相处极大地享受着自然的美好。因此，我们要珍惜身边的自然环境，保护生态环境，深刻反思如何消除快节奏的现代社会生活和物质主义对我们生活方式的影响。

大学时光转瞬即逝，在即将踏入社会时，我们要调整好心态，理性地看待社会，保持着对理想的追求，努力在现实生活中实现自己的理想和抱负。善于通过提高审美的方式来塑造个人生活方式和品位，使自己的生活更加具有美感和意义。

实战演练

寻觅内心的桃花源

请同学们选择一个环境幽静、环境优美的自然场景作为实地体验的场地，如可选择郊外乡村、山林湖畔，在保证安全的情况下，通过自由行走来感受大自然的美好，尽可能静心感受周围的自然气息和生活节奏。

在实地体验结束后，请同学们分享自己的感受和体验，思考自己对内心宁静与自然美的理解，以及如何在日常生活中追求这种美好状态。同学们可以根据自己的感受和体验，以文学、绘画、摄影等形式进行创作，表达自己对内心平和与自然美的追求和向往。

训练目的

感受如《桃花源记》中所描述的宁静与美好，激发在生活中对内心平和与自然美的追求。

实战启发

寻觅每个人内心的"桃花源"，就像是在繁华喧嚣的世界中，寻找那片属于自己的宁静与美好的角落。它是一种对内心宁静与平和的追求，是在纷繁复杂的生活中，找到属于自己的那份宁静和满足。这是一段自我探索的过程，需要我们静下心来，倾听来自自己内心的声音。在这个过程中，我们可能会遇到各种困难和挑战，但正是这些经历让我们更加清晰地认识自己，找到真正属于自己的"桃花源"。这里可以是一个充满爱与温暖的地方，也可以是一个让你发挥创造力和实现梦想的天地。它可能是一本书、一首歌、一幅画，也可能是一次旅行、一段友情，或者是对生活的热爱和对梦想的坚持。当我们找到内心的"桃花源"时，我们会变得更加从容与自信，能够以积极的心态面对生活。无论往后的日子是风和日丽还是风雨交加，我们都能在自己的"桃花源"中找到宁静与力量。

每个人的内心都有一片"桃花源"，等待着我们去发现。踏上寻觅之旅吧！探寻内心深处的"桃花源"，那里有宁静与美好等待着你。

审美小站

在探讨跨文化交流时，可能会出现审美冲突和误解等问题，该如何化解这些冲突呢？

我们可以尝试在建立尊重和理解的基础上进行交流，避免以自己的审美标准来评判他人。理解、接纳并包容不同文化背景下的审美表达方式，尊重他人的选择和偏好，不因自己的审美偏好而歧视或排斥他人。在寻找不同文化背景时，探寻审美共同点和交集，通过共同喜好或共享价值观念，增进相互理解和融洽。也可以参加一些跨文化教育培训课程，提高对不同文化背景下审美观念的敏感性和理解力，增强跨文化交流的能力和水平。

思考练习

1. 不同的文化背景如何影响个体的审美情趣和生活方式？
2. 如何应对全球化背景下的文化多元性和审美趋同化问题？

学习体悟

第二节　认识人格美

情境导入

李勇在图书馆看书，偶然间读到了作家史铁生的《病隙碎笔》《我与地坛》《合欢树》《秋天的怀念》等散文名篇。在阅读过程中，他逐渐了解了史铁生的故事：史铁生年轻时忽然双腿瘫痪，后又患尿毒症，靠着每周三次的透析维持生命。但是他仍然坚持写作，他认为“写作就是要为生存找一个至一万个精神上的理由，以便生活不只是一个生物过程，更是一个充实、旺盛、快乐和镇静的精神过程”。史铁生在困境中对生命意义的叩问，对生命困境的思索本身就是一部伟大的作品，李勇被史铁生的故事深深震撼，从而获得了很多力量。

你有过被一个人的人格所呈现出来的魅力深深震撼并且受到鼓舞的经历吗？

🍁 知识园地

一、人格美的涵义

“人格”一词来自拉丁文“Persona”，这个词的本义指面具。把面具释为人格包含两种含义：一是指虚假的行为及状态，二是指在面具下隐藏的个人特质。后来，心理学借用这个术语来表明：在人生的舞台上，人也会根据社会角色的不同展现出不同的面貌，但在这“面具”的背后，存在一个真实的自我，即真实的人格。“人格”同品格、性格、气质等具有交叉关系，“人格”集中体现了人的思想意志、道德情操、行为态度、性格气质和品格节操等。

人在社会化的过程中，可以使人格达到美的境界，内在的人格会通过实践转化为具体的、能够被感受到的客观存在，这就形成了人格美。人格美指向人的思想品格、道德情操和聪明才智。人们的言行，能够透露出人的内心世界，表现出人的心灵的美与丑。在有关人的审美因素中，人格美是其中最核心的美。人格美的人我们可以称其具有审美人格。审美人格一般具有以下特征。

1. 和谐性

和谐性是指各要素虽然存在一定的差异，但是却能够协调共生，从而推动事物有序向前发展。拥有审美人格的人，不仅在个体内部能够达到和谐，既有情感的冲动，又不缺乏理性的指引，既有诗情画意的蓬勃生命，又充盈着智慧的光芒；在个人和世界的关系上，也能达到和谐共生，他的身心在这个世界上能够自恰，能够感受到自己和自己置身于其中的世界紧密联系，不可分割，生活在这个世界里就像鱼在水里一样悠然自在。

2. 独特性

审美人格的独特性是指一个人具有的与他人相区别的精神特质，审美人格并非只有一个固定模式，而是多元的。由于每个人的脾气秉性、处事方式、生活经历等各个方面都存在很大的差异，这种差异投射到实践中形成的不同的审美人格也各具魅力。自由率真的审美人格是美，平淡自然的审美人格是美，乐观旷达的审美人格也是美。

3. 超越性

审美人格的超越性是指审美人格能够跳脱出物质的围墙。拥有审美人格的人不会只执着于自己的一方天地，为了自身的利益每日忙忙碌碌，而是能以一种超脱的心态面对生活。当然这里的超脱并不是指脱离社会，而是指在人生的追求上超越物质，在生活方式上饱含情趣，在处事方式上乐观豁达。

总之，审美人格是一种远功利而入世、融小我入大我的诗性人格。它追求以无为精神来创造有为生活，着意于生命过程的诗性自由。

朱光潜先生在《谈美书简》中讲过："艺术是具有情趣的活动，艺术的生活也就是情趣丰富的生活。"人可以分为两种，一种是情趣丰富的人，他们对于许多事物都觉得有趣味，而且到处寻求享受这种趣味。另一种是情趣干枯的人，他们对于许多事物都觉得没有趣味，也不去寻求趣味。情趣愈丰富，生活也愈美满，所谓人生的艺术化就是人生的情趣化。

同样的生活，在不同的人看来，却有全然不同的面貌。仅仅停留在现实世界，我们很难体会到生活的情趣，只是局限于自己的个人得失的空间中，这样的人格无疑是不圆满的。审美人格对我们圆满人格的形成具有很大的促进作用。在社会发展节奏日趋加快、日常生活压力不断增大的今天，我们在生活、工作和学习中都面临着诸多压力。积极参与各种审美活动，能使自己在社会生活中逐步实现社会实践的功利性与超功利性的统一、个体与社会相统一的自由境界，完成人格与生命的升华。当我们拥有审美化人格后，虽然我们仍然在工作、学习、交往，但世界于我们不再是一个无趣的牢笼，我们将能体会到平凡的、普通的、日常的生活中所蕴含的无穷生命意蕴。

二、人格美的显现

人格美会显现在人的外在和内在两个方面，表现为人的外在美和内在美。外在美包括语言美、行为美、服饰美，亦即身体美。内在美包括智慧美、情操美、德性美，亦即心灵美。

（一）外在美

1. 语言美

语言美的基础是语言内容的准确、思想健康。我们常说"言为心声"，语言透露出来的是讲话者的内心世界。语言上要做准确、生动、文雅、谦逊有礼。"准确"就是要简明扼要地表达自己的意思，不至于让和你沟通的人感到含糊不清、不明所以，这是语言最基本的要求。"生动"是指在明确的基础上，把要表达的内容灵活、具体、形象地表达出来，能够摆脱枯燥，引人入胜。"文雅"则是指语言要优美，表情姿态要大方，挺胸抬头，说话时少做小动作。"谦逊有礼"是指在沟通中要有礼貌，可以适当地使用"请""您好""谢谢"等礼貌用语，对话中态度不要过于强势，不要随意打断别人讲话，要充分倾听对方的意见。语言美除了与讲话者语言文学方面的能力相关，还和个人的知识修养，性格、气质等密不可分。恰如其分的语言，不仅能让和你沟通的对象感觉到如沐春风，在很多时候也有利于事情的推动。

大学生在使用网络流行语时需要注意，有些网络流行语较为低俗，或者有些受众群体较小，表达含义不明确，容易让听到的人不知所云，所以我们在选用网络用语的时候要注意场合，在正式场合，少用或者不用较为恰当。

2. 行为美

行为和语言一样，能够反映出人物的内心世界。要想实现行为美，首先，要注意自己的姿态，优雅的姿态不是天生就有的，要注意后天学习相应的姿态规范。其次除了举止风度的美之外，行为上的"美"更侧重于与道德意义上"善"的联系。当一个人的行为充分显示出"善"，我们就从其行为上看到了"美"。从这个角度来分析，刻苦钻研技术，创造了装载机清舱"柔性操作法"，22 次打破铁矿石卸船效率世界纪录的特级技师郭凯是美的。十多年如一日坚持志愿服务，热心解决社区居民的操心事、烦心事、揪心事的社区服务者王兰花也是美的。

3. 服饰美

服饰美顾名思义就是人通过服饰装扮所呈现出来的美，在现实生活中，他人对我们的第一印象通常与仪表紧密相连。天生的形体容貌我们无法选择，但是仪表却可以按照自己的愿望去塑造。一般来讲，人的审美素养越高，审美能力越强，仪表也越自然得体。同样地，人的服饰装扮也能体现一个人的审美人格，一个着装以舒适自然为主的人可能追求的正是自然朴实的价值。在服饰上，我们的选择要注重得体，大学生选择服饰时要注重和校园环境相和谐，不可过分暴露或追求标新立异。

语言、行为、服饰等身体美是审美人格显现的重要方面。从审美的角度而言，大学生的身体美除了以上三点，也包括身材所呈现出来的匀称、健康等美的特征。匀称是指人身体的各个部位之间的比例要恰当和谐。健康是指身体机能运转良好，形体健美。现在，有不少大学生受到网上风靡的审美观念的影响，对美的概念理解较为单一，追求"直角肩""A4 腰"等不良的"美"的概念，过于追求以瘦为美。实际上，美并没有统一的标准，要能够接受符合健康要求基础上的各种体型所呈现出来的美感。要通过积极健康的生活方式如合理饮食，参加体育锻炼，获得健康、匀称的形体。

（二）内在美

审美人格的内在显现主要包括智慧美、情操美和德行美三个方面。

1. 智慧美

列夫·托尔斯泰说："没有智慧的头脑，就像没有蜡烛的灯笼。"缺乏智慧的人生，就像没有蜡烛的灯笼一样失去了灵魂，人们之所以敬仰像杜甫、李白、鲁迅、达·芬奇、居里夫人、列夫·托尔斯泰、爱因斯坦等这些中外历史上文学和科学上的巨人，就是因为他们的文化修养和超凡的智慧，为我们创造了许多科学和艺术的非凡成果，为人类做出了巨大的贡献。数学巨人陈景润，摘下数学桂冠上的"明珠"，收到了几千封读者的来信，这足以说明智慧的巨大魅力。人类的智慧包含敏锐的感知力、深刻的洞察力、丰富的想象力和巨大的创造力，其中，先天的遗传因素只是提供了拥有智慧的可能性，后天的学习和实践才能使得这种可能变成现实。智慧和知识文化修养是无法分开的，只有不断获取知识，才能让人脱离愚昧，才能创造出价值。

2. 情操美

情操美的体现是多方面的，在对待理想上，体现为对理想信念的坚定不移；在对待物质利益上，体现为先人后己、先公后私；在对待生活上，体现为拥有高雅的情趣。拥有了情操美，我们就不会在生活中总是匆匆忙忙，而是能够拥有一点"闲心""闲情"，暂时从功利世界脱离出来，在审美世界中驻足，也更能够感悟平凡生活中蕴含的生命意蕴。

朱自清先生平正严肃，丰子恺先生雍容恬静，他们的性格很不相同。然而，他们的性格都自然地体现在他们的言行风采中，叫人一见就觉得和谐完整；他们的生活都是艺术的生活，他们都有完美的人格。朱自清先生主持清华大学中文系十多年，从不揽权，更不跋扈，自己工作极忙，但是从来没有驱使过助教或同学，和每一位同学、同事情感都很融洽。你随便告诉他点事情，他都会谢谢你。丰子恺先生的言谈举止自然圆融。他的性情向来深挚，待人无论尊卑大小，一律和蔼可亲。他将自己画成一幅画，刻成一块木刻，拿着看看，都会欣然微笑。偶然遇见一件有趣的事，他也欣然微笑。

（节选自凌继尧《美学十五讲》，北京大学出版社 2003 年版）

3. 德行美

德行美指的是人的道德品质和行为的美好，这种美好表现在行为上会使得平凡普通的人变得熠熠生辉。智慧、情操只有和德行结合起来，人才能够真正实现自我价值，度过有意义的一生，这种结合的关键在于你是选择狭隘地为自己而活还是把人生目标和社会的发展、人民的幸福结合起来。只有做到后者，精神才能达到一种全新的境界，其人格也会超脱于世俗，形成审美人格。

杨宁是广西柳州市融水苗族自治县安陲乡江门村党总支书记、村委会主任。2010 年她从广西大学毕业，在大苗山出生、长大的她，做了个令人不解的选择，没有留在城市，而是"逆行"回到家乡——融水安陲乡江门苗寨当村支书。当时的家乡，封闭和贫困的烙印一直是乡亲们挥之不去的阴影，人们渴望摆脱贫困，却看不到方向，就像没有月亮的苗寨黑夜，看不到脚下的道路。她下决心要做大苗山中那一轮明月。考虑到村里的气候和土壤条件，杨宁提出了因地制宜地种植高山生态水稻的计划。她卖掉自己的婚房，筹集 30 万元作为启动资金，带领村民干起来。这一年的秋天高山生态水稻迎来了大丰收，收入增加了两倍。紧接着，杨宁一门心思带领村民寻找新的脱贫方法，组织留守妇女成立了"苗阿嫂"

种养专业合作社，发展高山泉水西瓜、高山黄金百香果、高山木薯、高山蔬菜等特色产业，牵头创立"苗村倌"农产品电商服务中心，帮助农户销售农产品九百多万元，使江门村村民顺利摘掉了贫困的帽子。（图9-3）

图9-3 "苗阿嫂"山泉西瓜大丰收

　　总之，审美人格既体现在外在的语言、行为、服饰、身体等方面，也体现在内在的智慧、情操和德行之中。它是一种远功利而入世、融小我入大我的诗性人格。它的本质在于将个体生命融入群体社会的广阔图景和历史的宏大进程中，使个体生命的得失、忧乐、存亡都有了更广阔的参照系与更崇高的目标。是在道德与责任的圆满中完成人格与生命的升华，从而达到"从心所欲，不逾矩"的精神自由与情感舒逸。

案例探究

　　在唐顺宗李诵时期，刘禹锡参与了永顺革新的运动，无奈得罪了旧的利益集团。他和柳宗元等八个人纷纷被贬，史称"八司马"。刘禹锡开始被贬任连州（今广东省连州市）刺史，赴任途中，又改迁朗州（今湖南常德），824年夏天，刘禹锡又被调任为和州（今安徽和县）刺史。和州的知县见刘禹锡被贬而来，也没向他送礼，就给刘禹锡安排了一间仅能容下一床、一桌、一椅的破乱不堪的屋子。他处于逆境中，却没有沉溺于自己的政治理想的破灭的悲痛中，而是不亢不卑，提笔写下千古绝唱《陋室铭》！

　　山不在高，有仙则名。水不在深，有龙则灵。斯是陋室，惟吾德馨。苔痕上阶绿，草色入帘青。谈笑有鸿儒，往来无白丁。可以调素琴，阅金经。无丝竹之乱耳，无案牍之劳形。南阳诸葛庐，西蜀子云亭。孔子云："何陋之有？"

　　案例启发：刘禹锡自小家境优渥，受到政治打击后，被贬到偏远的地方，但是他仍然能够在陋室之中写下"斯是陋室，惟吾德馨"。认为自己虽然身在陋室，但是可以"调素琴，阅金经。无丝竹之乱耳，无案牍之劳形"。并提出反问"何陋之有？"正是因为刘禹锡具有高尚的情操和德行，才可以让他在困苦的环境中仍然保持豁达和开阔的心境。反观我们，居住的房子越来越大，生活条件越来越好，但是我们却时常觉得空虚，而刘禹锡虽然只有一粥一饭、一床一间，却为我们展示出了人格之美。

🍃 实战演练

假如你在平时课堂上非常认真，作业也都认真按时完成了，但在期末考试时任课教师给你的平时分数较低，你想询问下老师为什么分数这么低，你会如何表达？

训练目的

通过训练，体会语言美的基本要求。

实战启发

语言美的要素包括准确、生动、文雅、谦逊有礼。联系老师时首先要注意礼貌用语，使用"您""打扰了""请"等礼貌用语，让对方觉得不那么唐突。其次，开头自我介绍自己的信息并交代联系老师的缘由，能够准确地让老师知道你的来意并给你答复。例如："老师您好，打扰您了，我是××班×××，是您教授的××课的学生。我这门课平时成绩您给了比较低的分数，但是我平时上课还比较认真，作业也按时完成，我能请问一下是我学习中有哪些地方做得不到位吗？"

🌿 审美小站

我们经常能够在报纸上，新闻上看到很多道德模范，他们为了集体，为了他人，往往毫不计较个人利益，总是全心全意为别人做贡献。如入选感动中国人物的刘盛兰老人，她作为一位孤寡老人，属于当地分散供养的"五保"户，自己的生活都很艰难，但却从1996年就开始拾荒助学，20年来总计捐资助学十多万元，资助了一百多个学生。我们是不是必须做到刘盛兰老人这样才算是有情操、有德行呢，才有可能拥有人格美呢？

答案是否定的。

刘盛兰老人当然展现出了人格之美，但是根据我们国家目前经济发展的现状和人们思想道德的实际状况，我们不能要求所有人都能够做到如此。我们可以把道德分为三个层次。

第一个层次就是像刘盛兰老人这样无私奉献、舍己为人，甘愿为了集体牺牲一切，这是我们应努力去达到的道德目标；第二个层次是先公后私，先人后己，也就是我们在维护集体或他人利益的基础上追求自己的正当利益；第三个层次是遵纪守法，诚实劳动，即我们要通过合理、合法的方式去追求和保障个人的利益，这是我们作为一个人最基本的道德要求。

人作为一个生物性的存在，不能完全摆脱物质的束缚。恩格斯说过，人们必须吃喝住穿，然后才能从事政治、科学、艺术、宗教等活动。拥有人格美并不是说不需要生活里的物质条件，只是人格美的人他能够不拘泥于这些物质，他的人生追求不仅仅有物质，还有更为广阔的世界。

思考练习

1.对照人格美的内在和外在显现，进行自我审视，反思自己存在哪些不足。

2.课后收集自己所学专业领域的道德模范的故事，以幻灯片汇报的形式在班级展示他们的故事，并分享各自的感悟。

学习体悟

第三节　践行人格美

情境导入

4月23日，是世界读书日。辅导员召开主题为"读书的意义"的班会。

小陈与室友小林私下里讨论："从小到大我读过很多书，但大部分内容都忘记了，我也不知道读书的意义是什么？"小林笑着说："我还记不起我从小到大吃过的很多食物呢，但可以肯定的是，它们中的一部分已经长成我的骨骼和肌肉。你以为读过的书已成过眼云烟，事实上，经典作品中蕴含的正直、善良、勇敢、诚信、坚持等良好品格，早已融入进你的气质、谈吐和思维里。"

"读书可以经历一千种人生，不读书的人只能活一次。"读书，可能是成本最低的自我修炼；读书，可能是改变气质最好的方式；读书，有利于我们形成包容、开放的心态，使我们的人格更加成熟和完善；读书，无论什么时候开始都不晚。

🍁 知识园地

大学生所处的年龄阶段正是人格各方因素协调、统一而定型的阶段，正如习近平总书记在学校思想政治理论课教师座谈会上强调的："青少年阶段是人生的'拔节孕穗期'，这一时期心智逐渐健全，思维进入最活跃状态，最需要精心引导和栽培"。这一时期可以说是人格定型和完善的最后阶段，是人的理性和感性发展处于平衡的最高峰阶段，因此，也是对一个人影响最为深刻的阶段，这一时期也是审美人格完成的重要阶段。

一、践行人格美的内涵

践行人格美，就是通过文化熏陶等多种途径提升文化素养、审美能力、道德素养，用实际行动展现出高尚、美好的人格特质。在生活中，践行人格美体现在不拘泥于物质世界，追求丰富且崇高的精神世界，最终达到融小我入大我的境界。

马尔库塞把工业社会中的人称为"单向度的人"，即精神的活动和精神的追求被忽视、被冷漠、被挤压、被驱赶，"人"成为没有精神生活和情感生活的单纯的技术性的动物和功利性的动物。

20世纪以来，工业化的进程的迅速推进，给人们的生活带来诸多便利的同时也引发了一系列的问题。人生活在一个高度自动化、机械化的环境中，人的工作变得越来越重复和单调，就导致了人与自然关系的失衡、人的物质生活与精神生活的失衡、人内心生活的失衡。人们每日生活在钢筋水泥之中，亲近大自然已经成为一件奢侈的事情，只能偶尔周末去公园领略四季的变化，触摸大自然的"心跳"。

作为青年一代，我们和手机、电脑等电子产品相处的时间越来越长，满足于各种碎片化信息轰炸而带来的多巴胺刺激，很少能静下心来去品味一首小诗、阅读一篇佳作、和亲人朋友闲谈叙旧。我们越来越成为马尔库塞口中的"单向度的人"，受困于日常生活中，找不到出口，心灵也无法得到宁静的享受。

面对世界的深刻复杂变化，面对信息时代各种思潮的相互激荡，面对纷繁多变、鱼龙混杂、泥沙俱下的社会现象，面对学业、情感、职业选择等多方面的考量，一时有些疑惑、彷徨、失落，是正常的人生经历。关键是要学会思考、善于分析、正确抉择，做到稳重自持、从容自信、坚定自励。

（节选自新华网 2014 年 5 月 4 日《习近平在北京大学师生座谈会上的讲话》）

习近平总书记曾讲："青年的价值取向决定了未来整个社会的价值取向，而青年又处在价值观形成和确立的时期，抓好这一时期的价值观养成十分重要。这就像穿衣服扣扣子一样，如果第一粒扣子扣错了，剩余的扣子都会扣错。人生的扣子从一开始就要扣好。"青年时期不仅是价值观形成的关键时期，也是审美人格形成的关键时期，在大学期间形成适当的审美人格，践行人格美，对于他们明确"我应当怎样度过这一生"有重要的指导作用。

大学时期是形成审美人格的关键时期。在信息时代，大学生获取信息的途径越来越多样化，他们不仅局限于从课本上获得知识，而是充分利用各种媒体、网站、社交网络来获取信息。但网络上充斥的各种信息良莠不齐，大学生又处于人生观、价值观形成的时期，一方面他们自觉已经成年，渴望像成人一样自己去处理各种信息并做出判断，另一方面，他们又缺乏必要的人生阅历来帮助自己分析这些信息并做出判断。很多大学生在这一时期对自己的人生到底应当怎么度过、想从事什么职业、为什么要从事这一职业等问题缺乏清晰的认知，他们或迷茫无助、浑浑噩噩，或效仿身边的同学、亦步亦趋。

二、践行人格美

形成审美人格，践行人格美是一个渐进的过程，在这个过程中，人首先需要将一般的五官感觉超越为审美的感受能力，审美能力的不断提升，能够促使人形成一种审美的精神风貌，即形成审美人格。作为大学生应该如何形成自己的审美人格，并在日常生活中践行人格美呢？

（一）融入文化环境，接受文化熏陶

大学生接触到的文化环境主要包含校园环境和社会环境，这两方面环境的构建，都有利于大学生形成自己的审美人格。

1. 校园环境

校园内部的文化环境会对大学生的审美人格产生着重要的影响，良好的校园文化环境，既包括优美的自然环境，也包括后天营造的人文环境，这种文化环境需要蕴含丰富的知识涵养、深广的文化底蕴和张扬的人文意趣，才能够使处于这一环境中的学生，和环境对话，受环境熏陶，在潜移默化中构建审美人格。正因如此，我们才能看到，很多高等学府经过时间的沉淀，都酝酿出了自己独特的文化氛围，形成极具特色的精神气度和文化秉性，这种气度和秉性会熏陶感染一代又一代学子，为他们的人格打上深深的文化烙印。

多年以来，我特别愿意借用燕园最负盛名的两处景观，未名湖与博雅塔，来描述我心中的北大气质，那就是——"外未名而内博雅"。未名湖柔波荡漾，波

澜不惊，宛如一块温润的碧玉明珠，宁静地镶嵌于校园中央，象征着北大人厚德载物的阴柔之美；博雅塔雄健挺拔，器宇轩昂，恰似一条笔直的钢铁脊梁，刚毅地矗立于云天之间，体现着北大人自强不息的阳刚之气。古语云"一阴一阳之谓道"，我们的湖和塔，一阴一阳，一柔一刚，一横一纵，一凹一凸，一纤秀、一伟岸，一欢快空灵、一沉稳凝重，由此幻化出的湖光塔影，一年四季，风光不同，但都有大美而不言，真是"浓妆淡抹总相宜"！

（选自杨虎，严敏杰，周婧编《先生说1898年以来的北大话语》，海峡书局出版社2022年版）

2. 社会环境

随着我国物质生活的不断进步，人们对于美好生活的向往的内涵的需求越来越强烈，人们不仅需要有良好的物质生活条件，也需要相应的文化产品来满足自己的精神需求。近些年，我国坚持以人民为中心的工作导向，不断加强文化建设，大力繁荣文艺创作生产，先后推出了电影《我和我的祖国》《长津湖》，电视剧《觉醒年代》《山海情》等一批精品力作。建设了长城、大运河、长征、黄河等国家文化公园，各地的博物馆、美术馆等文化场所也对公众免费开放。这些都为人民群众提供了丰富有营养的"精神食粮"。

以博物馆为例，参观博物馆可以使我们了解我国历史以及和中华民族的文化，拉近我们与历史的距离，在与展览的互动中，在历史文化的氛围中，我们能够感受历史、亲近历史、融入历史。到博物馆学习历史，能够在体验中感受历史文化的魅力，提升自己的审美能力，极大地提高民族文化自信。

"博物馆里过大年"逐渐成了春节假期的新风尚。红星新闻记者注意到，为了迎接农历甲辰龙年，各大博物馆纷纷推出与"龙"有关的主题展览。2月6日，中国国家博物馆精心撷选200余件（套）馆藏文物推出的"龙肇新元——甲辰龙年新春文化展"开展。据介绍，此次展览荟萃自新石器时代至20世纪初的珍贵文物，涵盖青铜器、玉器、瓷器、金银器、漆器和绘画等多种形式。其中，红山玉龙古朴稚拙，是研究龙原始形态的重要物质资料；战国龙虎纹双耳盘，纹饰错落有致，辉煌浑厚；唐代双龙耳瓶设计巧妙，造型精美；清代海水云龙纹硬木屏风大气稳重，是清代宫廷家具的代表作；历代龙形玉饰精雕细琢，生动传神；各朝龙纹瓷器釉彩艳丽，各臻其妙。这些展品极大展现了中华文明的永恒魅力和时代价值。

据悉，2024年1月18日，国家文物局印发通知，对"博物馆里过大年"活动做出部署，提出鼓励各地博物馆统筹多方资源，策划推出以春节文化为主题的系列展览、丰富多彩的年俗文化体验活动和文物公益鉴定咨询服务，营造浓郁热烈的节日氛围，丰富春节期间人民群众文化生活。同时要求，各地、各单位根据自身情况规范延时开放模式，更好满足春节期间公众文化需求。

（节选自红星新闻《博物馆里过大年！故宫、国博等春节全约满，多地除了以上这些文化场所外，大学生也可以积极地了解各类文创产品，我国近些年还出现了文创产品热，像三星堆的青铜纵目面具、大立人、中国国家博物馆的说唱陶乐俑等都是火出圈的文物，与之相关的文创产品也受到越来越多的年轻人的喜爱。文创产品频频火出圈，原因在于，一方面，文物饱含着古史传说、诗词酬唱、艺术珍品等人文元素；另一方面是由于文物以千变万化的外在形式与打开方式符合受众多元的审美诉求与消费心理，人们欣赏这些文创产品，也能够提升自己的审美能力和水平。大学生应当主动走出校园，利用课余时间去游览观赏，在接触这些文化场所和产品的过程中积极地认识美，感受美，从而净化心灵，这对提升自己的审美能力，形成自己的审美人格很有帮助。

（二）提升自身修养，形成审美人格

审美人格的形成，和主体自身的文化修养息息相关。缺乏必要的文化修养，纵使有再丰富的文化知识、再美丽的景色，也像对牛弹琴，无法让人的内心产生一丝涟漪。倘若一个人看到湖上的漫天晚霞，有一定文化修养的人，可能会脱口而出：落霞与孤鹜齐飞，秋水共长天一色。但若是没有相关知识的人，只能感慨很漂亮，但是很难精确描绘自己所看到的美景。甚至缺乏审美人格的人可能会对眼前的美景毫不关心，每日投身于日常功利中，全然不顾生活的美。生活在他的眼中，正如朱光潜所言，是一个"了无生趣的囚笼"。

对于大学生来讲，提升文化修养的方式多种多样，除了通过在校学习专业知识外，还可以培养主动阅读的习惯，阅读可以从自己感兴趣的领域开始，循序渐进。不仅要读书，还要对读书中的知识勤加思考，也可以和身边的朋友进行讨论交流。也可以加强对优秀传统文化的学习，优秀传统文化作为中华民族的瑰宝，是中华民族的灵魂和深层次的精神财富，它其中具有丰富的思想内涵和人文精神，加强学习中华优秀传统文化，可提高自身文化修养，有效地培养我们的审美情操和道德品质。

（三）学习道德模范，提升道德修养

如果我们仅仅把目光局限于自己的生活，那么我们拥有的世界就只有方寸，很容易沉溺于自己个人的得失无法自拔。如果我们把目光投射到更广阔的世界，看到他人的故事，人生的意义就会更开阔。

袁隆平，著名农业科学家，中国杂交水稻事业的开创者和领导者，被誉为"杂交水稻之父"，中国工程院院士，中华人民共和国勋章获得者。曾荣获国家最高科学技术奖、国家科学技术进步奖特等奖、国家发明奖特等奖、联合国教科文组织科学奖、世界粮食奖等。

袁隆平1953年毕业于西南农学院，在湖南省安江农业学校任教至1971年，后任湖南省农业科学院助理研究员、副研究员、研究员。自1984年起，历任湖南杂交水稻研究中心主任、国家杂交水稻工程技术研究中心主任等职。

袁隆平一生致力于杂交水稻技术的研究、应用与推广，开辟了中国水稻杂种优势领域，成功研究出"两系法"杂交水稻，并开展超级杂交稻高产攻关，为中国粮食安全、农业科学发展和世界粮食供给做出了巨大贡献，使中国杂交水稻研究始终居于世界领先水平。

中央电视台每年举办的"感动中国"年度十佳人物评选和事迹介绍，我们可以看到一个个生动鲜活的人物故事，通过这些真实的故事，我们得以看到完全不一样的人生，这能够帮助我们用豁达的胸怀对待生活，不为小我的一时得失所困扰，面对困难和不幸保持从容乐观的旷达精神，使心灵层面的自由转化为现实层面的有序、和谐的生活，从而践行人格美。了解劳动模范和先进工作者的事迹，有助于我们提升自我的人生境界，不拘泥于小我的得失，从而投身于中国特色社会主义现代化建设中，度过有意义的一生。

（四）体悟平淡生活，发现生活之美

朱光潜在《谈美书简》曾举过一个这样的例子：阿尔卑斯山谷中有一条大汽车路，两旁景物极美，路上插着一个标语牌劝告游人说："慢慢走，欣赏啊！"许多人在这车如流水马如龙的世界过活，恰如在阿尔卑斯山谷中乘车兜风，匆匆忙忙地急驰而过，无暇回首流连风景，于是这丰富华丽的世界便成为一个了无生趣的囚牢。这是一件多么可惜的事情啊！我们生活在这个世界，如果每日醉心于功利，就会错过路上的风景，人生也毫无意义，我们的人生不一定要轰轰烈烈，只要每天用心生活，尽职尽责地做好自己的分内之事，尽心尽力为他人服务，做一个能够对他人，对社会，对国家有用的人，我们的人格就是美的。

善于体味生命意蕴的人，必定有更为丰富的情感世界，他的生活也更有情趣。轰轰烈烈的伟业、成仁取义的壮举、超群绝伦的行为和高蹈深邃的思想，固然能体现生命意蕴。然而在更多的情况下，生命意蕴就体现在平凡的、普通的、日常的生活中。体味生命意蕴，意味着感受、体验、领悟、发掘"亲子情、男女爱、夫妇恩、师生谊、朋友义、故园思、家园恋的欣慰，普救众生之襟怀，以及认识发现的愉快、创造发明的欢欣、战胜艰险的快乐、天人交会的皈依感和神秘经验"，以及自己的"经历、遭遇、希望、忧伤、焦虑、失望、欢愉、恐怖……"在世俗尘缘中把握和流连生命的一片真情，就是我们的精神家园所在。

（选自凌继尧《美学十五讲》，北京大学出版社2003年版）

苏轼到承天寺寻张怀民夜游，两个人在庭院中散步，看到"庭下如积水空明，水中藻、荇交横，盖竹柏影也。"于是感慨"何夜无月？何处无竹柏？但少闲人如吾两人者耳。"当时苏轼被贬谪，任湖北黄州团练副使，张怀民也被贬谪，但是他们却能够看到庭院中这个清澈透明的世界。正如苏轼所言，月和竹柏是生活中司空见惯之物，但是很少有"闲人"能够停下来驻足观赏，发现世界的美。

我们在新闻报道上看到平民英雄的伟大壮举后，总会感慨自己人生的平凡和

普通。其实，伟大往往孕育于平凡之中，幸福源于奋斗，成功在于奉献，每个人都应在平凡的生活中追求伟大的精神境界。

🌿 案例探究

　　明朝归有光写过一篇出色的抒情散文《项脊轩记》。项脊轩是他青年时代读书的书斋。《项脊轩记》里有这么一段描写："借书满架，偃仰啸歌，冥然兀坐，万籁有声；而庭阶寂寂，小鸟时来啄食，人至不去。三五之夜，明月半墙，桂影斑驳，风移影动，珊珊可爱。"归有光青年时家境贫寒，他读的书大多是借来的。然而他却读得很投入，与他相伴的只有小鸟清风，明月桂影。他从读书中获得很大的乐趣，他的心境是快慰的。以这种心境看外物，他见出其中的情趣。在他眼里，啄食的小鸟仿佛通人性，人至而不去。农历十五的月亮分外皎洁，月光使桂树投下浓重的阴影。归有光仰望明月的清辉，俯视斑驳的桂影，他的心都要融化在这一片静寂的美中。

　　案例启发： 归有光所经历的小鸟啄食、树影斑驳的景象，我们很多人都经历过，但是却很少有人能像归有光那样对它们加以品味。我们总是沉溺于日常生活的琐碎之中，无暇欣赏世界，便错过了很多日常生活的美好时刻，知道了这一点，在生活中不妨时刻提醒自己：慢慢走，欣赏生活。

🪶 实战演练

　　利用周末或假期时间，参观当地博物馆，并选择一件自己喜欢的文物向同学们做介绍。

训练目的
　　学习文物背后的历史、文化，感悟传统文化魅力，接受传统文化熏陶。

实战启发
　　走进博物馆参观文物，要通过查阅资料，提前了解文物的背景、历史和文化意义，跟随讲解员的讲解，获取更多关于文物的信息。在向同学们做赏析分享时，要注意介绍注意文物的造型、材质、工艺等细节，介绍文物与当时社会、文化、历史的联系。比如："我最喜欢的文物是景德镇窑影青釉注子注碗，这件文物是宋代盛酒和温酒的用具，'注子'是一种斟酒用的酒壶，它坐于一个较注体略大的莲花形注碗之中，在使用时把热水注到注碗里面，可以使注子中的酒保持温度，便于饮用。我喜欢它的原因不仅因为它的设计很巧妙，还因为它的造型非常美，注碗的形状是一朵仰开的莲花，碗下为高圈足，还装饰有尖叶形花蒂。整个文物胎体洁白细腻，晶莹润泽，十分美丽。"

大学生为什么要学习中华优秀传统文化和历史?

纵观世界文明,只有中华文明从未中断,至今仍然保持着蓬勃的生命力。

中华优秀传统文化是中华民族的精神血脉,其中深深蕴含着我们中华民族世世代代所形成的优良思想和智慧,也是我们民族得以延续的文化基因。中华优秀传统文化中所蕴含的独一无二的理念、思想、气度等,在潜移默化中影响着每一个中华儿女,增添了我们作为一个中国人内心深处的自豪感和自信心。

要想继承和发扬中华优秀传统文化,首要前提就是要充分了解我们的传统文化和历史。如果作为祖国生力军的学生都不了解中华优秀传统文化,都不了解自己国家的历史,那么我们就丢掉了根本,我们的国家也不可能发展壮大。近些年,意识形态领域的斗争愈发激烈,学习和了解中华优秀传统文化和历史能够帮助我们树立民族自尊心和自信心,避免在其他国家的文化和价值观的轰炸下缴械投降。同时,了解自己国家的历史和文化对于我们接受文化熏陶,提升自我的文化素养,也发挥着巨大的作用。

我国正通过各种方式来提升中华优秀传统文化对大学生的吸引力。如近些年,我国尝试通过创新表达,生动讲述着中华文明故事,不断推出像《我在故宫修文物》《如果国宝会说话》等优秀的纪录片。各大高校也在实施中华经典诵读工程,开展戏曲进校园等活动,从而来吸引更多年轻人了解传统文化、爱上传统文化。

思考练习

1. 收集学校的校徽、校训和校歌等资料,思考它们背后蕴含的文化内涵。
2. 大学生应如何践行人格美?

学习体悟

第四节　树立崇高理想

🍃 情境导入

　　新学期伊始，辅导员以"我的理想"为主题召开班会。同学们纷纷摇头，几乎都说："还没有想好"。是啊，大家在中学时代，以考入理想的大学为人生目标，现在身处在大学校园，好像就没有什么其他高远的目标了，殊不知，理想信念对大学生成长成才有着非常重要的意义！

　　古人云："立志而圣则圣矣，立志而贤则贤矣。"周恩来总理在青年时就立下了"为中华之崛起而读书"的宏伟志向，表现了为国家和民族而奋斗终生的责任感和使命感，激励了无数中华儿女勤奋学习，立志报国。

　　同学们，你们有没有认真思考自己的理想是什么呢？

🍁 知识园地

　　习近平总书记指出："中国共产党成立一百年来，始终是有崇高理想和坚定信念的党。这个理想信念，就是马克思主义信仰、共产主义远大理想、中国特色社会主义共同理想。"

　　对马克思主义的信仰、对共产主义和中国特色社会主义的信念，这是中国共产党人矢志不渝的精神追求。党的百年光辉历程证明，中国共产党是以共同理想信念而组织起来的政党。而一代代中华民族的有志青年，在中国共产党领导下，"以青春之我，创建青春之家庭，青春之国家，青春之民族，青春之人类，青春之地球，青春之宇宙"，汇聚起不畏艰险、走向复兴的先锋力量，谱写出一曲曲感天动地、壮怀激烈的青春乐章。新时代的中国青年，生逢其时、重任在肩。尤其是大学生，更要树立崇高的理想信念，勇担时代重任，练就过硬本领，在中华民族伟大复兴的关键时期，以奋斗之我、青春之我，不负时代、不负华年，担起历史赋予青年一代的责任。

一、理想、信念的内涵

　　理想是人们在实践中形成的、有实现可能性的、对未来社会和自身发展目标的向往与追求，是人们的世界观、人生观和价值观在奋斗目标上的集中体现。理想是多方面和多类型的，根据不同的标准，可以将理想分为个人理想和社会理想，近期理想和远期理想，生活理想、职业理想、道德理想和政治理想等。

信念同理想一样，也是人类特有的精神现象。信念是人们在一定的认识基础上确立的对某种思想或事物坚信不疑并身体力行的精神状态。信念是认知、情感和意志的有机统一体，为人们矢志不渝、百折不挠地追求理想目标提供了强大的精神动力。

青年兴则国家兴，青年强则国家强。习近平总书记指出："青年一代有理想、有本领、有担当，国家就有前途，民族就有希望。"漫漫人生，唯有激流勇进、奋力拼搏，方能中流击水，抵达理想的彼岸。科学的理想信念，既是指引人们穿越迷雾、辨识航向的灯塔，也是激励人们乘风破浪、搏击沧海的风帆。大学，是立德树人、培养人才的地方，是青年人学习知识、增长才干、放飞梦想的地方。追求远大理想，坚定崇高信念，在为实现中国特色社会主义共同理想而奋斗的过程中实现个人理想，是同学们自身成长成才的现实需要，也是国家和人民的殷切期盼。

中共中央宣传部、教育部评选出 10 名 2022 年"最美大学生"。他们立志做有理想、敢担当、能吃苦、肯奋斗的新时代好青年，让青春在全面建设社会主义现代化国家的火热实践中绽放绚丽之花。

苏州经贸职业技术学院电子商务与物流学院专科生戴正勤，通过层层选拔，成为中国第二十批赴黎巴嫩维和部队中的一员，是部队中仅有的四名蓝盔女兵之一。2021 年 8 月，她前往黎巴嫩任务区执行为期一年的扫雷任务，把最美的青春绽放在国际维和战场上。执行任务之余，她还积极与当地妇女儿童交流。戴正勤说："讲好中国故事，传播中国文化，我们要向世界展现中国青年的风采。"

在职业技能的舞台上，上海应用技术大学生态技术与工程学院本科生陆亦炜精益求精，展现出大国工匠的精神风貌。作为中国花艺国家队中唯一的 00 后，陆亦炜身上的韧劲与热忱令人钦佩。在俄罗斯喀山世界技能大赛花艺项目中，陆亦炜的作品获得全场最高分，为中国赢得一枚宝贵的金牌。陆亦炜说："金牌是一个新的起点，未来我希望拓展国内的花艺设计理念，在花艺基础上，融入东方文化。"

此外，还有心怀"强国有我"的使命担当，中国科学技术大学的博士生邓宇皓矢志科研，在"九章"和"九章二号"光量子计算原型机研制中作出突出贡献；信守"护一方平安"的誓言，贵州警察学院本科生王金磊面对严重交通事故，毅然冒险进入车辆破拆，成功营救被困人员。"最美大学生"们以各不相同的青春故事，书写下同样绚丽的青春答卷。他们身上涌动的蓬勃朝气、青春力量，成为"奋斗的青春最美丽"的生动写照。

二、理想信念是精神之"钙"

理想信念是人生发展的内在动力。在大学期间，大学生不仅要提高知识水平、增强实践才干，更要树立崇高的理想信念。只有树立起崇高的理想信念，才能够解答好人生的意义、奋斗的价值以及做什么样的人等重要的人生课题。

大学生人生目标的确立、生活态度的形成、知识才能的丰富、发展方向的设定、工作岗位的选择，以及如何择友、如何面对挫折、如何克服困难等问题的解决，都需要一个总的原则和目标，都离不开理想信念的指引和激励。我们应当重视理想信念的选择和确立，努力树立科学崇高的理想信念，使人生道路越走越宽广，使宝贵的人生富有价值。

习近平总书记形象地指出，理想信念是共产党人精神上的"钙"，理想信念坚定，骨头就硬，没有理想信念，或者理想信念不坚定，精神上就会"缺钙"，就会得"软骨病"。

理想信念能够在人们遭遇挫折、经受考验的时候，提供一种强大的精神力量，使人不为困难所打倒，顽强奋斗直至战胜艰难险阻。只有铸牢理想信念之魂，才能经受得住各种考验，创造人生事业的辉煌。同学们要在坚定理想信念上下功夫，为人生的发展筑牢信仰之基，补足精神之钙，把稳思想之舵。

正是因为始终坚定对马克思主义的信仰，对社会主义和共产主义的信念，中国共产党人经受住各种考验。回顾党史，面对高官厚禄的诱惑，朱德毫不动摇地追随中国共产党，在南昌起义部队孤立无援时，他没有迟疑和退缩，始终坚信"最后的胜利一定是我们的"；经受五年多的牢狱之灾，叶挺并未屈服，出狱第二天就立刻重新申请入党，誓言"为中国人民的解放贡献我的一切"。理想之光不灭、信念之光不灭，理想之光和信念之光照耀着我们党历经血与火的考验，从小到大、由弱到强，不断从胜利走向胜利。

"理想信念之火一经点燃，就永远不会熄灭。"从长征的血战到抗日的烽烟，从建设的探索到改革的攻坚，从发展的事业到复兴的伟业，真理之光与理想之光交相辉映，展现着一个政党的恢宏气象，照亮了一个民族的历史天空。

补足精神之钙，铸就忠诚之魂。习近平总书记强调："理想信念坚定才能对党忠诚，对党忠诚是对理想信念坚定的最好诠释。"理想信念是中国共产党人的精神支柱和政治灵魂。只有不断坚定对马克思主义的信仰、对中国特色社会主义的信念、对中华民族伟大复兴中国梦的信心，对党忠诚才有牢靠的基础，才能在大是大非面前立场坚定、旗帜鲜明，才能确保任何时候、任何情况下都始终与以习近平同志为核心的党中央保持高度一致。

大学生只有树立崇高的理想信念，才能激发起为民族复兴和人民幸福而发奋学习的强烈责任感与使命感，掌握建设祖国、服务人民的本领。不论今后从事什么职业，大学生都要把个人的奋斗方向同国家和民族的前途命运紧紧联系在一起，把个人的学习进步同祖国的繁荣昌盛紧紧联系在一起，使理想信念之花结出丰硕的成长成才之果。

审美篇

长征是一次理想信念的伟大远征。长征的胜利，是中国共产党人理想的胜利，是中国共产党人信念的胜利。习近平指出："长征胜利启示我们：心中有信仰，脚下有力量；没有牢不可破的理想信念，没有崇高理想信念的有力支撑，要取得长征胜利是不可想象的。"长征途中，英雄的红军纵横十余省，长驱二万五千里，同敌人进行了 600 余次战役战斗，跨越近百条江河，攀越 40 余座高山险峰，其中海拔 4 000 米以上的雪山就有 20 余座，穿越了被称为"死亡陷阱"的茫茫草地。红军用顽强的意志征服了人类生存极限，完成了看似不可能完成的伟大远征。

作为青年一代，我们要敢于斗争、接续奋斗，学习革命前辈不怕苦、不怕累、不怕死的革命精神，不达目的不罢休。在面对挫折与挑战时，要不怕艰辛，不轻言放弃，在艰苦奋斗中实现自我、报效祖国，走好新时代长征路。

三、在实现中国梦的实践中放飞青春梦想

从现在起，中国共产党的中心任务就是团结带领全国各族人民全面建成社会主义现代化强国、实现第二个百年奋斗目标，以中国式现代化全面推进中华民族伟大复兴。

按照党的二十大的战略部署，加快推进中国式现代化建设，在全面建设社会主义现代化国家新征程上披荆斩棘、奋力前行，这是新时代中国共产党人坚定理想信念的生动体现。

习近平总书记指出："中国共产党立志于中华民族千秋伟业，必须始终代表广大青年、赢得广大青年、依靠广大青年，用极大力量做好青年工作，确保党的事业薪火相传，确保中华民族永续发展。"

一个时代的精神风貌，总是在青年身上得到最生动的体现。今天，新时代中国青年满怀"可以平视这个世界"的自信，正以前所未有的深度和广度认识世界、融入世界。青年一代的理想信念、精神状态、综合素质，是一个国家发展活力的重要体现，也是一个国家核心竞争力的重要因素。大学生身上应该展现出朝气与活力，折射出这个伟大时代昂扬向上、自信自强的精神风貌。青年向上，时代向前。伟人时代为青年成长成才提供了丰富滋养和广阔空间，广大青年努力拼搏、奋勇争先，为时代发展进步注入了强大青春活力。中国青年与伟大时代的"双向奔赴"，必将进一步汇聚起推动时代前行的磅礴力量。

有责任有担当，青春才会闪光。强国建设、民族复兴的新征程，呼唤迎难而上、挺身而出的担当精神。使命感、责任感，爱国心、报国志，心有所系、身有所往。同学们要勇敢肩负起时代赋予的重任，志存高远，脚踏实地，努力在实现中华民族伟大复兴的中国梦的生动实践中放飞青春梦想。

案例探究

英雄战士杜富国

杜富国，1991年出生在贵州省遵义市湄潭县，2010年应征入伍。2015年6月，即将期满退伍的杜富国听说中越边境云南段开始了第三次大面积扫雷行动，他瞒着家人向连队党支部请缨，申请加入了临时组建的扫雷单位。2018年10月，杜富国在扫雷时，在清除弹体周围浮土时，手榴弹发生爆炸，杜富国为保护战友身受重伤，失去双眼和双手。杜富国受伤后，经历了多次大手术和漫长的康复过程。面对身体的严重伤残，他始终保持乐观向上的心态和永不言弃的韧劲。他坚持康复训练，努力适应新的生活方式。杜富国康复后，积极参与社会公益活动，担任重庆市特殊教育中心校外辅导员等职务。他结合自身成长经历话初心、谈感悟，讲述强军故事，传播"让我来"的精神，激励更多新时代追梦人奋勇前行。

案例启发： 在生死关头，杜富国将个人安危置之度外，毅然选择保护战友。这一壮举不仅体现了他对战友的深厚情谊，更彰显了他面对危险时的无畏勇气和坚定信念。他用自己的行动诠释了"舍生取义"的崇高精神。杜富国通过自己的实际行动和感人故事，激励和感染了无数人。他用自己的亲身经历告诉大家，只要有坚定的理想信念和不懈的奋斗精神，就能够创造出不平凡的人生和价值。

实战演练

在班级里组织一场演讲比赛。每位同学都要参与，按学号顺序上台演讲。请同学们提前准备好演讲稿，1 000～1 200字，5分钟左右。请同学们注意演讲不是朗读，要注意演讲的技巧。

以下主题可供参考：青年兴则国家兴，青年强则国家强；青年有理想，民族有希望；激扬青春，奉献社会；奋斗的青春最美；用青春点亮希望；民族复兴，强国有我。

训练目的

通过主动的演讲来促进思政理论知识"进头脑"。

训练评价

演讲训练不仅能够锻炼提升同学们良好的形象气质、表达能力，还能有效地提升自信心。学生准备演讲的过程中，必须广泛地搜集、比较与主题相关的资料，深刻感悟其中的精神内涵，再整理成书面文字，然后用语言、体态展现出来，相当于对书面文字进行了再创作，在最终呈现之前还要经历数次打磨、练习，不仅加深了理解、记忆，提升了自信心、成就感，更是在潜移默化中提升了学生的政治素养和人格境界，达到思政理论知识"进头脑"的实际效果。

2021 年 4 月 25 日，在广西桂林市全州县红军长征湘江战役纪念馆，习近平总书记在一幅油画前停下脚步，凝视良久，认真阅读文字说明。画作表现的是身受重伤的红 34 师师长陈树湘宁死不当俘虏的故事。

湘江战役打响后，陈树湘为掩护红军主力渡江，率领"绝命后卫师"拼命抵抗，身负重伤被俘，苏醒后用尽最后力气撕开绷带，"断肠明志"，壮烈牺牲。"为苏维埃流尽最后一滴血"，正是他和无数红军将士的真实写照。

习近平总书记在多个场合提到湘江战役、提到陈树湘的故事。他说："试想，如果没有这一批勇往直前、舍生忘死的红军将士，红军怎么可能冲出敌人的封锁线，而且冲出去付出了那么大的牺牲，还没有溃散。靠的是什么？靠的正是理想信念的力量！"心中有信仰，脚下有力量。崇高的理想，坚定的信念，永远是共产党人最强大的精神力量。

在革命岁月和建设时期，中国共产党一成立，就肩负起挽救中华民族危亡、实现中华民族伟大复兴的历史使命。我们党领导人民经过长达二十八年的浴血奋斗，推翻了帝国主义、封建主义、官僚资本主义的反动统治，建立了中华人民共和国，使中国人民站立起来。之后，又确立社会主义基本制度，实现了中国历史上最深刻最伟大的社会变革。

改革开放以来，中国共产党带领中国人民取得了国家建设和发展的重大成就。目前，中国经济总量稳居世界第二位，中国用几十年时间就走完了发达国家几百年走过的工业化历程，创造了人类发展史上的奇迹。

党的十八大以来，中国特色社会主义进入新时代。中国共产党带领人民解决了许多长期想解决而没有解决的难题，办成了许多过去想办而没有办成的大事，推动党和国家事业发生历史性变革，取得了历史性成就。中华民族伟大复兴展现出前所未有的光明前景。

百年来，中国共产党始终坚持远大理想追求，为国家、民族、人民作出了巨大贡献。中国人民为什么选择和跟随中国共产党，原因很清楚，就是不管环境如何变化、挑战多么严峻，中国共产党始终不忘初心、牢记使命。

思考练习

1. 什么是理想信念？

2. 你认为一个人的理想和信念同个人的成长和社会的进步有何关系？它们如何影响我们的人生和社会？

3. 结合自身实际，谈谈实现中华民族伟大复兴大学生应当肩负怎样的责任。

第五节　弘扬中国精神

情境导入

微课：弘扬中国精神，凝聚中国力量

工匠精神是第一批纳入中国共产党人精神谱系的伟大精神之一。

2024年3月5日下午，中共中央总书记、国家主席、中央军委主席习近平参加他所在的十四届全国人大二次会议江苏代表团审议。来自江苏南京的全国人大代表孙景南在发言时说："尊敬的总书记，我是一名电焊工。从传统的铁路客车到地铁、高铁动车组，我们这一代的高铁工人，见证了我国轨道交通行业从'追赶者'到'领跑者'的整个发展的历程。"

习近平与孙景南代表交流时说："大国工匠是我们中华民族大厦的基石、栋梁。交通行业一步一步往前，走在国际的前头，这里面很重要的就是工匠，光图纸设计得好还不行，最后要落实到焊工手里，'没有金刚钻，揽不了瓷器活'。我们要把职业教育发展好，要树立工匠精神，把他们的待遇条件保障好。"

当前，随着我国由制造业大国向制造业强国转变，能工巧匠、大国工匠的重要性日益凸显。党的二十大报告强调，"加快建设国家战略人才力量，努力培养造就更多大师、战略科学家、一流科技领军人才和创新团队、青年科技人才、卓越工程师、大国工匠、高技能人才"，将大国工匠、高技能人才列为国家战略人才。这充分说明，我们既需要顶尖的科学家、工程师攻克"卡脖子"问题，也需要大量能有效解决"从图纸到产品"这一科技成果转化"最后一公里"问题的实用人才。为更好地服务国家战略，应当深化改革发展经验，大力培育和弘扬工匠精神，培养更多金牌工匠、大国工匠。

习近平总书记说："人无精神则不立，国无精神则不强。唯有精神上站得住、站得稳，一个民族才能在历史洪流中屹立不倒、挺立潮头。"

中国精神是兴国强国之魂，崇尚精神是中华民族的优秀传统。中华民族能够在五千多年的历史长河中生生不息、薪火相传，很重要的一个原因，就是拥有孕育于中华民族悠久辉煌历史文化之中的伟大中国精神。

中华民族崇尚精神的优秀传统，其中一个表现就在于对理想的不懈追求。理想是激励个体的精神内驱力，是凝聚社会的精神力量。矢志不渝地坚守理想，是中华民族崇尚精神的典型体现。伟大的创造精神、伟大的奋斗精神、伟大的团结精神、伟大的梦想精神，传承中华民族的宝贵精神基因，汲取时代的丰厚精神滋养，是对中国精神内涵的系统阐释。

中国精神，就是以爱国主义为核心的民族精神和以改革创新为核心的时代精神。实现中华民族伟大复兴的中国梦，开启社会主义现代化国家建设新征程，必须大力弘扬中国精神，以凝聚民族复兴的磅礴伟力。

一、弘扬以爱国主义为核心的民族精神

民族精神是一个民族在长期共同生活和社会实践中形成的，为本民族大多数成员所认同的价值取向、思维方式、道德规范、精神气质的总和，是一个民族赖以生存和发展的精神支柱。在五千多年的历史发展进程中，中华民族形成了以爱国主义为核心的伟大民族精神。

在春秋战国的百家争鸣中，中国历史上，民族精神的价值取向基本形成。在以后的各个历史时期，又经过不断地充实、发展和创新，逐渐成为一种激励民族奋发向上的强大力量。从孔子"三军可夺帅也，匹夫不可夺志也"，到孟子"富贵不能淫，贫贱不能移，威武不能屈"，再到荀子"志义修则交富贵，道义重则亲王宫"；从范仲淹"居庙堂之高，则忧其民，处江湖之远，则忧其君"，到东林书院的对联"风声、雨声、读书声，声声入耳，家事、国事、天下事，事事关心"，再到顾炎武"保天下者，匹夫之贱与有责焉耳矣"，都在丰富和发展着我们的民族精神。我们中国共产党在领导全国各族人民进行革命、建设和改革的过程中，也不断丰富和发展着中华民族精神，使我们的民族精神得以生生不息。比如井冈山精神、长征精神、延安精神、大庆精神、"两弹一星"精神、载人航天精神以及我们新时代的高铁精神等等。中华文明为什么能够源远流长、历久弥新？为什么能够持续不断地焕发出勃勃生机和新的活力？是因为有一种特殊的基因在支撑着这个民族一次又一次从灾难中奋起，这种基因就是伟大的中国精神。

爱国主义体现了人们对自己祖国的深厚感情，揭示了个人对祖国的依存关系，是人们对自己家园以及民族和文化的归属感、认同感、尊严感与荣誉感的统

一，是调节个人与祖国之间关系的道德要求、政治原则和法律规范。

爱国主义的基本内涵主要表现在四个方面：一是爱祖国的大好河山，二是爱自己的骨肉同胞，三是爱祖国的灿烂文化，四是爱自己的国家。爱国主义是中华民族的优良传统，是中华民族生生不息、自立自强于世界民族之林的精神动力。作为大学生，在新的历史条件下，发扬爱国主义精神首先要继承爱国主义的优良传统，坚定理想信念，练就过硬本领，以社会主义建设者和接班人的使命担当，全面建成社会主义现代化强国而努力奋斗！

邹勇松，男，1990 年出生，中共党员，长沙理工大学计算机与通讯工程学院 2015 级研究生。邹勇松同学身患严重肾病，依靠透析维持生命。面对病魔，邹勇松同学不懈奋斗、勇于创新，学习成绩优异并拥有 6 项专利和软件著作权。面对逆境，邹勇松同学心系他人、奉献社会，定期参加志愿服务并提交"器官捐献"申请，自愿捐献器官。

邹勇松同学"心若向阳、无畏绽放"的先进事迹展现出了新时代青年百折不挠、自强不息的优秀品格，刻苦钻研、勇攀高峰的积极风貌，乐观向上、仁爱奉献的豁达胸襟，是践行社会主义核心价值观的先进典型。为表彰邹勇松同学的先进事迹，教育部决定授予邹勇松同学"全国优秀大学生"荣誉称号。

青年大学生要以邹勇松同学为榜样，学习他不畏艰难、自立自强、矢志奋斗、无私奉献的可贵精神，爱国、励志、求真、力行，争做社会主义核心价值观的坚定信仰者、积极传播者、模范践行者，争做担当民族复兴大任的时代新人。

二、弘扬以改革创新为核心的时代精神

时代精神是一个国家和民族在新的历史条件下形成和发展的，体现民族特质并顺应时代潮流的思想观念、价值取向、精神风貌和社会风尚的总和。改革开放以来，党带领人民在继承和弘扬伟大民族精神的基础上，立足新的时代条件，形成了以改革创新为核心的时代精神。

回望过去波澜壮阔的征程，第一次建立家庭联产承包责任制，第一个农民专业合作社、第一个个体工商户、第一次实行厂长负责制的工厂、第一个股份制企业、第一个上市公司、第一个股份制商业银行，这一个又一个第一，正意味着一次次地奋勇突破，一次次地开拓进取，深刻改写了中华民族的命运，创造了经济社会发展的中国速度，创造了人类社会发展史上惊天动地的发展奇迹。

创新发展理念是方向、是钥匙，创新是引领发展第一动力。弘扬以改革创新为核心的时代精神，一是要树立突破陈规、大胆探索、敢于创造的思想观念；二是要培养不甘落后、奋勇争先、追求进步的责任感和使命感；三是要保持坚忍不拔、自强不息、锐意进取的精神状态。

有一种刀被命名为"立平刀"，是发动机固体燃料药面整形工具之一。固体

燃料发动机是战略战术导弹装备的心脏，也是发射载人飞船火箭的关键部件，它的制造有上千道工序，要求最高的工序之一就是发动机固体燃料的微整形。这是一项必须手工操作的工作，也是一项极度危险的工作，稍有不慎，就可能点燃高敏感的火药。"立平刀"则是一把既有助于提高整形效率，又能确保安全性的火药雕刻刀具，它的名字来源于它的发明人——徐立平。

徐立平，中国航天科技集团公司第四研究院7416厂航天发动机固体燃料药面整形组组长，国家高级技师、航天特级技师。从1987年开始，他一直从事极其危险的航天动力燃料微整形工作，默默地从一名普通职工变成了技艺精湛的大国工匠。

参加工作30多年来，面对火药整形这一世界难题，徐立平一次次"亮剑"。火药雕刻需要极高的精准度，0.5毫米是固体发动机药面精度允许的最大误差，而经徐立平之手雕刻的火药药面误差不超过0.2毫米，保持了百分之百的合格率。工作中，徐立平还不断琢磨，大胆创新，针对不同的发动机药面，他先后设计发明了20多种药面整形刀具，有两种获得国家专利，一种就是以他的名字命名的"立平刀"。

高强度、高难度的火药雕刻工作让徐立平的身体受到了严重的伤害，有时甚至无法行走。尽管如此，徐立平依然在这个高危岗位一站到底。他说，每当看到神舟飞船成功升空，他就感到无比光荣与自豪，曾经所有的困难都在那一刻化为更大的前进动力。他说，每当看到自己精心操作的产品呼啸苍穹，心中的自豪是任何东西都换不来的，只要国家和事业需要，就会一直做下去。

三、民族精神与时代精神辩证统一

时代精神赋予中国精神以时代内涵，是中国精神引领时代前行、拥有鲜明时代性和强大生命力的重要根源。民族精神赋予中国精神与民族特征，是中华民族的精神独立性得以保持的重要保证。民族精神与时代精神紧密关联，共同构成了我们当今时代的中国精神。他们都是一个民族赖以生存和发展的精神支撑。只有注入时代精神，才能使民族精神博采众长、日益丰富。只有坚持培育民族精神，才能使时代精神不移根基、不失本色。而民族精神和时代精神的交融汇通，使得中国精神既具有鲜明的民族性，又洋溢着强烈的时代性，成为中华民族共有的精神家园、奋力实现复兴的强大精神力量。

以爱国主义为核心的民族精神和以改革创新为核心的时代精神紧密关联，都是中华民族赖以生存和发展的精神支撑，都是中国精神的重要组成部分。大学生是民族的希望和祖国的未来，要努力完成新时代赋予我们的使命，用改革创新的精神积极投身到建设和保卫社会主义现代化的事业中来。

伦敦：千名留学生风雪中高唱国歌

2008 年 4 月 6 日，北京 2008 奥运会火炬传递到伦敦。在伦敦，有人想趁奥运圣火传递之机搞些破坏活动已不是秘密。英国媒体在圣火传递之前就报道说，有破坏分子可能会破坏火炬传递活动。

预感到破坏分子一定不会放过这样的"机会"，英国留学生自发组织了"声援伦敦圣火"的活动。参与活动的留学生及爱国人士逾千人，他们中的许多人是从曼彻斯特、谢菲尔德、纽卡斯尔、伯明翰甚至是北爱尔兰等地赶赴伦敦集合的。纷飞的大雪一直下到当地时间中午才停下来，但恶劣天气丝毫没有浇灭学生们的爱国热情和对支持奥运的决心。留学生们高举着写有"反对神圣的奥运政治化"等横幅，齐声喊着"我们热爱和平，热爱奥运"的口号，嘹亮的国歌在人群中反复地被唱响。

据了解，整个过程中留学生们都保持了高度的克制，没有与破坏分子发生任何冲突。中国驻英大使傅莹也从车窗中向沿途声援圣火传递的留学生们竖起了大拇指。

巴黎：圣火途经之地免费发国旗

4 月 7 日，随着奥运圣火专机安全抵达巴黎，巴黎站的传递也即将展开，如何保障圣火在巴黎传递过程的安全也成为舆论关注的焦点。

在法国的中国留学生也已经做好了迎接圣火的准备。《环球时报》记者在法国留学生论坛上看到，"奥运火炬巴黎志愿者护卫团"的组织者说，留学生已经从中国订购了一批国旗，会在圣火途经之地的免费发放给参与者。该活动章程中还特意提到："无论面对行人、媒体，还是异议示威人群，都要保持微笑，展现中国人的良好风度。"

一位在法国巴黎留学的中国留学生在接受《环球时报》记者采访时表示，对于圣火的即将到来，当地留学生已经迫不及待，"许多人兴奋得睡不着觉"，"希望能展现华人热爱和平、友善的面貌。"

（资料来源：央视网）

案例启发： 作为中国人，无论何时何地，都要发扬爱国主义精神，矢志不渝；天下兴亡、匹夫有责，同仇敌忾、反对分裂，维护国家安全、维护祖国统一，是我们责无旁贷的使命。

实战演练

请同学们自由分组，以小组为单位设计脚本，选取中国精神中的一个主题，收集相关文献、案例、素材等，制作主题为"我心中的中国精神"的微视频。

训练目的

体会千千万万为国家作出贡献的人，千千万万在生活中闪耀真善美的人，都是"中国精神"的铸造者！

实战启发

在训练过程中是否能以选取的人物为榜样，从自己做起，从本职岗位做起，把爱国之情、报国之志融入祖国改革发展的伟大事业之中，融入人民创造历史的伟大奋斗之中。

审美小站

汉字输入法"变形记"

"王旁青头兼五一，土士二干十寸雨，大犬三羊古石厂，木丁西，工戈草头右框七"这是流行于20世纪80年代的五笔字根口诀。五笔输入法是最早的汉字输入法，具有划时代的重要意义。当时，中国正迎来改革开放的春天，计算机不断普及，但汉字却面临着一个前所未有的巨大危机：无法输入计算机。曾有外国人"预言"：计算机是汉字的掘墓人，是拼音文字的助产士。

汉字是世界上最古老的文字之一，有着几千年的发展历史，隽永优美却又无比复杂。在键盘上敲出英文单词是一件轻而易举的事，可汉字成千上万，笔画多、音形杂，如何在小小的键盘上打出汉字成为当时中国的一大难题。为了在汉字和计算机之间架起一座桥梁，工程师王永民四处奔波，刻苦钻研，带领团队将《现代汉语词典》中的所有汉字进行逐一分解，制成十多万张卡片，再从中归纳分析，最终集汉字结构规律、信息处理科学和键盘设计原理之大成，发明了"五笔字型字根周期表"。1983年，五笔字型汉字输入法诞生，打破了"汉字输入与西文不能同日而语"的预言，为中国在不放弃汉字的基础上进入信息时代作出重要贡献。五笔字型输入法问世后，我国掀起一片学习热潮，它被列入《职业技能鉴定规范》，还成为我国首次向美国、日本等国出口的电脑专利。

盛极一时的五笔输入法成功解决了汉字输入的问题，可是，随着计算机用户的逐渐增多，强背字根、入门门槛高的问题也逐渐凸显。人们更需要一款入门轻松、使用简单的输入法。1991年，由长城集团和北京大学合作推出的智能ABC汉字输入法解决了这个问题。智能ABC是简拼的开端，在这之前，还有一款全拼输入法。全拼需要输入完整的拼音，但简拼只需要输入拼音的一部分即可。这款输入法简单易学、快速灵活，得到了很多初级用户的喜爱和认可。

然而智能ABC输入法有一个很大的缺点，那就是输入效率低。它无法随拼音的输入立刻显示出字词，不够直观；另外，它几乎没有记忆点，无法按照用户使用字词的频率高低进行排序，选字时间长。2006年"搜狗拼音输入法"诞生。它不仅入门简单，还依靠整句输入、联想输入、云联想、庞大词库等功能极大地提高了输入效率，逐渐成为主流的汉字输入法。此外，QQ拼音等同类输入法也慢慢成为人们使用频率较高的输入法。

如今，汉字输入法早已不局限于键盘式输入，还产生了手写输入、语音输入等非键盘式输入法，适应了人们的快节奏生活。从五笔，智能ABC，到搜狗拼音，再到非键盘式输入，汉字输入法在不断"变形"、一路前进。每一种汉字输入法的诞生，都是一种创新，都适应了时代的发展需求，体现了中华民族最深沉的民族禀赋。

✿ 思考练习

1. 中国精神的主要内容是什么？如何弘扬中国精神？
2. 爱国主义的基本内涵与时代要求是什么？如何做新时代的忠诚爱国者？
3. 结合自身实际，谈谈大学生应如何走在改革创新的时代前列。

学习体悟

自测题

审美篇

参考文献

［1］郑明珍. 公共关系学概论［M］. 合肥：中国科学技术大学出版社，1994.

［2］杨辛，甘霖. 美学原理新编［M］. 北京：北京大学出版社，1996.

［3］李泽厚. 世纪新梦［M］. 合肥：安徽文艺出版社，1998.

［4］艾·弗洛姆. 自我的追寻［M］. 孙石，译. 上海：上海译文出版社，2013.

［5］刘叔成，夏之放，楼昔勇，等，美学基本原理［M］. 上海：上海人民出版社，2011.

［6］福禄培尔. 人的教育［M］. 孙祖复，译，北京：人民教育出版社，1991.

［7］何浩然. 中外礼仪［M］. 大连：东北财经大学出版社，2006.

［8］凌继尧. 美学十五讲［M］. 北京：北京大学出版社，2003.

［9］王刚. 交往中听与说的技巧［M］. 北京：中国三峡出版社，2004.

［10］陈天机，许倬云，关子尹. 系统视野与宇宙人生［M］. 桂林：广西师范大学出版社，2004.

［11］胡汉文. 商务礼仪［M］. 北京：人民出版社，2005.

［12］张韬，施春华，尹凤芝. 沟通与演讲［M］. 北京：清华大学出版社，2005.

［13］杨恩寰. 美学引论［M］. 北京：人民出版社，2005.

［14］龚鹏程. 文学散步［M］. 4版. 北京：世界图书出版公司北京公司，2006.

［15］金正昆. 大学生礼仪［M］. 2版. 北京：中国人民大学出版社，2011.

［16］曾仕强. 中国式管理［M］. 北京：中国社会科学出版社，2005.

［17］钟仕伦，李天道. 高校美育概论［M］. 北京：中国社会科学出版社，2006.

［18］韦克俭. 现代礼仪教程［M］. 2版. 北京：清华大学出版社，2016.

［19］翁如. 主持人思维训练教程［M］. 北京：中国传媒大学出版社，2007.

［20］弗洛姆. 爱的艺术［M］. 李健鸣，译. 上海：上海译文出版社，2008.

［21］陈媛. 发展与审美［M］. 北京：社会科学文献出版社，2008.

［22］陈婉莹，夏中义. 大学人文讲义［M］. 上海：复旦大学出版社，2008.

［23］陈超南，刘天华，姚全兴，都市审美与上海形象［M］. 上海：上海社会科学院出版社，2008.

［24］霍华德·加德纳. 艺术·心理·创造力［M］. 齐东海，等，译. 北京：中国人民大学出版社，2008.

［25］傅守祥. 审美化生存——消费时代大众文化的审美想象与哲学批判［M］. 北京：中国传媒大学出版社，2008.

［26］张晓梅. 晓梅说礼仪［M］. 北京：中国青年出版社，2008.

［27］关彤. 社交礼仪［M］. 海口：南海出版公司，2009.

［28］李真顺. 领导者语言艺术［M］. 北京：东方出版社，2009.

［29］赵伶俐. 人格与审美［M］. 合肥：安徽教育出版社，2009.

［30］涂登宏，杨静. 大学生人文知识［M］. 北京：清华大学出版社，2010.

［31］张德俊. 职场关系与沟通技巧［M］. 北京：航空工业出版社，2010.

［32］张颂. 朗读学［M］. 北京：中国传媒大学出版社，2010.

［33］张颂. 朗读美学［M］. 北京：中国传媒大学出版社，2010.

［34］李霖灿. 天雨流芳——中国艺术二十二讲［M］. 桂林：广西师范大学出版社，2010.

［35］李洪岩. 诗歌朗诵艺术修订版［M］. 北京：中国广播电视出版社，2012.

［36］孙欢. 中国细节［M］. 上海：上海锦绣文章出版社，2012.

［37］周艳波，黄雪飞，朱松节. 形象塑造与自我展示［M］. 3 版. 北京：高等教育出版社，2017.

［38］陈璐，戚薇. 职业礼仪实训教程［M］. 北京：高等教育出版社，2019.

［39］唐涤非. 口才与演讲［M］. 4 版. 北京：高等教育出版社，2021.

［40］赵京立. 演讲与沟通实训［M］. 3 版. 北京：高等教育出版社，2021.

［41］惠亚爱. 沟通礼仪［M］. 2 版. 北京：高等教育出版社，2022.

［42］张建. 大学美育［M］. 2 版. 北京：高等教育出版社，2023.

［43］成光琳，王军华，段秋月. 职场沟通［M］. 北京：高等教育出版社，2023.

郑重声明

高等教育出版社依法对本书享有专有出版权。任何未经许可的复制、销售行为均违反《中华人民共和国著作权法》，其行为人将承担相应的民事责任和行政责任；构成犯罪的，将被依法追究刑事责任。为了维护市场秩序，保护读者的合法权益，避免读者误用盗版书造成不良后果，我社将配合行政执法部门和司法机关对违法犯罪的单位和个人进行严厉打击。社会各界人士如发现上述侵权行为，希望及时举报，我社将奖励举报有功人员。

反盗版举报电话　（010）58581999　58582371

反盗版举报邮箱　dd@hep.com.cn

通信地址　北京市西城区德外大街 4 号

　　　　　高等教育出版社知识产权与法律事务部

邮政编码　100120

读者意见反馈

为收集对教材的意见建议，进一步完善教材编写并做好服务工作，读者可将对本教材的意见建议通过如下渠道反馈至我社。

咨询电话　400-810-0598

反馈邮箱　gjdzfwb@pub.hep.cn

通信地址　北京市朝阳区惠新东街 4 号富盛大厦 1 座　高等教育出版社总编辑办公室

邮政编码　100029

资源服务提示

授课教师如需获得本书配套教学资源，请登录"高等教育出版社产品信息检索系统"（http://xuanshu.hep.com.cn/）搜索本书并下载资源，首次使用本系统的用户，请先注册并进行教师资格认证。